THE ARCHAEOLOGY OF ETHNICITY

Constructing identities in the past and present

—— 构建古今的身份

[英] 希安·琼斯 著

陈 淳　沈辛成 译

Siân Jones

上海古籍出版社

Shanghai Chinese Classics Publishing House

本译丛获国家社科基金重大项目资助

（批准号：12&ZD152）

献给彼得·乌科和我的父母

在当今的考古学中，族属是一个争议极大的领域。把从考古学遗存中分辨出来的"文化"与过去的族群相对应，现在被许多学者认为是徒劳无望的。然而，这种方法仍在考古学探索中，在现代族群和国家对各种诉求的合法化中，发挥着重要的作用。

希安·琼斯认为，需要利用社会科学中有关族属的最新理论进行全面和严谨的综述，对以考古证据来重建过去族群的方法予以严格的评估。为了做到这点，她为考古学的族属分析提出了一种新的框架，以考虑族群身份认同动态和因势而变的性质。

面对族属和身份认同的重要问题，本书讨论了方法论、阐释和政治等重要问题。它为考古学和其他社会科学的学者提供了极具价值的卓见。

《外国考古学研究译丛》总序

在《外国考古学研究译丛》即将付梓之际，主编陈淳教授嘱我为序，我欣然同意。这主要因为长期以来，我十分钦佩陈淳教授孜孜不倦的治学精神、对科学研究的持续激情、对真理探索的不断追求、对考古学学科理论与方法的真知灼见、对传播国外考古学思想与成果的积极贡献。

陈淳教授是"文化大革命"后的第一批考古学研究生，他在中国科学院古脊椎动物与古人类研究所师从贾兰坡院士攻读旧石器时代考古学。其后又于20世纪80年代中期，赴加拿大麦吉尔大学(McGill University)人类学系攻读史前考古学，他成为新中国最早获得西方考古学博士学位的研究生之一。特别需要提出的是，陈淳教授在加拿大留学期间，深得西方著名考古学家布鲁斯·特里格先生的"真传"，使他成为当今较为准确、较为全面、较为深入掌握现代西方考古学基本理论的为数不多的中国考古学家。

陈淳教授30多年来，一直工作在考古学教学、科研第一线。其间，他出版了《考古学的理论与研究》、《当代考古学》、《文明与早期国家探源——中外理论、方法与研究之比较》、《远古人类》、《中国猿人》、《考古学理论》、《考古学研究入门》等著作。陈淳教授在考古学理论与方法、旧石器时代考古学、国家与文明起源研究、农业起源研究等诸多考古学重要学术领域成果丰硕，显示出其广博的学识、深厚的学术造诣。

国外长期考古学学习、研究的学术背景,国内多年来考古学教学与科研的实践与学术积累,使陈淳教授倍加关注、思考中国考古学的历史发展过程、学科现状与学科未来走向。

考古学在欧美的发展经历了 19 世纪的进化考古学、20 世纪初的文化历史考古学、20 世纪 60 年代兴起的过程考古学到 80～90 年代的后过程考古学等几个重要发展阶段。在陈淳教授看来,当今中国考古学与国际考古学界发展相比,虽然改革开放后有一些理论方法的借鉴,但是国内这门学科基本上还是停留在欧美的文化历史考古学阶段。这是一个很值得重视的意见。我认为目前至少中国考古学存在不同程度上学科理论的"贫乏"、方法的"滞后"、术语"共识"的"缺失"等问题。长期以来,我们一些考古学者把方法与理论混为一谈,把一个世纪前已经出现并应用的考古学基本学术概念,视为新的"学说"、新的"理论"、新的"方法"。我们的一些考古学研究还处于对考古学资料的"描述"阶段,人们只是在津津有味的陈述"是什么",很少探索"为什么"。对于诸如家庭、家族、氏族、族、族群、民族、国家等不同学科的基本学术概念,缺少"共识性"、使用"随意性"是较为普遍存在的学术现象。在一些重大学术研究中,把本来不属于"同类"的科学问题混为一谈。如属于"血缘"性质的家庭、家族、氏族,与基本属于"地缘"与"文化"性质的"民族"及属于"政治"性质的"国家",不分时代统统纳入"考古学文化",造成学理的混乱。改变上述现状是目前中国考古学的急需,了解世界上其他地区的考古学研究成果,这是尽快深刻认识、加速发展中国考古学所必需的,是极为有益的科学借鉴。

中国考古学界从上世纪 80 年代起,随着中外交流的频繁、增进,一些国外考古学理论、方法和学术经典被陆陆续续介绍到中国。如其间翻译出版的《当代国外考古学的理论与方法》《考古学的历史·理论·实践》《时间与传统》、伦福儒和巴恩的《考古学——理论、方法与实践》《考古学理论导论》《考古学思想史》第一版、《理论考古学》《民族考古学实践》和《阅读过去》等论著,他们为中国考古学发展作出了一定学术贡献。但是,诚如陈淳教授所指出的,从学科发展的更深层次、更高要求来看,上述译著的翻译质量还是参差不齐,有的不尽人意,因此有必要加强这方面的基础性学术建设。为此,他近年来翻译和推介了大量西方考古学经典著作,如:当代灵长类学缔造者约翰·内皮尔的《手》,柴尔德的《欧洲文明的曙光》《历史发生了什么》《人类创造了自身》《历史的重建》和《考古学导论》,国际考古学理论权威布鲁斯·特里格的《考古学思想史》(第2版)《时间与传统》(重译)等。陈淳教授的译著受到学术界广泛好评。与此同时,他还主持了《南方文物》"域外视野"栏目,在中国考古学界产生了积极影响。

近年来随着改革开放的深入,国家加大了中外文化交流的力度,在国家社会科学基金重大课题项目中,专门设置了国外著名学术著作的翻译项目。陈淳教授主持的"外国考古学研究译丛",当之无愧地被首次评为考古学内容的"国家社会科学基金重大课题"。

《外国考古学研究译丛》与此前出版的同类译丛著作相比,其译丛著作作者的权威性、著作的代表性与前沿性十分突出。译丛著作的作者多为世界著名考古学家,如《考古学:理论、方法与实践》作者科林·伦福儒和保罗·巴恩、《秘鲁维鲁河谷的史前聚落形态》作者戈登·威利、《圭拉那魁兹:墨西哥瓦哈卡的古代期觅食与早期农业》作者肯特·弗兰纳利,还有《国家与文明的起源》作者——著名的人类学家塞维斯、《族属的考古:构建古今的身份》作者——学界新锐希安·琼斯。译丛的五本书堪称在世界考古学界范围内的相关学术领域的重要著作,其内容涉及考古学学科综述、聚落考古、农业起源、文明探源、民族身份考古等五个方面,涵盖了当今世界考古最为重要、最为关注、最为前沿的学术问题。

　　陈淳教授的深厚学术素养,使其在本译丛的选题方面紧扣"国情"。他认为当前中国考古学界的最为重大学术课题是人类起源、农业起源、文明起源,以及族属的考古学研究,这一分析是十分准确的。在此基础之上,陈淳教授《外国考古学研究译丛》的五部专著是从国外众多考古学著作中精心挑选出来的,可以预见,这套译丛的出版会像陈淳教授所期待的那样,为我所用、中西结合,提升我国考古学界自身水平,使中国考古学的发展少走一些弯路,达到事半功倍的效果。

　　陈淳教授主编的即将付梓的《外国考古学研究译丛》,是开展中外考古学学术交流的很好开始。世界考古学还在飞跃发展,新的考古学成果还会不断出现,我衷心希望陈淳教授还能不断把更多、更新、更重要的国外考古学成果,更快译介给中国考古学界!

刘庆柱

2014 年 3 月 21 日

中文版自序

今年是《族属的考古》(1997年)出版二十周年,而考古学这门学科,也以我在本书原序中所描述的那种状况走过了一段漫长之路。在我1989到1994年的博士研究期间,许多考古学家对开发一种族属研究的新方法持否定态度,或至少是心存疑虑的。当时,那些受过程与后过程考古学影响的考古学家,将对族群的任何关注,要么看作是向早已过时的文化-历史考古学范式的倒退,要么看作是一种带有民族主义政治含义的危险举措。相反,那些仍坚持与文化-历史考古学紧密为伍的学者,则将这个课题看作是对他们研究根基的威胁。然而,到了1990年代中晚期,考古学家已经转向对过去政治方面的关注,并特别强调考古学与民族主义之间的关系(Gathercole and Lowenthal 1994;Kohl and Fawcett 1995;Meskell 1998)。那时有各种触发因素,包括"世界考古学大会"(World Archaeological Congress)(Ucko 1987, 1989)的成立,它聚焦于本学科的政治因素;还有欧洲和世界各地民族主义冲突的复炽(Kohl and Fawcett 1995)。但是其中的一项副产品就是,在让今天民族身份认同和各种努力合法化的不合时宜地尝试下,重拾考古研究对构建现代民族与古代族群之间联系的兴趣。

这些发展意味着,《族属的考古》虽有争议,却是一本恰逢其时的著作,它大体上是我博士导师,已故彼得·乌科教授的远见卓识及其洞见的结果,他先我很久就认识到这个领域的重要性。初审在两批人之间泾渭分明，一批人对文化历史学的评述完全持敌对态度，而另一批人则对开发一种研究族属的理论框架持谨慎的积极态度，该框架挑战实在论观点(essentialist ideas)[①]，并质疑把过去的族群与今天的族群直接拉上关系。在出版后的二十年里，本书一直影响很大，在考古学和其他学科的文献中被广泛引用。但是，它在英美、欧洲和拉丁美洲的考古学传统里，要比其他地方影响更为深远。这有各种原因，包括从获取本书的难易程度和语言隔阂，到考古学民族传统的特点，以及它们对新理论和阐释新方法的接纳程度(Ucko 1995)。结果是，根据考古类型学来分辨过去族群的传统方法，在世界许多地方依然故我，特别是那些拥有悠久文献或口述历史传统，并在族群名称有案可稽的地方。

为此，我对上海古籍出版社决定出版由复旦大学文物与博物馆学系陈淳教授翻译的中文版《族属的考古》十分欣喜。文化-历史考古学对中国考古学有着久远的影响，中国考古学也有一种浓厚的编年史学传统和将考古学文化与史籍中提及的族群联系起来的倾向(Chang 1981；Trigger 2006；von Faulkenhuasen 1993)。因此，长期以来，中国考古学家一直倾心于从物质文化，诸如青铜器和葬式来分辨古代人群，比如商周和秦汉的族群(Kyong-McClain 2010)。而且，中国考古学还有一种民族主义的特点，诚如特里格所言(Trigger 1984：359)，它长期偏好一种北方中心论的编年史学，以维持一种中庸政治(centrist politics)，并培养民族尊严(也见 Kyong-McClain 2010；Trigger 2006)。但是，中国考古学显然正处于一个日益强调理论创新、跨学科对话、聚焦过去的政治和公共考古学的转型阶段(桑栎 2015)。而且，中国作为一个由汉族和 55 个少数民族组成的统一多民族国家，其思想正向学术研

[①]   实在论认为任何特定的实体必须具有一批特征来表现其身份与功能。——译注。

究深入，不过在一些少数民族地区则存在不同见解（见 Mullaney 2010）。

　　因此，陈教授翻译《族属的考古》特别及时。我希望本书中文版的问世，能有助于中国考古学家不断反思文化-历史考古学的范式，并开发新的理论方法。除了从人文和社会科学的学科范围提供一种族属理论的综述外，我也希望本书能够为中国考古学家与其他学科学者之间的跨学科研究和对话，提供一点微薄的贡献。最后，我希望《族属的考古》能促进对考古研究与重建当代民族和族群身份之间关系的重新评价，并预示一种崭新公共考古学的诞生。我再次感谢为原书写作提供支持和指导的所有同仁，还有为本书翻译付出辛勤劳动的陈淳教授和他的学生沈辛成。

希安·琼斯

斯特林大学环境历史与遗产系教授

苏格兰，英国

2017 年 1 月

参考文献

Chang, K. C. 1981. Archaeology and Chinese historiography. *World Archaeology* 13(1): 56 – 69.

Gathercole, P. and D. Lowenthal (eds) 1990 *The Politics of the Past*. London: UN Kohl, P., L. and C. Fawcett (eds) 1995. *Nationalism, Politics and the Practice of Archaeology*. London: Routledge.

Kyong-McClain, J. 2010. Barbarian caves or Han tombs? Republican-era archaeology and the reassertion of Han presence in ancient Sichuan. *Twentieth-Century China* 35(2): 4 – 24.

Meskell, L. (ed.) 1989. *Archaeology under fire: nationalism, politics and heritage in the Eastern Mediterranean and Middle East*. London: Routledge.

Mullaney，T. 2010. *Coming to Terms with the Nation: Ethnic Classification in Modern China*. Berkeley：University of California Press.

桑栎，《考古学定位问题的反思》，《东南文化》2015 年第 2 期。

Trigger，B. G. 1984. Alternative Archaeologies：Nationalist，Colonialist，Imperialist. *Man* 19(3)：355 – 370.

Trigger，B. G. 2006. *A History of Archaeological Thought*. Cambridge：Cambridge University Press (2nd edition).

Ucko，P. J. 1987. *Academic Freedom and Apartheid: the Story of the World Archaeological Congress*. London：Duckworth.

Ucko，P. J. 1989. Foreword. In S. J. Shennan (ed.) *Archaeological Approaches to Cultural Identity*，pp. ix – xx. London：Unwin Hyman.

Ucko，P. J. (ed.) 1995. *Theory in Archaeology: A World Perspective*. London：Routledge.

von Falkenhausen，L. 1993. On the historiographical orientation of Chinese archaeology. *Antiquity* 67(257)：839 – 849.

英文版序

　　本书大体上基于我 1994 年于南安普顿大学完成的博士论文。我的博士研究意在利用人文科学中有关族属的最新理论,来为考古学中的族属分析提供一个理论框架。当我在 1989 年启动这个课题时,除了当时已有论著中仅见的片言只语外,对这个话题几乎无人问津。很多考古学家之所以漠视族属研究,或是因为它看似为一种过时范式——文化-历史学方法的代表,或认为这是项不可能完成的任务,因为它带有政治上的危险性。因而,在介绍我的研究课题时,我常常被质问:"这与今天的考古学到底有什么关系?"或者"你干嘛要做这个课题?"幸运的是,在困惑和怀疑几乎要让我彻底放弃之时,得益于南安普顿大学一些学者的远见卓识,我不时意识到这个课题的重要性。

　　五年之后,与民族主义一起,族属在考古学和社会上成了非常普遍热门的话题。在考古学术会议上,族属和民族主义成了头等议题,聚焦于如何用过去来构建当今认同的文献也呈几何级数增长。然而,考古学家们大多集中在当今认同的政治方面,考古学探究常囿于对政治的泛泛而论,并未采取逻辑步骤来反省考古学是如何解释群体认同的。如果没有这样一种反省为我们提供一个较扎实的基础来解释过去的族群,那么对于当代各种群体、民族群体、土著群体和其他族群利用考古学构建他们的身份,并使之合法化的工作,我们便很难成功地参与其中。我希冀本书能为解释过去的身份提供一种新方法,也能为如何利用过去来构建当代群体身份提供新的视角。正因有志于此,我已为我的博士论文撰写了新的引论章节,并扩充了结论,借此凸显同时考虑构建古今身份的必要性。

本书的撰写耗时甚巨,在我撰写论文和为付梓进行修改的过程中,得到了许多人的建议与帮助,在此一并致谢。我要感谢曼岛教育委员会(Isle of Man Board of Education)为我攻读博士提供资助,还要感谢罗伯特·孟席斯爵士澳洲研究中心(Sir Robert Menzies Centre for Australian Studies)提供的资助,使我得以在1990年前往澳大利亚观察土著身份的构建。当我在澳期间,伊恩和利比·金(Ian and Libby Keen)夫妇、戈登·布里斯科(Gordon Briscoe)、艾里斯·克莱顿(Iris Clayton)、雅克·兰伯特(Jacquie Lambert)和许多人都为我提供了洞见与建议。我对他们在本书表述的许多观点形成与发展过程中所提供的帮助深表谢意,但令人十分遗憾的是,大量有关构建土著身份的讨论并未收录在我的博士论文和本书之中。

感谢南安普顿大学考古系和其他学校的学者和学生,他们是蒂姆·钱皮恩(Tim Champion)、克里夫·甘布尔(Clive Gamble)、保罗·格雷夫斯-布朗(Paul Graves-Brown)、克莱尔·乔伊特(Claire Jowitt)、克里斯·洛克耶(Kris Lockyear)、布赖恩·莫利南克斯(Brian Molynenx)、蒂姆·斯莱(Tim Sly)、戴夫·惠特利(Dave Wheatley)、弗朗西斯·温班-史密斯(Francis Wenban-Smith)等,我在博士研究的过程中曾向他们求教,他们为我提供了一个既激发思维又亲切友好的研究环境。还有南安普顿在比较方法和理论上令人极具启迪的考古学学风对我产生了无可估量的影响。我尤其要感谢斯蒂芬·申南(Stephen Shennan),他多年来不厌其烦地为我一遍又一遍的文稿修改提供宝贵的意见。

在为论文出版的修改过程中,本·阿尔伯蒂(Ben Alberti)、克雷西达·福德(Cressida Fforde)、安东尼·弗斯(Antony Firth)、佩德罗·弗纳利(Pedro Funari)、马丁·霍尔(Martin Hall)、理查德·欣利(Richard Hingley)、昆廷·马基(Quentin Mackie)、英格莱斯·麦克法兰(Ingereth Macfarlene)、马吉·罗奈因(Maggie Ronayne)、迈克·罗兰兹(Mike Rowlands)以及简·韦伯斯特(Jane Webster)都曾拨冗与我讨论各种问题与想法,我十分感谢他们的贡献和建设性批评。我在阿根廷拉普拉塔大学(University of La Plata)教授一门研究生课程以及在南安普顿大学教授一门关于族属和民族主义的硕士课程中,获益匪浅。非常感谢所有学生的热情和他们不时颇具挑战性的怀疑精神。我也要感谢帕克斯犹太裔与非犹太裔关系研究中心(the Parkes Center for the Study of Jewish/non Jewish Relations)的同事托尼·库什纳(Tony Kushner)和萨拉赫·皮尔斯(Sarah Pearce),他们为本书写作提供了场地,尽管当时空间也是捉襟见肘。

感谢凯思林·诺尔斯(Kathryn Knowles)为我绘制了插图2.1、2.2、2.3和2.4。感谢巴茨福德公司(B. T. Batsford Ltd)和安妮·罗斯(Anne Ross)博士慷慨地允许我从《异教徒凯尔特人的日常生活》(Everyday Life of the Pagan Celts)一书中截取"凯尔特人文化区与扩张"的地图。同样感谢安多弗博物馆(Andover Museum)馆长戴维·艾伦(David Allen)允许我使用"铁器时代的武士"(Iron Age Warrior)一图。这两幅图已被用作平装版的封面。感谢珍妮特·温特森(Jeanette Winterson)和古典书局(Vintage Books)允许我从《橘子不是唯一的水果》(Oranges Are Not the Only Fruit)中引用文献。也要感谢罗德里奇出版社(Routledge)的维基·彼得斯(Vicky Peters)与其他编辑团队成员的热情帮助。

　　我欠亲朋好友一大笔人情，许多人已在上面提及，下面还有梅·贝迪（Maj Bedey）、阿曼达·博尔特（Amanda Boulter）、萨拉·钱皮恩（Sara Champion）、斯蒂夫·多尼（Steve Dorney）、鲁斯·吉尔伯特（Ruth Gilbert）、凯特·霍尔（Kat Hall）、简·赫伯特（Jane Hubert）、埃拉·雷伯维兹（Ella Leibowitz）、古斯塔夫·马丁内兹（Gustavo Martinez）、迈克尔·韦尔斯（Michael Wells）及其他人，感谢他们在过去六年的逆境和美好时光中的爱与支持。最后我对彼得·乌科（Peter Ucko）感佩万分，他的友情与支持已经远超一般师生可以想见的情谊。非常感谢他提供的不可或缺的建议与批评，以及作为我灵感的源泉，没有这些，我的这篇论文根本无从谈起。

定　义

　　族属概念渊源芜杂,其含义也争论很大。第二、第三章对族属及其他概念做了批判性审视,继而在第四章中提出了一个行之有效的族属定义。不过为了清晰起见,很有必要定义一下本书中我所采用的"族群身份(认同)"(ethnic identity)、"族群"(ethnic group)以及"族属"(ethnicity)等术语的使用方式,而我讨论其他学者采用这些术语的情况除外。

　　族群身份(认同)：某人自我概念化的一个方面,它源自此人根据感知的文化差异和/或共同渊源,以一较大群体与其他非吾族类对照之后,获得的身份确认。

　　族群：任何根据感知的文化差异和/或共同渊源的认识,将自己与其他相互来往和共存群体分开的一批人群。

　　族属：与上面定义的某文化构建群体认同相伴的所有社会和心理现象。族属概念聚焦于这样一些方式,其中社会和文化过程与不同族群的身份确认和互动彼此交织在一起。

她说，从历史而言，你我之间发生的事情都微不足道。但是历史就像是一根打满结的绳子，你所能做的最好是钦佩它，也许再打上几个结。历史是一张摇晃用的吊床，是一场玩耍的游戏，一只猫的摇篮。她说，这类感觉都是死的，即她曾经对我的感觉。已死之物有一种别样的诱惑。对已死之物，你可以凌辱它、篡改它，给它涂上颜色。它也不会抱怨。然后她笑着说，我们可能对以往的事情看法不同……她又笑道，我的看法可以编一个很好的故事，她的看法正是历史，却完全不是事实。她说，她希望我没有保留那些信件，纠缠毫无意义的事情是愚蠢的。好像信件和照片能为其增添几分真实与危险。我告诉她，我不需要她的信件来牢记发生的一切。

（珍妮特·温特森[Jeanette Winterson]，《橘子并非唯一的水果》，1985 年）

目　　录

图　版

第一章　引　论

　　……今天考古学的关键理论问题就是民族认同,更确切地说,就是考古学与构建(或虚构)集体认同的关系问题,这是考古学热衷的一个话题。

奥利弗和库代尔(Olivier and Coudart 1995：365)

　　……考古学在集体认同的构建中,与民族主义和族属之间的关系看来是肯定会持续扩展的。部分是因为考古材料的物质性可以支撑这样的构建。部分也因为构建另类的历史越来越多地被用于土地诉求、族群领地和经济资源拥有的合法化。

罗兰兹(Rowlands 1994：141)

　　考古学在构建集体文化认同和使之合法化过程中所发挥的作用,正在被视为考古学理论与实践中最重要的问题之一。纵观考古学史,物质遗存一直被归于历史上的特定人群,而现代人群渴望寻根,上溯到某个想象的最初源头,这在这门学科的发展过程中一直扮演着重要的角色。就考古学本就是在欧洲民族主义大背景下诞生的学科而言,这种情形并不令人意外,而正是这类证据的物质性看来为集体起源之谜提供了实物与要义。然而,考古学与构建共享记忆的社群之间的关系只是在某些时候才被自省分析和批判,最近一次是1980和1990年代,当时,考古学正日益关注它的社会政治背景,并对当时深感愈演愈烈的族群与民族情绪做出反应。接下来，部分是对方法重新评估作出的贡献，其中考古学研究与当代身份构建交织在一起。聚焦于族属的本质，它与物质文化的关系，以及考古学试图分辨古代族属的正确性，本书探索的领域既是传统考古学阐释的中心问题，也是近来有关考古学探究政治含义的争论核心。

民族主义考古学的经典例子，就是纳粹德国对历史的政治操控。德国语言学家和史前学家古斯塔夫·科西纳（Gustaf Kossinna）的名字就与德国考古学对族属阐释的实践，以及与第三帝国以法西斯主义和民族主义的方式对这种阐释加以利用密不可分。自 1895 年到其逝世的 1931 年，科西纳建立了一种名为"聚落考古学"（settlement archaeology）的族属范式（见 Härke 1991，1995；Kossak 1992；Veit 1989；Wiwjorra 1996）。其基本前提是：器物类型可以用来分辨文化，而清晰可辨的文化区是过去部落和族群栖居范围的反映。不过其方法论中与民族主义色彩关系最重要的地方，恐怕要属他的直接谱系学法（direct geneaological technique），以便将见诸历史的人群追溯到其史前的源头。正是根据该方法，科西纳试图将北欧人（Nordic）、雅利安人（Aryan）、日耳曼人（Germanic）这些优秀人种的后裔归入印欧人（或"印度-日耳曼人"）；通过这一过程，雅利安"人种"被赋予了悠久的古老性，在持续拓展新疆域的历史进程中，发挥了果敢、富有创造性的作用（见 McCann 1990；Veit 1989：38）。

科西纳在其著作中堂而皇之地展现其民族主义和种族主义色彩，侈谈日耳曼人相较其他人在种族和文化上的优越性（Wiworra 1996：174）。在他一本通俗著作的标题上，他把德国考古学称为"一门最具民族性的学科"，并将该书"一战"后的版本献给了"日耳曼人民，他们是重建这个内外皆已分崩离析祖国的砖瓦"（Kossinna 1921 [1914]：题献引文见 Arnold 1990：465）。而且，科西纳与其他考古学家积极参与"一战"期间的政治宣传,而在德国战败后,他试图用考古研究的成果声称,波兰部分地区自铁器时代以来一直就是日耳曼人的领土。不过,一直要到科西纳去世之后,随着国家社会主义的兴起,他的著作才被拔高到信条的地位,以支持雅利安人是杰出人种的神话。考古学在第三帝国的意识形态中占有重要的一席之地;尽管阿道夫·希特勒本人对这种努力颇显疑虑,但在纳粹关键人物阿尔弗雷德·罗森伯格(Alfred Rosenberg)和海因里希·希姆莱(Heinrich Himmler)的襄助之下,考古学取得了极大的声望,享受国家体制的支持(见 Arnold 1990:469)。为了使自己的想法得到"科学"的支持,希姆莱成立了党卫军组织——日耳曼古代遗产(Deutches Ahnenerbe, German Ancestral Inheritance),它组织了由党卫军军官执掌的考古调查,并义不容辞地采用科西纳的"聚落考古学"方法。被鉴定为"日耳曼的"考古遗存会得到厚遇,该组织成员和其他考古学家特别关注"论证"日耳曼人在史前时期和原史时期的扩张活动——向东直达波兰、南俄罗斯和高加索地区(McCann 1990:83-84;见图1.1)。能进一步证明考古学研究与纳粹政权活动有牵连的另一例,就是希姆莱试图将下维斯托尼斯(Dolní Vestonice)①出土的维纳斯雕像的生理特征与犹太妇女以及霍屯督人(Hottentots)②这样的原始"人种"联系起来(McCann 1990:85-86)。然而,尽管有许多德国考古学家如汉斯·莱茵诺(Hans Reinerth)和赫曼·沃斯(Herman Wirth)积极投身于迎合纳粹意识形态的历史重建,但

①　下维斯托尼斯是捷克东南部的一个旧石器时代晚期遗址,是人类最早制作陶器的例子。其特征之一就是出土陶质釉面的女性小雕像,臀部和乳房表现夸张,多出土于遗址中的中央火塘附近——译注,后同。

②　霍屯督人,或者科伊科伊人(KhoiKhoi),是非洲西南部的一支游牧民族,霍屯督人这个名称是荷兰殖民者当时模仿本土发音而起的,现在已经因为其种族歧视色彩而不再使用。——译注。

也有人对这种重建并不明确支持。实际上,许多考古学家就像其他德国民众一样,在极权政权之下只能作消极旁观,最终以置身其外来默许纳粹党,不过仍有一小部分考古学家表达了直接的反对,主要是通过对科西纳著作的批评(见 Arnold 1990:472-473;Veit 1989:40-41)。

在对欧洲考古学理论的回顾中,霍德(Hodder 1991a:x)声称:"在第三帝国时期,出于民族主义目的而对历史的误用,几乎欧洲所有考古学家都难辞其咎。"战后德国学者的直接反应就是远离纳粹考古学的极端种族主义特征,尤其是对科西纳的攻击,将其形容为"所有沙文主义和法西斯主义考古学探究的幕后黑手"(Härke 1995:54)。对于那些纳粹德国期间被动旁观的德国考古学家而言,这样的态度再自然不过了,不过谴责科西纳作为对第三帝国时期考古学中滥用民族主义的指控,也是其他欧洲考古学家的普遍反应。由于传统上将族群与种族混为一谈,于是明显带有民族性的阐释被摒弃,并以德国考古学家尤甚,他们退缩到描述性和经验主义的方法,几乎不再提及诸如"日耳曼人"或是"印欧人"这样的人群(Härke 1995:56;Veit 1989:42)。而且,科西纳所倡导的历史溯源的谱系学方法也大体上被摒弃。不过,尽管有这些变化,德国考古学家仍沿袭了基本的族群范式,将物质文化用考古学文化来进行人群的分类,它们仍被默认为不同族群的产物。正如维特(Veit 1989:42)所指出,虽然"考古学文化"成了"族群单位"几乎不带意识形态的代名词,但人们仍会理所当然地带有这种想法,在这些考古材料的归组背后,隐藏着各种人群的身影。

在欧洲其他地方以及世界各地,德国考古学方法论的影响一直持续到 1980 年代,学者们要么直接运用这种方法,例如在纳米比亚(见 Kinahan 1995)和阿根廷(见 Politis 1995),要么间接被其

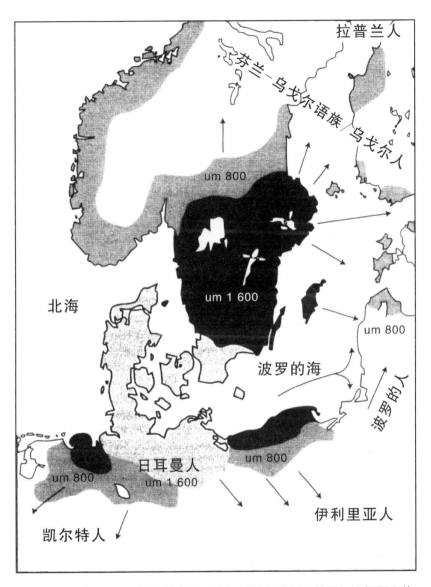

拉普兰人

芬兰－乌戈尔语族／乌戈尔人

um 800

um 1 600

北海

波罗的海

um 800

波罗的人

日耳曼人
um 800 um 1 600

伊利里亚人

凯尔特人

图 1.1 此地图显示了据称是青铜时代日耳曼人的领土扩张。这幅图由德国考古学家汉斯·莱茵诺在 1945 年绘制,他当时为纳粹机构——AMT·罗森伯格服务(根据 Arnold 1990:466 重画)。

左右,因为这种方法自文化-历史考古学初创以来就一直影响深远。文化-历史考古学的特点就是对物质遗存进行经验主义的提炼、描述与分类,将这些遗存置于一个时空框架之内,而这个框架就是由通常所谓的"文化"单位所组成,并常常被认为是过去各种不同社会群体的产物。虽然不同地区与国家的文化-历史考古学传统略有不同,但它在整个 20 世纪的欧洲和世界各地几乎一直是考古学的主要范式(见 Graves-Brown et al. 1996;Hodder 1991b;Ucko 1995b;也见第二章)。因此,不管是否明确指认过去的人群或族群,全世界考古学研究的基本框架与纳粹德国所采用的基本范式别无二致。

众所周知,将考古学从描述性和经验主义的文化-历史考古学窠臼中解脱出来的,乃是 1960 和 1970 年代的"新考古学"(见 Willey and Sabloff 1974:183 - 189;Renfrew and Bahn 1991:34 - 35)[1]。新考古学主要兴起于欧美,它深受社会人类学的影响,并将文化重新定义为一种功能系统,而非特定人群规范的同质性框架(见第二和第六章)。在许多情况下,其分析乃明确关注社会过程,旨在博引人类学、文化生态学和新进化论等理论,提出普遍性的阐释模式。正如部分评论者所言(比如 Hodder 1991b:6),过程考古学的主要贡献还是在对经济和生计策略、交换系统和社会结构的分析。在这类讨论中,对民族主义、族属和多元文化论等问题毫不挂怀。在拒绝将考古学文化等同于族群之后,过程考古学家一般不再将族属看作是考古学研究的重点,他们认为族属只不过是陈旧和过时的考古学范式的产物(Olsen and Kobylinski 1991:10;也

---

[1] 新考古学是指过程考古学的早期阶段,特别与路易斯·宾福德(Lewis Binford 1962,1965,1972)的名字相联,虽然也包括其他人如戴维·克拉克(Clarke 1978[1968])和伦福儒(Renfrew 1972),以及为宾福德夫妇主编的论文集撰稿的作者(Binford and Binford 1968)。对新考古学的批评观点可见霍德(Hodder 1982b,1986)及香克斯和蒂利(Shanks and Tilley 1992[1987])等人的文章。

见第二章）。而且，尽管一些过程考古学的早期倡导者对它有某种特别的希冀（Wobst 1989：137－138），但是无论是过去还是现在，过程考古学在很大程度上仍牢牢植根于科学客观性的理念（如Binford 1983）。结果，民族主义者对考古学的运用被继续认为是与本学科无关的、外施的政治影响，会导致对科学研究的扭曲。

　　近来对社会政治问题的关注，包括重拾对族属和多元文化论的兴趣，始终与后过程考古学（post-processual archaeology）及其倡导者和反对者密不可分。不过，后过程考古学本身就代表着差别很大的方法，因此关注考古学的社会政治方面也绝不囿于这个范畴的考古学家。事实上，在世界考古学大会（World Archaeological Congress）这个探讨族属、民族主义以及对利用过去认识相左的主要论坛上，聚集了一大批代表不同背景、兴趣和理论视角的学者（见 Ucko 1987）。因此，我们可以说，作为学科的一项运动，后过程考古学在某种程度上为探究考古学参与文化认同构建的当代实践中的性质设置了背景，并提供了至关重要的视角。但是，更加广泛的社会和意识形态运动，以及与之相伴的各种社会团体，也为认识这种关注做出了贡献（见 Moser 1995；Layton 1989b；Ucko 1983a，1983b，1987）。这种影响进一步证明了考古学作为一门关注过去的独特实践与社会其他方面之间复杂而递归（recursive）的关系。

　　对考古学性质批判性反思的背景，使得这类的研究数量激增，各种会议、年会和出版物中见证了考古学总体上对社会政治方面的关注[①]，同样也特别关注考古学与构建文化身份之间相互交织的

──────────

　　① 集中在考古学作为当今社会与政治背景中的一种实践的大量文献是在 1980 与 1990 年代出现的；参见克里斯蒂安森（Kristiansen 1992）、香克斯和蒂利（Shanks and Tilley 1992 [1987]）、特里格（Trigger 1984，1989）、乌科（Ucko 1983b，1987），以及为盖塞科尔和洛温特尔（Gathercole and Lowenthal 1990）、平斯基和怀利（Pinsky and Wylie 1989）、斯通和麦肯齐（Stone and MacKenzie 1990）、乌科（Ucko 1995a）主编文集撰稿的作者。

方式①。特里格(Trigger 1984：358)将"民族主义考古学"视为考古学的一个特别门类,并声称"大部分考古学传统可能都具有民族主义的取向"。而且,许多个案研究证实,考古学在构建民族身份及领土诉求并使之合法化的应用上,比一般认为得更广。19 世纪,丹麦史前纪念建筑如古坟和石棚墓②,对构建民族与乡村的田园情怀举足轻重,而考古学家如沃尔塞(Worsaae)在面对德国的侵略时,公开投身于重建民族意识的事业(Kristiansen 1992：19 - 21；Trigger 1984：358)。作为对德国根据考古学文化分布的领土扩张诉求的反应,波兰考古学家康拉德·杰兹邱斯基(Konrad Jażdżewski)在 1949 年出版了一本欧洲考古图册,标示了斯拉夫人在青铜时代据说也曾经扩散到了中东欧的大部地区(Kristiansen 1992：18；也见图 1.2)。在法国,高卢人抵抗罗马帝国在构建法国民族意识中发挥了中流砥柱的作用。毕布拉克特遗址(Bibracte)和英雄人物韦辛格托里克斯(Vercingetorix)在现代民族国家中一直被赋予特别重要的地位③,并反映在布弗雷山(Mount-Beuvray)④最近发掘所获得的可观财政资助和政治支持上(见

---

① 对考古学在构建共同记忆社群中作用的一般性讨论,请见琼斯和格雷夫斯-布朗(Jones and Graves-Brown 1996)、克里斯蒂安森(Kristiansen 1992)、莱顿(Layton 1989b)、罗兰兹(Rowlands 1994)、特里格(Trigger 1984)、乌科(Ucko 1995b)。详细的个案研究,请见阿诺德(Arnold 1990)、迪特勒(Dietler 1994)、福勒里-艾利特(Fleury-Ilett 1996)、科尔(Kohl 1993b)、默里(Murray 1993)、奥尔森(Olsen 1986),以及为邦德和吉列姆(Bond and Gilliam 1994a)、迪亚兹-安德鲁和钱皮恩(Diaz-Andreu and Champion 1996b)、格雷夫斯-布朗等(Graves-Brown et al. 1996)、科尔和福西特(Kohl and Fawcett 1995b)、莱顿(Layton 1989a)、乌科(Ucko 1995a)主编文集中的撰稿者。

② 古坟(burial mounds)是一种墓葬形制,在坟墓之上用土堆覆盖;石棚墓(dolmen)也是一种墓葬形制,是一种单室石制墓,由两块或多块垂直于地面的石块包围,并在其上水平覆盖一石块,由此构成。——译注。

③ 毕布拉克特遗址是高卢人反抗罗马人征服的一处堡垒遗址,公元前 58 年,凯撒率罗马军队逼近毕布拉克特南,公元前 52 年,阿维尼人(Arverni)酋邦首领韦辛格托里克斯联合高卢人各部在毕布拉克特起义,战后这个古堡被废弃,一直到 1860 年代才被现代考古学家发现。因此毕布拉克特和韦辛格托里克斯这些符号在 20 世纪重新获得了力量,象征着高卢人/法国人不惧外敌反抗侵略的精神。——译注。

④ 即毕布拉克特遗址所在地。——译注。

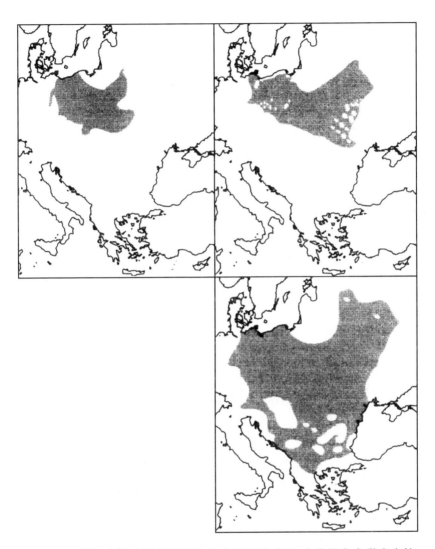

图 1.2　这是三张据称是追溯斯拉夫人扩张的地图，由波兰考古学家康拉德·杰兹邱斯基在二战后不久绘制的（根据 Kristiansen 1992：17 重绘）。第一幅图与青铜时代相关，第二幅图与"迁移时期"（300—500 年）有关，而第三幅图与维京时期有关。这三幅图的表现方式明显与德国考古学家汉斯·莱茵诺采用的方式明显相同（见图 1.1），尽管它们对位于波兰境内以及中欧其他地区文化历史的提法针锋相对。

Dietler 1994：584；Fleury-Ilett 1996：196,204)。在英国殖民主义的阴影下,凯尔特文化被认为是一批纯粹的族群,20 世纪初在爱尔兰民族起源神话中发挥了至关重要的作用,这导致了对拉坦诺(La Tène)和基督教时代早期的考古的强调[1],并对较晚的盎格鲁-诺曼(Anglo-Norman)考古的漠视。考古学在年轻的民族国家里也发挥着重要作用,譬如在以色列现代国家的合法性上就是与古代以色列民族建立起直接的谱系关系,以至于对铁器时代的考古遗存格外重视,与后继时代形成很大的反差(见 Glock 1994)。不仅如此,马萨达遗址(Masada)在以色列民族意识中也成为一个极其重要的象征,据说这里是一批犹太起义者在面对罗马人镇压时集体英勇就义之地,遂成为军事朝圣与祭奠的中心(见 Zerubavel 1994)。

　　然而,尽管已经证明,考古学与民族主义在许多不同背景里紧密交织在一起,不过,考古学也介入到更为复杂的集体身份认同的构建中去[2]。民族主义本身就形式多样(见 Hutchinsen and Smith 1994；Kapferer 1989),在特定民族传统的历史和文化表现中存在极大的多样性。而且,民族国家只不过是当今世界共同身份许多可能的焦点之一,常常引发局地而非世界范围的冲突;这也是 1995 年伦敦族属与民族主义研究协会(Association for the Study of Ethnicity and Nationalism)年会上的热门议题(Targett 1995：9)。所谓"民族复兴"(ethnic revival),加上原住民第四世界运动

---

　　① 拉坦诺文化是欧洲铁器时代一重要文化,典型遗址是瑞士的拉坦诺,年代大约从公元前 450 年到公元前 1 世纪的罗马征服时期,从器物群来判断,其影响极广,辐射欧洲大部,包括比利时、法国东部、瑞士、奥地利、德国南部、捷克、波兰、斯洛伐克、斯洛文尼亚、匈牙利和罗马尼亚。——译注。
　　② 甚至在最近的著作中,考古探究与构建不同身份之间关系的复杂性仍然被漠视或仅约略地承认。这种探讨有助于对某些特定领域的详细分析,如民族国家机构对考古学制度化的影响(比如见迪亚兹-安德鲁和钱皮恩[Diaz-Andreu and Champion 1996b]中的论文)。不过,这也会导致过于简单地对待这些问题,并专注于极端民族主义的弊端,从而忽略了其他形式族群认同的考虑,比如少数民族与原住民的认同(如见科尔和福西特[Kohl and Fawcett 1995b]文集中的论文)。

(Fourth-World movements)[①]的兴起,苏联解体和东欧剧变,以及世界其他地区的分裂主义运动,无论这些不同的民族身份是否被国家意识形态所承认,这些运动迫使现在的大部分国家不得不承认这种多民族和多元文化的现实。这种情况进一步因超国家实体而变得更为复杂,如欧盟,它对其他成员国提出了一种文化认同的要求,还有原教旨主义运动,如伊斯兰国(The Nation of Islam)[②]。面对共同文化认同如此多样的表现形式,许多研究民族主义与族属的学者(如 Clifford 1988,1992;Friedman 1989;Gilroy 1992;Hannerz 1989;Marcus 1989)摒弃了世界乃是由彼此有异、内部相对同质的民族国家组成的理想形式,或将其视作昔日黄花,或视为现代主义者的妄想。相反,他们谈论一种后现代世界,其特点为,一方面是趋于日益全球化的对立趋势,另一方面是认同的碎片化导致杂糅(hybridity)、混杂化(creolization)和土著化(indigenization)(见 Young 1995 对这种趋势的批评)。这种图像是一种彼此有别、不稳定和对立的文化认同结构,从局地蔓延到全球,并忙于各种权力斗争(如 Clifford 1992:101,108)。

考古学对过去的展现与文化认同这种多元、不同的形式交织在一起,与国家常常并不一致。除了“民族主义”考古学,特里格(Trigger 1984)还分辨出另外两种类型:“殖民主义”考古学,这是指欧洲强权国家的考古学,这些国家在很长时间里对土著人实施各种形式的制度化控制;以及“帝国主义”考古学,又称“世界取向的”(world-orientated)考古学,它与少数国家相伴,如英国和美国,

8/9

---

① 第四世界是第三世界表述的一种延伸,它既可以指完全没有进入工业化现代化的本地部落,也可以指第一世界国家内的亚群体,比如美国的非裔美国人,他们的生活水平距离第一世界标准其实很远。——译注。

② 其简写(NOI)不应与当今极端组织的伊斯兰国(IS)相混淆,这是由华莱士·法德·穆罕默德(Wallace D. Fard Muhammad)1930 年 7 月在美国底特律成立的一个伊斯兰宗教运动。——译注。

它们在世界大片地区实施政治统治。这种殖民主义和帝国主义考古学的例子很多，例如罗得西亚（Rhodesian）殖民政权曾千方百计地试图将大津巴布韦（Great Zimbabwe）的建筑归于外来人群（Garlake 1982：6；Hall 1995：32-42）[①]，或有考古学家否认现生澳洲原住民与其过去有任何悠久的联系，将其历史定义为"史前的"和"已逝的"（见 Ucko 1983a，1983b：14）。

　　然而，十年后争论再起，有人认为特里格的范畴过于肤浅和一般，不足以恰当讨论考古学在世界各地构建身份中使用方式的多样性（如 Ucko 1995b：9）。特里格（Trigger 1984：368）本人也承认他所定义的这些考古学类型不够全面，并指出，以色列考古学究竟该归入民族主义考古学还是殖民主义考古学难以定论，而就纳粹的扩张主义目的而言，科西纳学派的德国考古学究竟是民族主义考古学还是帝国主义考古学也模棱两可。但是，这种含糊性表明，用这种非此即彼的分类来为某地区或某国家的考古学定性恐怕不太有用。譬如，在欧盟背景下，用考古学（如欧洲青铜时代与"凯尔特人"铁器时代）来构建一种排他性的欧洲文化遗产与文化认同的表现（见 Jones and Graves-Brown 1996；Megaw and Megaw 1996），看来就无法归入特里格所说的任何一种范畴。而且，殖民主义、新殖民主义或后殖民主义背景，彰显了考古学与构建特定文化认同之间复杂而难以把握的关系。在许多后殖民主义的背景中，西方的科学考古学，在特定的文化-历史学中，也被用作文化重建和立国的目标，以弥补由殖民主义带来的屈从与错位（如 Mangi 1989）。不过，尽管这种构建统一民族身份的努力常常被认

---

　　① 　大津巴布韦是津巴布韦王国铁器时代的都城遗址，保留有城墙和塔楼，它也是 19 和 20 世纪考古学的争论焦点之一。英治时期，该地被命名为罗得西亚，殖民政府为了加强欧洲人种的优越性，强迫考古学家将大津巴布韦城址定性，称其并不是非洲人本土的创造。津巴布韦独立之后以这个遗址和其所代表的古王国为名命名国家，可见其在族属方面的象征性。——译注。

为是一种积极的卓见,因为这使过去被压迫民族的权利合法化,但同样十分明显的是,它们有时也会在新兴国家里介入对民族多元论(ethnic pluralism)的压制,并且在某些情况下继续否认原住民少数族裔的存在(见 Politis 1995;Ucko 1994)。还有,虽然西式考古学为激发北非(Mattingly 1996:57 – 59)和印度(Paddayya 1995:141)的民族解放运动提供了臂助之力,但它也与族群和宗教的对抗形影相随,甚至威胁当代国家的国本,就像印度北部阿约迪亚遗址所引发的伊斯兰教与印度教的冲突(见 Rao 1994;Bernbeck and Pollock 1996)①。最后,第四世界原住民社群对过去的定义产生了另类视角可能,即过去与身份认同之间的关系未必要与现在的考古学方法相容(见 Layton 1989b)。不过,土著人群经常被迫采用西方文化-历史学源远流长的发展观,以便使他们对土地与遗产的诉求合法化(见 Clifford 1988:336-343;Ucko 1983b:16,18)。在这样的背景里,考古学家能否基于特定物质文化的不同风格分辨族群及其历史的连续性,在政治上变得极其重要:

> 比如,考古学有关一个文化绵延不绝而非半途而亡的"证据",对于某土著的土地诉求、进入某遗址/区域的权利、将一具人骨交给博物馆处置而非重新入葬会有完全不同的结果。
>
> 乌科(Ucko 1989:xiii)

因此,考古学与当今文化认同的交织非常复杂,牵涉面广,常常明显带有政治性质;这点越来越多地被今天的考古学家所承认。

---

① 阿约迪亚(Ayodhya)是印度北部的一座古城,被认为是印度教神祇罗摩(Rama)的诞生地,是印度教圣城,莫卧儿王朝期间伊斯兰教在此传播,清真寺林立,其中一座名为巴布里清真寺(Babri Mosque)被印度教众认为是穆斯林将罗摩出生的印度教神庙毁掉之后在废墟上建成的,双方因而为此产生诸多纠纷,并时常引发暴乱。1992年巴布里清真寺被印度教极端分子拆毁,此举引爆伊斯兰原教旨主义的报复,引发了孟买一连串的恐怖袭击。——译注。

然而,由此产生的潜在问题该如何解决,将继续是学科内的争论之源。面对相互矛盾的历史解释,考古学家面对的关键问题乃是在何时,以及如何在纷繁和对立的历史阐释中做出仲裁。考古学家究竟能否区分中立客观和歪曲杜撰的解释?抑或,不同的阐释只不过是相左的主观见解而已,而在两者之间做出仲裁也不过是一种政治上的权宜之举而已?

这些问题在考古学学科内与对客观性、政治与道德判断地位的根本关注交织在一起。考古学与构建当代文化认同之间的关系,无论是土著的(indigenous)、族群的(ethnic)还是民族的(national),都彰显了考古学知识在社会和政治上难以把握的性质。有鉴于这种认识,声称考古学是为历史提供唯一合法与权威途径的说法已受到质疑(如 Ucko 1989:xi),转而提倡尊重多元和各种不同的历史解释(如 Shanks and Tilley 1992 [1987]:245)。但是,其他学者严厉抨击这一立场,斥之为一种极端相对主义:

10
11

> 回顾种族主义、沙文主义,或民族主义历史观的所有文章,都言必称多样性。该论点不言自明,无需赘述,但很显然,许多英美的后过程考古学家都有一种错觉,认为这种危险而令人讨厌的趋势已经过去,只不过是我们这门学科历史上的一段不幸的插曲。但实际上,纵观世界(即东南亚,中国,前苏联,中东和欧洲大陆),这样的历史观无处不在,仍然危机四伏:物质文化材料屡见不鲜地被用来激发民族主义热情和强调领土诉求的正当性。由此看来,后过程考古学实在是书生气十足。

科尔(Kohl 1993a:15)①

---

① 必须指出的是,许多所谓后过程考古学家的工作并不符合科尔(Kohl 1993a)的嘲讽。后过程考古学家常常明确关注科尔所指的政治现实,同时又参与抽象的理论争辩。其实,在科尔的著作中,他自己也提及这些后过程考古学家研究有关考古学探究与社会-政治背景之间关系的讨论(Kohl and Fawcett 1995a:15)。

然而,应对会陷入各执一词、莫衷一是历史观的相对主义泥潭的可能性,大多数考古学家唯一的办法,就是要建立一套规范和客观的学科标准来论证各种对立历史阐释的有效性,且不受当下政治现实的左右(如 Anthony 1995;Kohl and Fawcett 1995a;Yoffee and Sherratt 1993;Trigger 1995)。实际上,考古学家将民族主义冲突的严酷事实看作是赋予自己的使命以发挥仲裁者的作用,立足于在"客观""中立"与"歪曲""失实"的解释之间的证据做出区分(如 Anthony 1995:83-88;Kohl and Fawcett 1995a:8;Kohl and Tsetskhladze 1995:168-169)。

这种观点并非全新之说,它很像德国考古学家和其他地区考古学家对纳粹德国为政治目的而利用历史的反应。回归经验主义,以客观性为依托,能够将政治利益看作一种造成歪曲历史阐释的外部影响,而这种扭曲应该可以用考古资料的客观分析而予以揭露。考古学家应该能够做到旁观者清,或"大呼'真相'正被别有政治用心的'他人'所操纵"(Ucko 1995b:16)。但是,由于考古事实本身被认为是中立的,那么考古学家也只能基于所见事实的准确性来反击相左的说法,其中包括将某物质遗存归于某历史"群体"或族群(见 Veit 1989:41)。正如哈克(Härke 1995:56)所指出,这种实证主义和经验主义的立场尤具讽刺性,因为正是这种立场"促使纳粹最初对考古学的利用,而尽管它被认为是客观的,但它仍会有令人不快的政治结果"。事实上,对过去特定的主观解释(包括民族主义和法西斯主义的解释)常常获得合法的权力,正是基于科学客观性的主张(见 Shanks and Tilley 1992 [1987]:258),并使这类主观解释在近来批评客观性的背景中更有道理的说法难以成立(如 Anthony 1995:85;O'Meara 1995:427-428)。

在政治影响和价值无涉的科学之间做出两分的观点,今日继续引起巨大的共鸣,它强烈要求重建一套规范的科学立场来对抗极端相对主义的幽灵。但是,这种两分特点的形成,部分是考古学历来的率真,加上在审视考古学有关族属解释的一些基本而又含糊不清设想时的无助,进而还要用考古学来构建当代的文化认同。除非考古学家能够探究传统考古学本身的认识论可能与种族主义和民族主义意识形态相互交织的方式,特别是采用通过分辨彼此有别、铁板一块的文化实体这种方法,否则就根本无法分辨一系列不明晰的价值观和预设(见 Shanks and Tilley 1992 [1987]:46)。而且,考古学要行之有效地构建当代的文化认同,就必须重新评估物质文化与族属之间的关系(见 Ucko 1989:xiii)。这项课题的必要性为近年来考古学对民族主义与政治的研究所充分体现(比如见 Kohl and Fawcett 1995a 中的论文)。举例来说,科尔和塞斯克拉德斯(Kohl and Tsetskhladze 1995:151)在他们对高加索地区考古学与民族主义的研究案例中就强调,从物质文化很难分辨族群。然后他们认为,格鲁吉亚考古学家也"难免根据物质遗存来分辨史前族群",以至于令他们根本无法令人信服地设法"分辨族属和考古学文化在语言上的关联"(Kohl and Tsetskhladze 1995:158-159)。在下面两页中,他们进而声称,格鲁吉亚人也根据基督教一直是他们文化的组成部分而提出他们对领土合法性的历史诉求,"谁也无法否认那些壮丽的宗教建筑和那些刻有格鲁吉亚铭文的教堂"(Kohl and Tsetskhladze 1995:161)。于是最终,他们所坚持的对过去族群看似"中立""客观""可靠"的解释,竟然与一些民族主义考古学家"有失公允"和"歪曲"表现的阐释原则如出一辙!

显然,虽然对传统的阐释方法和假设带有很大的疑虑,但是渴望保持一种客观和经验主义的考古学理想,妨碍了对这些方法和假设进行严谨的、具有理论启发的再评估。而且更具讽刺意味的是,对"后过程繁琐哲学"(post-processual scholasticism)的谴责(比如 Kohl 1993a:16),常常放弃了有关物质文化和社会文化认同形成的这类重要研究（比如 Hodder 1982a；Shanks and Tilley 1992 [1987]：172 - 240），而也正是这种研究才能最终使考古学家对过去的民族主义重建变得更有依据。

考古学在对文化认同的处理上有一块空白。一方面，分辨过去的族群或文化一直以来都是传统考古学经验主义框架内的主要关注。另一方面，近来的批判性研究集中在考古学知识被用来构建当今的认同上。然而总体来说，两者都没有关注为过去族属的解释制订新的理论框架。对族属的性质，以及物质文化与族群身份认同之间的关系从未有过明确的分析（例外包括 Dolukhanov 1994；Hodder 1982a；Olsen and Kobylinski 1991；Shennan 1989b）。相反，自 1960 年代后期起，人文科学中对族属的研究和理论探讨一直方兴未艾，这使我们对社会文化差异的认识有了许多重大的改变。但是，这些进展并没有引起考古学家的注意，许多考古学家仍然将根据反复共生的特定物质文化定义的"考古学文化"直接等同于过去的族群。

本书目的旨在对人文科学中有关族属的各种最新理论做一批判性的综述，并为考古学的族属阐释构建一种理论框架。采用的方法充分考虑了各种方式，这些方式限定了我们今天了解过去的概念和意义，以及考古学研究的对象，它们互为彼此，并帮助设定彼此（见 Shanks and Tilley 1992 [1987]：256 - 257；McGuire 1992：217 - 218）。这样一种古与今的辩证法意味着，很有必要探讨一下考古学分析所采用的假设与概念始终受到当下身份认同讨论影响的各种方式（见 Jones 1996）。用于分辨过去族属的概念与框架是如何及以何种方式经由社会和历史原因而形成？从讨论当下身份认同的一种批判性历史成因为出发点，就能够观察与构建身份认同及族属与文化之间关系相关的过程，以便建立一种比较性的理论框架。我提出的看法与这样的观点相左，即认为族属构成了某人群最基本的要素与特征,并且历久不衰,因而能被追溯到唯一的起源。相反,我认为族群认同是基于自我以及与他者之间变化不定的、因势而异的(situational)和主观的认定。它植根于持续的日常实践与历史经验之中,但也易被改造(transformation)和截断(discontinuity)。正如结论中所言,这种对古今族群身份动态的和对其历史性难以把握之性质的启发性理论分析,提供了这样一种潜力,以便将当下有关身份认同永久不变和非此即彼以及与领土相伴关系的说法予以批判性的审视。

$\frac{13}{14}$

第二章　人群和文化的考古学辨识

希望赋予特定器物或纪念物某种身份,一直是考古学探究的核心,而这种身份经常是用族群或者用创造它们的"人群"(people)来表示的(见 Hides 1996)。自文艺复兴时期以降,考古材料就已被归于有史可稽的各种人群,比如英格兰的布列吞人(Britons)、罗马人(Romans)、撒克逊人(Saxons)和丹麦人(Danes),还有中欧的日耳曼部落如赫鲁利人(Heruli)和辛布里人(Cimbri)①。而且,19 世纪民族主义的蔓延为人们对考古遗存兴趣的升温提供了肥沃的土壤,尤其是追溯他们民族或族群的血统或世系(见 Díaz-Andreu and Champion 1996a;Sklenár 1983;Trigger 1989)。到 20 世纪初,这类旨趣已经作为方法论的原理而被明确制定,就如在考古学家科西纳(Kossinna 1991)和戈登·柴尔德(Childe 1929)等的论著中所述,考古学的文化区就是过去"人群"或族群的反映。

文化-历史考古学

整个 19 世纪,诸如三期论及各种区域变体的时空框架都是根据欧洲的考古材料建立起来的。1860 和 1870 年代,沃塞尔

---

①　赫鲁利人是东日耳曼人的一个部落,公元 3 世纪从斯堪的纳维亚半岛迁移到黑海附近;辛布里人也是日耳曼人的一支,活跃于公元前 2 世纪末期,足迹遍布现代的法国和西班牙大部。——译注。

(Vocel)和蒙特柳斯(Montelius)等考古学家开创了一种"直接民族-历史学法(direct ethno-historical method)",他们试图将特定族群追溯到史前期,用论证考古和历史材料的同时性来确定这些材料相伴和开始的起点(Sklenár 1983:91)。其他考古学家,如德国人类学、民族学和史前史学会的创始人鲁道夫·魏尔啸(Rudolf Virchow),也关注年代学,并用考古材料,通过系统编撰典型器物类型及它们的地理分布来定义族群(Kossack 1992:80-82)。

15/16

在这种背景下,科西纳在其 1911 年出版的著作《日耳曼人的起源》(*Die Herkunft der Germanen*)一书中,定义了考古学文化的概念,并结合"直接民族-历史学法"系统应用了这一概念。其"聚落考古学"的概念立足于如下原理:"在所有时期,轮廓明确的考古学文化区可对应于清晰可辨的人群或部落"(引自 Childe 1956:28)。文化是根据一定时空里与各遗址相伴的物质文化特征定义的,可以这样认为,文化的连续性也意味着族群的延续。基于这样的方法论,他声称,这样就有可能根据文化区来分辨史前期几个主要族群如日耳曼人、斯拉夫人和凯尔特人,而个别文化又能对应于各个部落如汪达尔人(Vandals)和伦巴第人(Lombards)[①](Trigger 1989:165)。

科西纳和其他人如奥斯瓦尔德·孟京(Oswald Meghin)的著作为德国考古学的方法论奠定了基础,并一直延续到 20 世纪。尽管对他们某些特定阐释及所谓的"直接民族-历史学法"常有异议,但是研究继续关注分辨考古学文化,并且至少是心照不宣地分辨族群或人群。科西纳和孟京的著作通过柴尔德的工作对英国考古

①　汪达尔人是东日耳曼人的一个部落,活跃于公元前 2 世纪和前 1 世纪,最早见于现波兰南部,后来又在伊比利亚半岛和北非建立多个小国;伦巴第人也是日耳曼人的一支,于 568 年到 774 年间统治现意大利地区。——译注。

学产生了影响,但是柴尔德摒弃了科西纳欧洲史前史的印欧-日耳曼阐释,并在很大程度上摒弃了他的种族主义观点(比如见 Childe 1933a;1933b;1935)。

柴尔德的早期著作(如 Childe 1927 [1925];1929)已被认为是英国文化-历史考古学成型的基石,以及特定人群特殊生活方式意义上的文化概念的肇始(见 Daniel 1978 [1950]:247;Trigger 1980:40,43)。然而,虽然柴尔德基于文化概念的系统应用是对欧洲史前史进行全面综述的最早先驱之一,但是在 1920 年代初,这样的用法在考古学文献中已颇为常见。例如,为了试图从考古研究来"追溯历史上的多里安人(Dorians)",卡森(Casson 1921:212)就把多里安人与"以一种所谓几何图案的陶器和青铜器为特点的文化之出现与发展"联系起来。[①] 卡森和讨论其文章的其他学者(如 Bosanquet 1921;Hall 1921)充分运用文化概念,在"多里安文化""迈锡尼文化""多瑙河文化"之间进行了区分。同样,在对林佛湖(Llynfawr)[②]窖藏的讨论中,克劳福德和惠勒(Crawford and Wheeler 1921:137)就将以"指尖瓮(finger tip urn)、剃刀、窖穴和方形营地"为代表的特点指认为"青铜时代晚期"文化,而福克斯(Fox 1923:85)在他对剑桥地区的考古研究中,也谈及"哈尔施塔特(Hallstatt)文化"[③]和"前拉坦诺铁器文化"。而且,不难发现,尽管采用"种族"和"耕种区"等术语来替代文化,文化概念中所体现的那些基本设想已经在较早的文献中得到完善。例如,格林威尔

16
17

---

① 多里安人是古希腊的四个主要族群之一,公元前 5 世纪时成为希腊最主要的族群,希腊人甚至以多里安人自称。多里安人在陶器和铜器上绘制几何图案,这后来成为古典希腊时期一种常见的器物。——译注。

② 林佛湖,应作 Llyn Fawr,是英国威尔士的一处考古遗址,20 世纪初在湖边修建蓄水池时发现窖穴中藏有大量考古遗物,多为武器,属于青铜时代晚期,但也出铁剑等铁器。英国铜器时代的最后阶段被命名为林佛湖时期。——译注。

③ 哈尔施塔特文化是拉坦诺文化之前的欧洲主要考古学文化,年代为公元前 8 世纪到前 6 世纪,发源于奥地利,然后辐射希腊罗马之外的整个欧洲大陆。——译注。

(Greenwell 1905：306)在 1905 年提出，约克郡两处铁器时代早期
墓葬应该属于同一批人群，因为"它们在主要和较为重要的特征上
如此相似，它们肯定被认为是习俗和生活方式非常相近人群的墓
地"。据此他声称，由于没有反证，这片"耕种区表明存在过一批由
血缘关系维系的人群"。实际上，需要指出的重要一点是，虽然"血缘
关系"和"人种"已经被用世系和共同起源的简称所替代，但是克劳福
德(Crawford 1921)在其分辨文化之方法的讨论中，同样明确强调了
特定文化习俗和生活方式与不同社群或文化群体的对应关系。他
指出，"我们可以把文化定义为代表某人群全部思想、活动与物质的
总和。代表一个社群的特点同样适用于个人"(Crawford 1921：79)，
他还认为，考古学家的目标应该通过广泛的类型学分析以及它们的
时空分布来发现"同质性文化"(Crawford 1921：132)。

　　与这些学者相比，柴尔德起初对文化的定义可谓精简至极。
在其 1929 年的《史前期的多瑙河》(*The Danube in Prehistory*)一
书的序言中，他将考古学文化定义为"总是反复共生的某些遗存的
类型——陶器、工具、装饰品、葬俗、房屋式样"(Childe 1929：v-
vi)。可是在 1930 年代，柴尔德在两篇论文中对考古学文化的性质
进行了优化(Childe 1933b；1935)，并对将人种对应于考古学和语
言学的人群做出了明确的评论：

　　　　文化是一种社会遗产；它对应于享有共同传统、共同
　　社会机构以及共同生活方式的一个社群。这群人可以顺
　　理成章地被称为某人群(people)……于是，考古学家能
　　够将一种文化对应于该人群。如果用族群来形容这群
　　人，那么我们可以这样说，史前考古学完全可望建立起一
　　部欧洲的民族(ethnic)史，尽管人种(racial)史目前看来
　　仍遥不可及。

　　　　　　　　　　　　　　　　柴尔德(Childe 1935：198-199)

在后来对考古学方法论的讨论中,柴尔德又重申了相似的观点,其中他强调,器物的主观性特点应该"被视为是将一批人群凝聚起来的共同社会传统的具体表现"(Childe 1969 [1950]:2;也见 1956:16,31)。

与科西纳和许多其他学者不同,柴尔德强调特定共生器物类型在同一社会里共时性条件下使用的重要性(比如,他认为物质遗存的组合要比个别器物类型要重要)。因此,对柴尔德来说,考古学文化是一种式样的单位(formal unit),而非地理或年代学单位。其界线应当通过对各文化的仔细描述从经验上来确定,而非通过将个别器物类型排序来做到(Trigger 1980:41-43)。不过,柴尔德虽然强调所有物质遗存在考古学文化的描述中都很重要,但在实际操作中,大多数文化都是根据少数几种典型器物来定义的(如Childe 1956:121-123)。这种对典型器物的依赖,在一些考古学家的工作中实在有点过头。例如,在霍德森(Hodson 1964)对英国铁器时代的重新评估中,分辨出所谓伍德伯里群(the Woodbury complex)的一种文化,只不过是立足于三种分布很广的标准化石——永久性圆屋、编织梳和环形别针(见图 2.1)。

至少晚至 1970 年代,定义文化区一直是从时空上来仔细描述欧洲史前史的主要手段(如 Bordes 1968;Burkitt 1933;Childe 1927 [1925];Erich 1954,1965;Hawkes 1940;Piggott 1965)。这种方法在地图、表格和图表中都以一种民族和文化的镶嵌图(mosaic)来表示(见图 2.2、2.3、2.4)。在北美,19 和 20 世纪初的考古学也采取了文化-历史学方法来研究过去,但是相关概念和技术的发展则有所不同。

北美和欧洲考古学发展的主要区别之一,就是考古学家对自身的文化历史与考谁之古之间的认知关系。在欧洲,考古材料一般被认为是欧洲不同人群的遗存,各种民族主义的兴起促成了民

青铜时代	前罗马铁器时代早期		前罗马铁器时代晚期	罗马铁器时代	各段
青铜窖藏	泰晤士剑	旺兹沃思形制	镜子和斯内蒂瑟姆形制	斯坦尼克	金属加工
林佛湖	波特希斯德	?	钱币		
各种文化，如：希尔普莱斯山的德夫雷尔-利姆伯里	伍德伯里文化（早期）	单墙山头城堡	多墙、石头敷面和内弯入口 伍德伯里文化（晚期）	在许多高地	岛屿类型文化
	地区陶器形制（确切的年代学和分布不明）例如		许多地区陶器形制，例如		
		布兰福德形制			
	埃伯斯顿（哈尔施塔特C文化？）	考拉姆	阿拉斯拉坦诺文化火葬 带有方形沟渠和车子的墓葬	埃尔斯福德拉坦诺文化火葬	罗马-不列颠文化 大陆类型文化
750/700 BC	哈尔施塔特C和D	450/400 BC 拉坦诺I期和II期	100/50 BC 拉坦诺III期	43 BC	

图2.1 说明由霍德森定义的"伍德伯里文化"要素的示意图(Hodson 1964: 108)。

族起源和民族史研究特有的兴趣;各种历史偏好证明该民族源远流长的古老性。而且,进化考古学为欧洲民族所谓的进步性和优越性提供了证据。反观北美,那里的史前遗存显然不是殖民统治者先祖之遗物,而且北美也被看作不存在宏观的文化进化,因为美洲土著社会被认为是静止不变和"原始的"(Trigger 1978:93-95)。部分是由于这种差异,北美考古学描述性类型学的最初发展主要是以地理学而非年代学为取向;与欧洲考古学显著不同,一种年代学框架在美国考古学中一直要到20世纪初才被确立。

北美考古学最早的文化-历史考古学综述是基德于1924年发表的对美洲西南部九条河流域出土的考古学材料的研究。他定义了四个前后相继的时期或阶段:制篮者(Basket Maker)、后制篮者(post-Basket Maker)、前普韦布洛(pre-Pueblo)以及普韦布洛

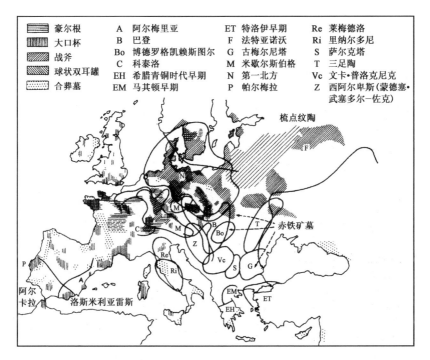

豪尔根	A	阿尔梅里亚	ET	特洛伊早期	Re	莱梅德洛
大口杯	B	巴登	F	法特亚诺沃	Ri	里纳尔多尼
战斧	Bo	博德罗格凯赖斯图尔	G	古梅尔尼塔	S	萨尔克塔
球状双耳罐	C	科泰洛	M	米歇尔斯伯格	T	三足陶
合葬墓	EH	希腊青铜时代早期	N	第一北方	Vc	文卡•普洛克尼克
	EM	马其顿早期	P	帕尔梅拉	Z	西阿尔卑斯(蒙德塞•武塞多尔-佐克)

图 2. 2　"欧洲 Ⅲ 期：大口杯与战斧文化"，根据柴尔德（Childe 1957 ［1926］：351）重绘。

(Pueblo)等时期[①]。他还定义了这一序列在不同地区的变体，他偶尔会将这些时期本身及区域变体称为文化。显然，基德将考古学文化等同于年代学的时期（Kidder 1962 ［1924］：161），譬如他指出，"研究者必须挑选最能准确反映文化或年代学时期变迁的现象进行研究"；但这一方法并未被其他学者认可（如 Childe 1927 ［1925］）。不过，他的文化-历史学框架代表了考古学文化概念在北美发展的重要一步。

---

①　制篮者文化是北美西南部的考古学文化，时间大约从公元前 1500 年到公元 500 年，因其考古遗址中出土大量两三千年前的篮子而得名。普韦布洛文化是北美土著的文化，也出现在美国西南，考古学家认为该文化是古普韦布洛人的，其特征之一就是在崖壁凹陷处建立居所，这样就可以在外敌入侵时撤掉梯子以保护族群。考古学家对普韦布洛文化的出现时间仍有争论，但现在一般认为是出现在公元前 12 世纪，与早期制篮者二期文化有重叠。——译注。

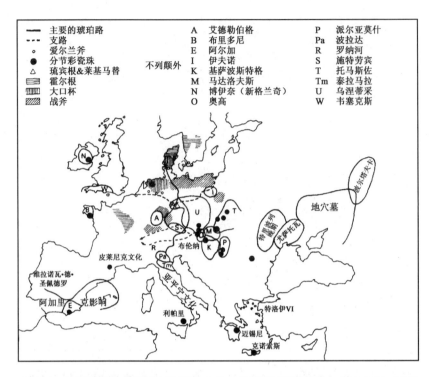

图 2.3 "欧洲Ⅳ期:青铜时代早期文化与贸易路线",据柴尔德(Childe 1957
[1926]:352)重绘。)

20
21

基德的美国西南考古研究后来被关注考古学年表的其他考古
学家们所采纳,在 1927 年的佩科斯会议(Pecos conference)[1]上提
出了一个目标,要求大致以基德的框架为基础,为西南部考古学研
究建立一套普遍性的分类体系(Trigger 1989:189;Willey and
Sabloff 1974:110)。但是,其他的文化分类框架也被制定出来,特
别是格拉德温(Gladwin)和麦克恩(McKern)于 1930 年代中期分
别建立的一套分层级、树权状的分类框架。这些框架的范畴十分
宽泛,涵盖范围从根据表面相似特征定义的单位到非常狭窄、根据

---

① 佩科斯会议是在美国新墨西哥州召开的年度考古学会议,第一届会议就是由
基德于 1927 年召集的,举办地是美国新墨西哥州的佩科斯,会议由此得名。——译注。

高度相似特征定义的单位。例如,在麦克恩(McKern 1939:308 - 310)的系统里,这些范畴从最宽泛到最精细,分别被命名为"基"(bases)、"型"(patterns)、"段"(phases)、"面"(aspects),及"点"(foci)(往下细分还有"组构"[components])。虽然这两种分类系统都立足于相同的层级框架,但格拉德温的体系还包含了地域维度,并在其树杈状框架中也蕴含了时间因素(Willey and Sabloff 1974:111),而麦克恩的体系则避开了空间和时间维度(McKern 1939:302 - 303)。

这些分类系统标志着美国已建立起应用文化单位来对考古材料的分类系统。尽管它杜撰了特别的术语而不是采用"文化"一词,但是这些范畴就是指文化单位,而非年代学的阶段,而且认为它们代表了过去的部落,或者一群关系紧密的部落(如 McKern 1939:302,308)。相较英国的文化-历史考古学,美国的文化-历史考古学更倾向于关注类型学和年代学的细节,而非颇具雄心的文化-历史学重建和研究过去的生活方式(Willey and Sabloff 1974:88 - 130)。尽管如此,基德、格拉德温和麦克恩所建立的分类框架毕竟有所贡献,使北美建立起类似于欧洲的文化-历史考古学方法,以时空定义的文化构建起一种镶嵌图(如 Willey and Phillips 1958)。

尽管不同国家的考古学传统不同,但是文化-历史考古学的范式,无论何种形式,是整个 20 世纪考古学分析的主流。欧美的文化-历史考古学"输出"到了全世界,比如,德国的方法论传到了纳米比亚(Kinahan 1995:86),维也纳学派通过英贝罗尼(Imbelloni)和孟京的著作传到了阿根廷(Politis 1995:202),北美的文化-历史考古学输出到了南美和中美洲诸国(Politis 1995:205),而柴尔德的影响几乎遍布全球。不过这样的"输出"(或者强加),常常根据其所引进地区不同背景的特定条件也多少经历了某种程度的改造(见 Ucko 1995b:2)。

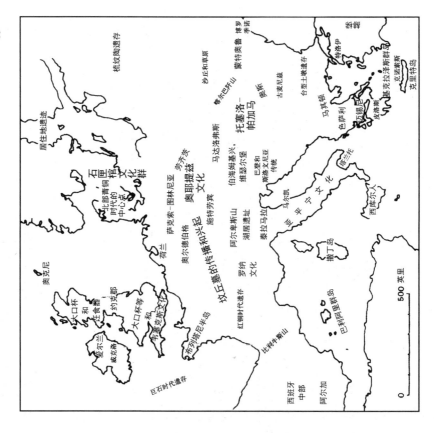

22

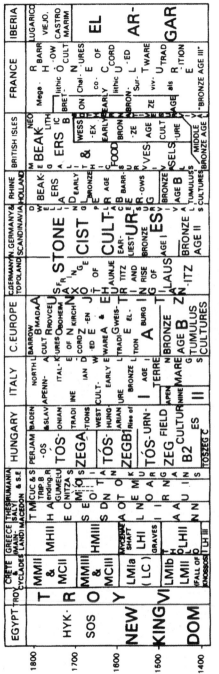

图 2.4　欧洲青铜时代的成就，公元前 1800—前 1400 年。依霍克斯（Hawkes 1940，图Ⅵ、表Ⅵ）

　　特里格(Trigger 1978：86)指出,考古学中广泛采纳文化-历史学方法,是由这样一种需求所促成的,这就是需要对考古材料中日趋明显的时空差异建立一种分类系统。同样的说法在与考古学"处女地"相关的问题上延续:

> 　　如果一片区域仍然是考古学上的处女地(*terra incognita*),那么采用文化-历史学方法的意义就极其重大。而在那些时空基本框架已经建立的地区,那么由过程考古学和后过程考古学提出的视角就特别有用。
>
> 　　帕达亚,也见伦福儒(Paddayya 1995：139；also see Renfrew 1972：17)

这样的说法似乎意味着,文化-历史考古学只涉及对物质遗存多样性的描述与分类,而与任何先入为主的概念或理论无涉。不可否认的是,人类的生活方式在时空上存在差异,而这种差异经常是以这样或那样的方式表现在物质文化中。然而,考古学应对这种差异建立的特定分类框架,过去是、现在也仍是基于某种文化差异性质的设想。由于传统的文化-历史考古学的经验主义性质,这种设想大体一直都是心照不宣的,且探讨指导我们分辨过去文化和民族的概念框架的陈述经常不足(例外包括 Childe 1935；Crawford 1921；Tallgren 1937)。

　　就如我们所见,文化-历史考古学方法的基本原理之一,就是将一定范围内同质性的文化实体与特定人群、族群、部落和/或人种相对应。这种设想是立足于文化的一种标准化观念(normative conception);认为在某特定人群中,文化实践和信仰惯于遵从既定的观念准则或行为规范;也就是说,对文化的这种概念化是基于这样的设想,文化是由一套共享的思想与信仰所组成,并在群体内由正常的互动所维持。通过社会化的过程,这种共享的文化规范会

世代传承,结果就形成了传承与累进的文化传统。柴尔德(Childe 1956:8)对此过程有十分明确的论述:

> 代复一代,人们遵循社会的规训,他们成千上万次生产并复制社会认可的标准类型。一种考古学类型指的就是它。

显然,柴尔德认为文化基本上是一种保守的现象;这种观点在传播迁移论的框架中十分常见。在大多数文化群体中,内部的文化变迁和发明是一种缓慢而渐进的过程,而少数创造力卓越的群体则是例外。后者这类群体,或因他们与生俱来的生物学或文化特点,或因他们的环境条件,被认为是发明和变迁的核心。渐变被归咎为某特定群体既定文化准则的内部变动,而大规模突变则被说成是外来的影响,例如由文化接触产生的传播,或由迁徙和征服导致的一种文化被另一种文化所取代:"(典型器物)分布的变化反映了人口的取代、扩散、迁徙、殖民或征服,这在成文史中屡见不鲜。"(Childe 1956:135)

因此,考古学家们普遍认为,文化特征和观念的传播是个人和群体间互动程度的作用。物质文化中高度的同质性一直被认为是经常接触与互动的产物(如 Gifford 1960:341–342),而物质文化分布的不连续则是由于社会和/或自然条件较为疏远之故。这样一来,过去特定人群之间社会/自然条件上的距离就能通过考古学组合的相似程度来进行"衡量"。

文化的这种概念化被称为"文化的液态观"(aquatic view of culture):

> 文化被视为一条宽阔的河流,其中在制陶和婚俗等合适方式的合理规范上差异较小……这类合理规范的差异会在不同的时空节点上"固化"(crystallized),形成独

特、有时乃是惊人的文化高潮,足以使我们能够将文化的
连续性分出不同的文化时段。

宾福德(Binford 1965:204)

流动中的连续性是接触与互动的产物,而不连续性则是距离和隔
离的产物。但是,虽然宾福德的"液态"比喻切中了大部分文化-历
史考古学文献中的传播论取向的要害,但是他过分强调了文化-历
史考古学中将文化看作是一个巨大连续体的程度。各种文化,在
此我们强调的是复数,常被视为不同的实体,尽管有各种观念在它
们之间流淌,但它们也被具体形容为历史舞台上的演员。因此柴
尔德声称,根据考古学文化,"史前学能够分辨各批人群,让他们列
队登上舞台,占据具体角色的位置,他们也就组成了历史学家那套
戏班子"(Childe 1940:2;也见 Piggott 1965:7)。而且,对不同时
空节点上多样性的"固化",成为文化-历史考古学框架的基础,结
果重建的这种史前史,包括了一幅文化的镶嵌图;一种能根据社会
文化重大事件,如接触、迁徙和征服,以及根据它们之间的间隔从
时空上进行衡量的"类型学"概念(Fabian 1983:23)。

社会考古学与族属:一种矛盾的关系

文化-历史考古学作为一种主导范式的式微,至少对英美考古
学而言,是由于过程考古学,或称新考古学的兴起所致,它将文化
视作一个系统,并强调社会进程和文化演进的功能论阐释。从某
种程度上而言,过程考古学的崛起是由考古学家对考古学研究的
描述性质的失望所激发。尽管传统考古学大体满足于从文化及其
迁移来了解史前发生了什么,但是,在 1950 和 1960 年代,考古学
家则越来越关注文化是如何甚至为何发生变迁的(Willey and
Phillips 1958:5-6)。例如,有人强调,将考古记录中特定文化的

中断与人口迁移联系起来，根本不足以解释相关的社会进程。相反，我们有必要观察迁移为何会发生，以及在它过去的社会中是如何进行的。

作为其"宣言"的一环，新考古学家对一直主导着传统考古学的文化规范概念大加挞伐。新考古学声称，文化是一种整合的系统，由多个运转的不同亚系统组成，于是考古遗存也自然要被看作过去许多不同过程的产物，而非只是反映了某种观念的规范（如Binford 1962,1965；Clarke 1978［1968]）。文化被定义为一种适应机制，为了从不同维度分析过去的社会-文化系统，便开发出各种功能论取向的生态学和新进化论方法，以期能分析过去社会的各个方面。特别是，研究格外注重应用类似法则的预判模型来解释技术和经济的系统。但对社会的其他方面如意识形态、政治结构和象征性，从系统论途径也有特定的涉猎（对其历史的一种回顾，请参见 Trigger 1989）。

由于这一进展，对过去文化和民族的描述性重建在考古学阐释中遭到冷遇，代之以一种新的主导范式，聚焦于用功能观和过程论来分析过去的社会-文化系统。在这种新框架内，族群的阐释几乎难免仍要仰仗传统的描述性文化-历史考古学，该课题在阐释工作中处于鲜有成果的边缘化地位；其边缘化表现为，在有关社会分析和解释的文献中，明确涉及族群的内容越来越少（Olsen and Kobylinski 1991：10；Moberg 1985：21）。历史考古学领域是个重要的例外，由于历史文献中提到了特定的族群，使得给遗址和器物贴上"族群标签"的做法经久不衰。将特定形式和风格的物质文化与特定族群拉上直接的关系，仍然是历史考古学中的主流（如Elston *et al*. 1982；Etter 1980；Staski 1987：53 – 54），不过对族属的持续兴趣也出现了一些极具创意的理论方法（如 Burley *et al*. 1992；Horvath 1983；McGuire 1982，1983；Praetzellis *et al*.

1987）。

虽然分辨考古学文化和对它们的时空分布进行描述已不再认为能胜任考古材料的解释工作，其本身也不再是一种目的，但是这种关注并未被完全抛弃。事实上，尽管社会考古学致力于解释聚落系统、贸易网络、社会等级、政治系统和意识形态，但是传统的文化单位仍然作为描述和分类的基本单位而保留下来，难免潜意识地会将其与社会群体或族群相对应，即便这种对应一直饱受批评。比如，布雷德利（Bradley 1984：89，94）就常常提及"韦塞克斯文化"（Wessex Culture），伦福儒（Renfrew 1972：187，191；1973：187）也常提及"费拉克比Ⅰ期文化"（Phylokopi Ⅰ Culture）和"巴尔干人的红铜时代诸文化"（Copper Age cultures of the Balkans），谢拉特（Sherratt 1982：17）也提到了"萨卡哈特"（Szakálhát）和"提萨"（Tisza）文化①。

对某些学者而言（如 Binford 1965），保留一种规范性文化概念还是正当的，因为，尽管物质文化的功能性一面已被认为不足以分辨文化或族群，但是这种信息被认为仍然保留在那些非功能性的形制特征中（见第六章）。但是，许多人则秉持类似于伦福儒的实用主义立场（Renfrew 1972，1979；也见 Hodson 1980），声称在做出解释之前，考古学文化和类型学方法对于"事实"做基本的描述和分类仍然是必需的：

　　　　尽管事件的简单描述不能算作一种解释，但它是一

---

　　① 韦塞克斯文化是英国中南部青铜时代早期的主导文化，考古学家认为其与欧洲大陆的通商给这一人群带来了巨大财富，因而能建造之后如巨石阵这样的大型建筑，这类遗存的存在也证明了韦塞克斯文化已经具备了一定成熟度的社会组织；费拉克比文化是希腊米洛斯岛北岸的考古学文化，其活动贯穿整个铜器时代，即从公元前3000 年到公元前 12 世纪；提萨是中欧一条河流的名称，全程在匈牙利境内，所谓萨卡哈特文化是新石器时代中期的考古学文化，活跃于公元前 5260 到前 4880 年间，地点位于提萨河的中游和下游，其文化特征就是陶器漆白条，边缘有刻纹。——译注。

种必要的基础性工作。我们不应该拒绝克罗切（Croce）
的说法："历史具有的唯一使命：陈述事实"（转引自
Collingwood 1946：192），只不过是觉得这还不够。考古
学研究最初和起码的目标，是必须从时空范围界定所要
研究的文化。只有分辨、界定和描述了文化，才有望"将
其分开"，尝试去了解它是如何变成这种特殊式样的。

伦福儒（Renfrew 1972：17）

这段论述显示了经验性的描述和分类（"何时"和"何地"的问题）与
社会性的解释和阐释（"如何"和"为何"的问题）有何不同，而后者
一直和仍然是社会/过程考古学的核心。文化和族群仍然牢牢处
于考古研究经验性描述的层次，而社会的其他方面则被视作一个
动态文化系统的组成部分（如 Renfrew 1972）。而且，尽管后过程
考古学家对这种经验性描述和解释之间的差异多有批评（如
Hodder 1986；Shanks and Tilley 1992［1987］），但这些批评大多
没有提及重新考虑考古学中族属的阐释问题，而是主要集中在象
征性和意识形态系统。

27/28

　　在这样的大背景下也有不少例外，它们都把族群和族属从描
述和分类的领域中转移到过程考古学的解释和阐释领域中去。于
是，奥尔森（Olsen 1985：13）指出，奥德纳（Odner 1985）对萨米族
（Saami）①民族起源的再分析"主要着眼于萨米人的族属是为何产
生，以及如何维持的问题"，而非传统的何时何地的问题。这种转
变包含了对族属的概念重构，将其看作是与经济和政治关系相联
的社会结构的一部分，尤其是群体间的竞争。奥尔森指出，族群身
份认同包含了社会互动过程中对文化边界的动态维持，而非一种

---

　　①　萨米人是欧洲北部和中部的一支芬兰-乌尔戈裔的少数群体，分布于挪威、瑞
典、芬兰、俄罗斯、乌克兰和美国。——译注。

文化规范的被动反映。因此,族属成了社会过程的一个方面,并与生计、经济、政治、宗教等一起,成为社会系统的又一组成部分,这也需要做过程论的分析,与过去认为的一种被动、规范的特点形成鲜明的反差①。

将族属概念作为社会结构的一个方面加以重构,开辟了两片重要的研究领域:(1)关注物质文化与族群象征性关系的研究(如 Hodder 1982a;Larick 1986;Haaland 1977;Praetzellis *et al.* 1987;Shennan 1989b;Washburn 1989)。比如,基于民族考古学研究,霍德(Hodder 1982a)指出,在文化异同与族群之间,很少有一一对应的关系。他证实,与族群象征性相关的物质文化依不同群体而异,能表现族群边界的很可能只是物质文化中的一小部分,而其他特征或式样则为多个群体所共有。(2)族属在构建经济和政治关系中究竟发挥了什么样的作用(如 Blackmore *et al.* 1979;Brumfiel 1994;Kimes *et al.* 1982;McGuire 1982;Odner 1985;Olsen 1985;Perlstein Pollard 1994)。例如,布伦菲尔(Brumfiel 1994)指出,阿兹特克国家的族属就是一种工具,它被塑造来迎合特定政治派别的需要。阿兹特克人设法消除地方贵族特有的族群身份,同时又推行贬损性的民族偏见,用以强化压倒性的国家民间文化(最近对罗马化的解释也有相似的说法,见边码 33—36 页)。

不过,这些研究不成系统,而且主要限于特定和孤立的个案研究。虽然总体而言它们对考古学具有重要的意义,但是对族属的这一新研究并没有对学科产生广泛的影响。因此,族属,以及文化与族群的关系,仍然是考古分析中的问题领域。一方面,分辨族群

---

① 这一族属研究的方法源自社会人类学,特别是挪威人类学家弗雷德里克·巴斯(Fredrik Barth)的工作,这在第四章将予以详细讨论。并不令人奇怪,挪威考古学家(如 Haaland 1977;Odner 1985;Olsen 1985;Olsen and Kobylinski 1991)在考古学中应用这种方法来研究族属方面具有特别的影响(虽然也见 Hodder 1979a, 1982a;Larick 1986;Renfrew 1987, 1996;Shennan 1989b)。

的方法仍然基于源自传统考古学含混的设想,处于所谓前理论时期对证据进行经验性描述的范围。另一方面,族属已在一些个案中提高到了社会进程的地位,需要考古学做出解释。于是,在大量的考古研究中一直存在经验性描述和社会阐释的人为两分,而族群在此两分中的地位是有抵牾的。这种情况可以通过对某特定地区和特定时代的现有阐释来做较为详细的考量:即英国的铁器时代晚期和罗马时代早期。

罗马化的例子

欧洲西北部公元前 100 年到公元 200 年间考古遗存的阐释深受罗马帝国征服这一历史事件的影响,其中也包括了英国的大片区域。罗马帝国吞并了许多铁器时代晚期的社会[1],该事件被用来构建过去各文化的时间分界,也被用来划分没有文字和有文字的社会,这反过来也提供了一种时代的界线,将史前考古学和古典考古学划分开,这可以一直上溯至 18 世纪(Cunliffe 1988)。近来的研究集中在前罗马的铁器时代晚期社会与罗马社会之间的互动,以及被罗马帝国吞并之后,铁器时代晚期社会的经济和政治结构是如何保持原状及发生变化的(见边码 33—36 页)。但是纵观考古学研究史,铁器时代晚期与罗马时代之间的这条界线,就像过去社会和文化结构其他方面一样[2],已成为构建文化认同解释的僵化框架。

---

① 铁器时代晚期/前罗马铁器时代晚期在此被用来指公元前 1 世纪初与公元 1 世纪中晚期罗马占领不列颠大部地区之间的这段时间。传统上它与英格兰东南部所见的轮制陶器及与欧洲大陆拉坦诺晚期有密切关系的金属加工相伴(Haselgrove 1982:87)。

② 史前考古学与罗马考古学一直以理论、方法论和研究策略的不同为特点,这就限制了交流与比较(就如 Burnham and Johnson 1979;Cunliffe 1988;Hingley 1989 所指出),并不利于跨越罗马占领、对过去社会与文化过程做整体性的研究(Barrett and Fitzpatrick 1989:9;Haselgrove 1989:2)。

　　英国前罗马的铁器时代晚期文化认同与族属的解释,传统上都是在文化-历史考古学框架里进行的。霍克斯(Hawkes 1931)首创了整个铁器时代文化的标准分类,定义了三大考古学文化,铁器时代 A、B 和 C 型,该框架后来被柴尔德所普及(Childe 1940)。ABC 分类是立足于一种迁移论框架,认为欧洲大陆的铁器时代社会是革新和变迁的主要来源,并由人群移动而扩散到诸如英国这样的边缘地带。铁器时代 A 型主要是根据哈尔施塔特风格的物质文化定义的,B 型是基于拉坦诺型物质文化,而 C 型则是基于独特的火葬习俗、轮制陶器,以及分布在英国局部地区的拉坦诺文化晚期的金属加工[①]。在这三大文化范畴中,物质文化的独特分布,诸如区域的陶器形制,一直是从人群迁移来解释的,例如马恩人(the Marnians)和比利其人(the Belgae)[②],据说他们来自欧洲大陆的不同地区。比如,柴尔德就认为铁器时代 A 型中见于奥坎宁·克劳斯遗址(All-Cannings Cross)、米昂山(Meon Hill)和亨吉斯特伯里角(Hengistbury Head)的赤铁矿陶器(haematite pottery),就是尤嘉锡安(Jogassian)移民的文化表现(Childe 1940：204－206)[③]。同样,他将东英吉利地区(East Anglia)被认为具有拉坦诺

---

　　① 虽然这一框架是基于文化实体的分类,但是它们常常被用来代表年代学的划分(Champion 1984 [1979]：348,尽管霍克斯[Hawkes 1959]有不同看法)。

　　② 马恩人是指凯撒征服高卢之后,在现法国东北部,即马恩河附近出现的新考古学文化背后的民族,由于这一时期的物质文化与传统高卢文化面貌不同,故而被考古学家定名为马恩时代(Marnian Epoch);比利其人是公元前 3 世纪活动在高卢北部莱茵河西岸的部落联盟,在凯撒的《高卢战记》中多有论及。——译注。

　　③ 奥坎宁遗址是英国南部威尔特郡的一处遗址,也是英国首个发现铁器技术的遗址,年代大约是公元前 500 年;米昂山是英国中南部沃里克郡的一处遗址,坡顶有一座石堡,地层中出土罗马式陶器和铜器若干;亨吉斯特伯里角是英国著名考古遗址,人类活动自旧石器时代晚期起,各个时代的遗物都有发现,在青铜时代和铁器时代亨吉斯特伯里角是一处重要港口;尤嘉锡安文化是法国东北部哈尔施塔特文化晚期的区域变形,位于法国马恩省,一直持续存在到拉坦诺时期早期。作者此处例子的主旨就是:赤铁红陶器出现在以上几处位于英国的遗址中,证明法国东北部的人群迁徙到了英国来。——译注。

传统特征的墓葬和零星器物,说成是"马恩酋长"(Marnian Chieftains)的文化,这些酋长已经控制了"哈尔施塔特农人",并在后来建立了埃希尼(Iceni)部落(Childe 1940:222)[1]。

这种人群及其文化为解释整个铁器时代考古资料的时空分类和文化变迁提供了理论框架。但是,正如钱皮恩(Champion 1975:128)所指出的,在对铁器时代的分析中,"考古学家单凭一种陶器类型就建立起一种'文化',还据此试图对这种分布做出族群的解释实在有点轻率"。作为反复共生器物组合的考古学文化的严格定义却被柴尔德自己所抛弃,他单凭精制陶(fine-ware pottery)一种器型就鉴定了英国的外来移民及其文化(Childe 1940)。柴尔德解释说,之所以不见反复共生和彼此相似的器物组合,要么是因为移民只是社会的精英,要么是因迁移的压力使得文化发生了退化。这种在分辨外来移民时滥用文化概念受到了霍德森(Hodson 1960;1962;1964)的批评,他根据一类较为宽泛的土著文化"伍德伯里复合体"(Woodbury complex)提出了一种另类的框架,其本身也基于三项文化特征(参见图 2.1)。而他立论的基础与柴尔德相同;即认为考古学文化是分析的基本单位,并用入侵或贸易来解释文化的变迁(Champion 1975;1984[1979])。在这样的理论框架下,铁器时代的研究很大程度上以类型学和年代学为主导,旨趣也意在英国与欧洲大陆之间寻找器物祖型,以及它们之间的共性(Champion 1984[1979]:146)。

从考古材料中分辨文化与人群因历史文献中提到了前罗马时期的英国居民而在铁器时代晚期的研究中得到强化,并主导着考古学的解释。从历史上确定的人群被说成是部落和酋邦以及族群,而

---

　① 埃希尼部落活跃于公元前 200 年到前 50 年,在罗马征服之前就已经是较为强盛和富裕的部落,拥有自己的货币和宗教中心,其位置就是作者此处所说的东英吉利地区,也就是大致位于今天英国的诺福克郡。——译注。

且这些族群被心照不宣地认为与部落和酋邦相当,被赋予了某种政治特征。前罗马铁器时代晚期陶器的各种形制变化、各种钱币类型的分布,都被用来分辨这些部落或族群,如多布尼人(the Dobunni)、杜罗特里吉人(the Durotrigues)、埃希尼人、卡图维勒尼人(the Catuvellauni)、比利其人等等(如 Cunliffe 1978 [1974];见图 2.5)①②。

根据个人和群体的活动,试图将考古证据牵强附会历史框架常常被证明效果欠佳。比如,根据凯撒在《高卢战记》(Gallic War V, 12)中的观察,艾尔福德-斯瓦尔灵文化(the Aylesford-Swarling)独特的轮制陶器和墓葬的出现一直都被认为是比利其人入侵英格兰东南部的证据(如 Hawkes and Dunning 1930)。但是,博查尔(Birchall 1965)重新评估了艾尔福德-斯瓦尔灵类型陶器的年代之后证明,它们大多数晚于凯撒入侵英格兰东南部的时间,于是动摇了这些陶器作为公元前 75 年比利其人入侵证据的说法③。

尽管如此,那些有史可稽的范畴还是依然故我,并且在一定程度上与较宽泛的 ABC 三类型文化-历史学框架结合到一起,埃希尼人被说成是铁器时代 B 型马恩入侵者的后裔(如 Childe 1940:222),而比利其人和铁器时代 C 型相对应,英格兰东南部的铁器时代部落是否是比利其人则仍存有争议(如 Rodwell 1976)。但是,在大多数情况下,那些具有特定名称人群的历史证据处于优势地位,却很少详细探究这些人群的性质,以及传统上与他们相伴的形制特征的含义。结果,这些抽象的文化和历史范畴就一起沿用下来,成为铁器时代社会经济和政治结构分析的背景(如 Cunliffe

---

① 此处提到的几个部落都是罗马征服前英国铁器时代的古民族,多布尼人分布在中部,杜罗特里吉人分布在中西部,卡图维勒尼人则分布在中东部,后二者都是凯尔特人的部落。——译注。

② 其他也请参见布莱克默等(Blackmore et al. 1979)、米利特(Millet 1990a,第二章)和罗德韦尔(Rodwell 1976)。

③ 后来对比利其人问题的讨论,请见哈希曼(Hachmann 1976)、霍克斯(Hawkes 1968)和罗德韦尔(Rodwell 1976)。

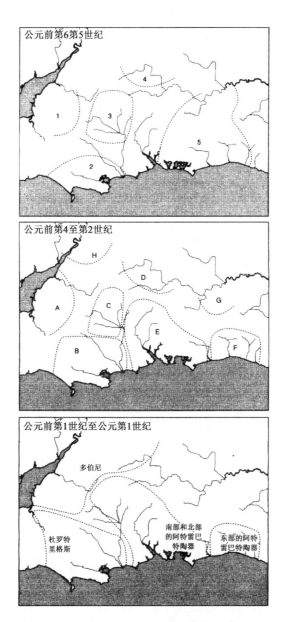

图 2.5 一幅基于区域陶器形制分布绘制的前罗马铁器时代晚期族群/部落分界的典型示意图(根据 Cunliffe 1990:535 重绘,图版说明是"英国南部族属起源,特定陶器形制的分布可能反映了族群的分界")。

1978［1974］）。仅有少数个案，特定形制陶器的分布被重新检视，并提出了与传统族群解释不同的社会经济解读（如 Peacock 1969；也见 Blackmore *et al*. 1979 与 Peacock 1979 的争论）。而且，铁器时代晚期形制分布的性质，以及它们与族群的关系，偶然也有批判性的审视（如 Blackmore *et al*. 1979；Hodder 1977a，1977b；Kimes *et al*. 1982）。不过，族群（ethnic）这个实体本身却依然故我。不管为某种物质文化的形制赋予某种经济上的解释，或运用社会经济和政治因素对族群边界做再分析（如 Blackmore *et al*. 1979），但是铁器时代晚期仍然被看作是一幅边界分明、铁板一块的族群或部落的镶嵌图。

31
33
　　与前罗马铁器时代晚期调查标示不同族群地域的空间边界不同，罗马征服之后的文化和身份研究则是以时间为界分为"本土"和"罗马"两个宽泛的文化范畴。罗马征服英国之后，罗马人和本土社会的紧密接触，引发了短期内的文化变迁，并最终导致罗马与英国文化和社会的全面整合——这一过程被称作罗马化（Romanization）。

　　罗马化所指为何，对此罕有详细的理论性陈述，不过从文献中我们可以分离出几个要素。首先，罗马化被用来形容一个文化过程，这个过程是由两个被认为是独特文化之间的互动所造成。这一变迁的性质被认为是本土人群接纳了罗马人的先进文化，包括罗马式的演讲和仪礼、政治选举、城镇生活、市场经济、物质文化、建筑方式等等（如 Haverfield 1923［1912］）。尽管有学者指出，罗马化是一个双向的过程，导致双方文化的整合（如 Haverfield 1923［1912］；Millett 1990a），但基本上还是认为是本地人群接纳了罗马文化。而且，接纳罗马文化也反映在本地人群接纳罗马的认同上。譬如，哈弗菲尔德（Haverfield 1923［1912］：22）在其著作《罗马时期英国的罗马化》（*The Romanization of Roman Britain*）一书中指出：

> 罗马化在除了东方的整个帝国疆域内，消除了罗马
> 人和本地人的区别，演讲、物质文化、政治情感和宗教都
> 趋于一致。当本地人自称为罗马人，或当我们称他们为
> 罗马人时，这种称呼是正确的。

一种文化融入另一文化所导致的文化变迁，罗马化这个概念在许多方面与 1920 到 1960 年代间人类学和社会学常用的文化适应(acculturation)一词十分相似(详见第三章)。这两个概念都是在相同背景中发展起来的，被认为来自殖民时期和对非西方社会同化和现代化的广泛兴趣(Hingley 1991：91；1996；Slofstra 1983：71；Webster 1996：4-5)。英国考古学对罗马化这一概念的使用根植于 19 和 20 世纪初帝国主义政治的框架，尤其是指印度(如 Haverfield 1911)。人类学对文化适应和文化接触的研究，往往与 1920 和 1930 年代人类学在殖民地的实践有关，英国人类学尤其如此(Beals 1953：376-379)。而且，就像共同关注殖民主义-帝国主义的关系一样，罗马化与文化适应研究都倾向于对文化特征的描述，几乎没有理论的探讨和文化适应的动因分析(如 Beals 1932；Redfield *et al.* 1936)[①]。

罗马化和文化适应的概念与文化-历史考古学的框架不谋而合。传统上与这两个概念相伴的演变过程都是立足于文化与族群身份认同——对应关系的设想，认为文化接触和征服会造成文化特征和观念的迅速传播。因此，铁器时代晚期部落边界和罗马化

33
34

---

　①　特别是可见社会科学研究委员会(the Social Science Research Council)的《文化适应研究备忘录》(*Memorandum for the Study of Acculturation*)(Redfield *et al.* 1936)有关文化适应研究方法论的纲领性陈述，它说明了这一领域研究基本为描述性和特征取向的性质。但是也有例外，如比尔斯(Beals 1953)、多伦温德和史密斯(Dohrenwend and Smith 1962)、特恩沃德(Thurnwald 1932)。

的传统解释便立足于相似的原理,主要的差别是,罗马化包含的时间范围甚巨,以至于罗马征服之前的空间差异微不足道。

近来对罗马化的研究试图要打破铁器时代晚期和罗马社会的时间分界,以便观察超越罗马征服的社会和文化的异质性过程。在西欧,罗马帝国早期的文化演变分析仍主要根植于文化适应理论,例如,米列特(Millet 1990a:1-2;也见 Slofstra 1983)认为罗马化是文化适应的一种形式,他将其定义为两种文化互动所导致的信息和特征的交流。不过,其研究有质的提升,已经从对文化特征的描述转向关注罗马化过程中的经济和政治方面,以及罗马帝国主义的本质(Millett 1990b:35)。在此框架里,研究更加侧重分析西欧罗马化过程不同时间和不同地区各人群本土社会文化系统之间的潜在差异。

有人指出罗马帝国的官僚机构不足以维持大范围的干预,而且也不可能在其行省积极推行罗马化的政策(如 Blagg and Millett 1990;Haselgrove 1987a,1990;Millett 1990a,1990b)。相反,有人认为,尽管罗马人在某些情况下很可能鼓励接纳罗马生活文化方式和文化风尚,但这类过程的动力基本还是来自本地;"罗马化的驱动力可以被认为是来自内部,而非外来的强加"(Millett 1990b:38)。虽然在理论路径上存在一些差异,但是这一观点的倡导者都倾向于认为,帝国西部的发展获得了铁器时代晚期西欧社会和与罗马帝国恩庇-侍从(patron-client)关系两者兼有的社会再生产原则的支持(Haselgrove 1990:45)。有人认为,铁器时代晚期社会基本上以一套基于竞争性模仿和保护人关系的层级分明的等级体系为特点。在这样一种社会再生产体系之下,权力和身份认同就取决于你是否参与到不断壮大的群体之中(Haselgrove 1987:105)。罗马帝国通过与本土贵族确立的恩庇-侍从关系,扩大这种参与和依附的规模,使得帝国能通过现有的社会结构用极少的驻军和行政干预在其西部行省维持统治（Haselgrove 1987；
Millet 1990a，1990b）。有鉴于此，有人认为，罗马文化成了现有竞
争模仿体制的关键；拥有罗马物件和采纳罗马生活方式，成为贵族
取得并维持其等级地位的手段（Haselgrove 1987：117；Millett
1990a：69）。反过来，有人认为，贵族的行为会被社会其他阶层所
效仿，为与罗马化相伴的建筑和物质文化发生更广泛的变化提供
了动力（Haselgrove 1990：45；也见 Millett 1990a）。

　　该方法表明，围绕着罗马征服西欧大部的状况变化是与权力
位置和地位的转变相伴的，但同时，有许多这类过程代表了征服前
社会再生产结构现状的延续，如果以一种改造的状态的话
（Haselgrove 1990：67）。更重要的一点是，由罗马征服所带来的
社会和文化变迁，被认为是不同社会结构和历史的产物，它是铁器
时代晚期不同社会和罗马帝国之间关系的特点（如 Haselgrove
1990；Hingley 1984，1989）。比如，哈塞格罗夫（Haselgrove 1990：
46，黑体为琼斯所加）声称，无论最后结果从物质上来说一致性有
多高，罗马化代表了“基本上在本土层次上发生的一群人接着一群
人的聚合过程，即使在一个行省之内，变化的形式和程度也**在不同
群体和不同区域之间**存在差异”。

　　这样的研究对我们从更广的角度理解超越罗马征服的社会和
文化进程大有裨益，对分析社会政治关系以及与罗马化进程的潜
在交织也具有重要作用。但是，这样的研究几乎完全是关注政治
权力合法化中的对罗马物质文化的模仿。很少考虑罗马式物质文
化的生产和消费方式很可能影响到族群身份认同的复制与改造
（reproduction and transformation）。以这样的方式，最近的罗马化
研究在考古学分析中反映了一个总体趋势，即传统上从文化和族
群关系来看待的物质文化差异，现在被从社会-经济和政治的关系
来解释。而与此同时，设想铁器时代晚期存在铁板一块、界线分明

的族群或部落仍然是这类研究的阐释框架（如 Haselgrove 1990：46），而这些群体之间的边界仍然是按照形制不同来分辨的（如 Millett 1990a，特别是第二章）。而且，采纳罗马式物质文化仍被认为，至少心照不宣地，是反映了对罗马帝国的认同。对文化差异和族群认同之间到底是什么关系，仍然鲜见有批判性的探索。在大部分情况下，对文化和族属之间关系的设想仍然是心照不宣的既有框架，而非分析的课题。

　　一项对埃塞克斯（Essex）和赫特福德郡（Hertfordshire）许多铁器时代晚期和罗马时代早期遗址的观察（图 2.6），反映了文化或族群的性质是铁板一块、边界分明的设想，仍然是物质文化时空分类的基础。总的来说，对特定器物组合和遗址历史的具体描述和阐释，还有罗马化的解释，根本上还是"从形制解读历史"（Davis 1990：23）。也就是说，某一组形制，无论它是单一器物类型，还是器物组合，都被认为是"与其他历史材料的归组或与具体的历史实体——工匠、作坊，以及文化与社会史的'时期'（period）或'阶段'（phase）范围相同"（Davis 1990：24）。而且屡见不鲜的是，尽管传统的文化-历史叙述已遭摒弃，但与其相伴的分类框架依然故我，在考古学中强化了一种经验主义的倾向，以分辨物质文化实体来取代社会实体的解释（Miller 1985：2　3）。

　　例如，诸如"铁器时代晚期的"和"罗马的"范畴，还有程度稍弱的"罗马化的"，在物质遗存的描述和解释中发挥着很大的作用。在当地制造的陶器中，羼熟料（grog-tempered）的轮制陶被归入"本土的"，而公元第一、二世纪日渐增多的窑烧羼沙陶被归为"罗马的"（如 Hawkes and Hull 1947：157；Parminter 1990：178，181；Partridge 1981：351）。建筑风格的变化通常也被认为是罗马化的反映（如 Partridge 1981：52），在遗址报告里也如是分类。例如，原木楣梁构造的直线建筑通常就被归入"罗马式"风格（如 Neal *et*

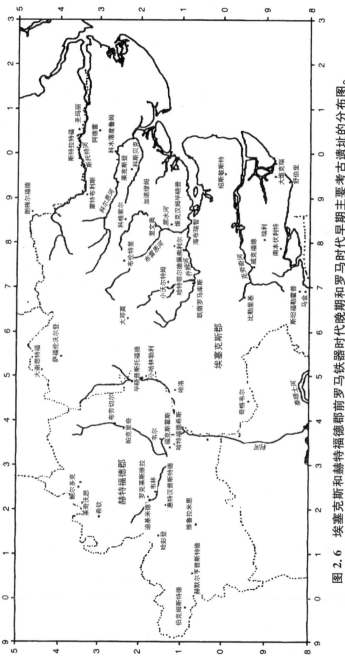

图 2.6　埃塞克斯和赫特福德郡前罗马铁器时代晚期和罗马时代早期主要考古遗址的分布图。

al. 1990：34，91）。这些范畴容纳了性质各异的器物和建筑风格，并且试图把它们压缩到一个极其紧凑的时空框架里，但维持这种框架的代价就是无法分析包含其中的物质遗存差异。例如，霍克斯和霍尔（Hawkes and Hull 1947：257）就声称，尽管能够定义各种"纯本土的"和"罗马-不列颠式或罗马式"陶器，但是大量的精制陶都"表现出两者兼有的罗马化特征，其渐变的多样性使得任何要做精确定义的企图都会无所适从"，埃塞克斯和赫特福德郡最近的发掘报告中无论从公布还是分类都没提所谓当地制造的罗马式陶器（如 Rodwell 1988；Parminter 1990）。

甚至对遗址材料的断代，也是根据文化和民族这些具体对象的性质先入为主的看法来进行的。断代几乎完全依赖器物的历史共生关系如罗马赭色精陶（Samian pottery）[①]和钱币、类型学的相对年代学，还有特定遗址的地层序列来获取的。在实践中，主要倾向于依赖历史共生关系和类型排列法（seriation）。给罗马-不列颠遗址（以及铁器时代晚期）赋以日历纪年，取决于一系列的共生关系，并最终由古典文献做出定论。但是，这样的历史学方法依赖这样的设想，即认为相同形制或制作时代已知的器物是同时沉积的，结果就忽视了这些器物在生产、流通和消费中潜在的变动（Going 1992：96，111）。

遗址出土大多数材料的断代，例如别针和本地产陶器，倾向于根据类型学的相对断代序列，而这个序列最终也是要按照共生的罗马赭色精陶和钱币的年表最终赋予日历纪年。类型学相对序列的基本原理是，"器物的谱系发生可以通过对它们的检视，并依据器物相似即相近的原理将它们安排成一定的序列"（Renfrew 1979：14）。而该原理在用于标示时间的演进时又有两大关键设

---

① 罗马赭色精陶是古罗马时代的典型器物之一，其由红土制成，有纹饰，表面泛釉面光彩，广泛分布在现意大利、法国和莱茵河流域。——译注。

想：（1）变迁是一种渐进、正常的过程，以一种均变的方式进行，通常发生在空间上同质性的一片区域；（2）设计发生变异的一个主要原因是其制作的时间（Spratling 1972：279－280；也见 Davis 1990）。这两个设想被考古学的排列法奉为圭臬，并源自传统文化-历史考古学有关文化与文化演变的思想。也就是说，不同的器物群要么反映了社会和地理上的距离，要么是不同人群或不同时代的产物，而相似的器物和器物组合是某同一群人在某特定时期的产物。在历史学和类型学的断代中，这些观念都被认为是理所当然的，并被用以建立时间框架，其结果使得文化与身份在本质上是铁板一块和彼此分界的设想愈发顽固（Partridge 1981：51－52；Butcher 1990：115）。

罗马化的个案表明，尽管对文化-历史考古学方法多有批评，但抽象的文化和族群范畴仍旧是考古学对过去进行概念化的重要组成部分。这些范畴为考古材料的分类和描述提供了基本的框架，想象它们的存在仍然是社会文化结构其他方面分析的基础。因此，在许多情况下文化-历史学的框架基本依然故我，尽管披上了最近明确关注社会关系和社会进程的外衣。

只有通过对考古学特定部分知识的审视，我们才能详细剖析这门学科中根深蒂固的有关文化与人群先入为主观念的复杂基础。这些观念是如此深刻地影响了考古学理论和实践的方方面面，并凸显了这样的必要，即我们应当彻底弄清这些观念的本质和缘起，并根据当下的族属理论对它们做出重新评估。"族群"和"文化"概念被看作是自然的范畴已经习以为常，从人文科学的角度思考一下这些概念的历史状况是很重要的。

38
39

第三章　差异的分类学

人文科学中的人群分类

> 在社会科学中,知识的进步是以我们对知识产生条件认识的进步为前提。这就是为什么人们有必要反复重新审视同一对象……每一次重审都是一次契机,使我们能更加完整地客观对待我们与研究对象之间的主客关系。
>
> 布迪厄(Bourdieu 1990:1)

在"西方"人文科学史中,对人类体质和文化多样性的关注一直以来都是人类学的研究领域,而多样性一直是核心的议题。确实,斯托金(Stocking 1988:3)在回顾人类学思想史的时候将其描述为"对多样性中统一性(unity-in-diversity)的系统研究"。然而,尽管对多样性的关注一以贯之,但用来对差异分类的概念却并非一成不变,它们的含义和取向一直受到人类学史不同时期中不同问题的影响。在过去二三十年间,族属的研究迅猛增长,"族群的"(ethnic)一词被广泛用于过去被正式定义为"人种的"(racial)"文化的"(cultural)"部落的"(tribal)"语言的"(linguistic)及/或"宗教的"(religious)各种社会-文化群体。采用族属(ethnicity)的概念不只代表了术语上的变化,也体现了人文科学史上对人类群体概念化和理解方式诸多理论变化之一。诸如"族群""种族""部落"和"文化"等概念,并不反映人类放之四海而皆准和一成不变的划分。恰恰相反,它们代表了特定历史条件下看待世界的方式,而这类视角又与更广泛的社会和政治关系交织在一起。而且，早先对人类多样性分类的方法仍常常制约和影响着晚近的视野，甚至与其形影相随。

19世纪思想中的种族、文化和语言

19世纪初见证了对人类多样性关注的复兴，从而引发了对人类群体的分类学研究。在这个时期之前，多样性的兴趣一直与启蒙运动对文明普世发展的关注相伴（Stocking 1987：19）。虽然整个18世纪欧洲对"外来"（exotic）习俗有了越来越多的认识，但是如洛克（Locke）、弗格森（Fergusen）和凯姆斯（Kames）等哲学家大体还是关注多样性与定义人类进步时段之间的关系。"文明"或"文化"的概念与某单一过程相关，全人类都是通过这样的过程而进步的。"不存在所谓文化构成了不同世界之媒介一说"（Stocking 1987：19）。因此，19世纪初标志着人类研究的一个重大转变，人们开始认识到各人类群体基本上是独特和生来不同的，并以特定的体质条件为特点——而这一转变基本就体现在"人种"（race）这个概念上（Banton 1977：18；Biddiss 1979：11；Stocking 1968：21-41）①。

在整个19世纪，人种的性质争议极大（见 Hunt 1863），在人种的文化和历史概念与人种的生物和遗传概念之间存在错综复杂的关系。在一定程度上，人种不同的定义与两类独特思潮中人种概念的发展相呼应，并以各种方式贯穿了整个19世纪：（1）体质"人类

40
41

---

① 人种（race）一词就如民族（nation）、部落（tribe）和族群（ethnic）的使用，早于19世纪，虽然后者的使用可能专门指野蛮人和异教徒（见 Hodgen 1964：214；Stocking 1988：4）。不过，在19世纪初以前，所有这些术语大体上用来指这些群体，其所见的差异是从共有的直线世系来解释的。

学"传统,与比较解剖学紧密相关(Stocking 1988:4-5);(2)"民族学"传统,与比较语言学(语义学)紧密相关,也与 16 世纪以降基督纪年的现有民族传统有关(Stocking 1973:xi-xli,1987:50)①。

19 世纪初,在这两大传统中人种的概念化过程在许多重要方面各不相同。人类学传统最早可追溯到诸如居维叶(Cuvier)这样的早期解剖学家,他根据生理学和解剖学研究建立了人种的分类体系(见 Banton 1977;Stocking 1968)②。虽然居维叶本人并没有挑战圣经中人类基本同一性的范式(Kennedy 1973:143),但是其他学者,诸如英国的诺克斯(Knox)、美国的诺特和格里登(Nott and Gliddon),则用刻板的解剖学特点来定义人种类型,并声称,不同人种有其独特的起源——即一种所谓多元发生说(polygenism)的理论③。为了支持这种说法,多元发生论者十分强调人种类型永恒的性质,并称混血杂交的后裔是没有生育能力的(Banton 1977:51)。更有甚者,人种概念以一种决定论的方式被使用,于是体质构造可以直接反映心智和文化的特点(Biddiss 1979:12;Odum 1967:7)。

人种概念在民族学传统中也是研究的核心,不过重点放在语义学和民族谱系学上,并得到了 18 世纪晚期和 19 世纪初浪漫主

---

①　在这一基督教年表的传统里,对人类多样性的了解是由这个问题所决定,即如何从创世以来血统和文化的一致性来解释目前的差异(Hodgen 1964:222-223)。人类的差异与人类历史的镶嵌(Mosaic)解释相一致,集中在《创世记》中所概括的主要人口事件的序列,并结合隔离与环境决定论的各种理论。对这种民族谱系较为详细的分析,请见霍金(Hodgen 1964)和波利亚可夫(Poliakov 1974 [1971])。

②　种族类型分类中所用的解剖学和生理学标准在 19 世纪变得日益细致,导致骨骼与颅骨分类系统如"颅骨指数"以及根据生理学特征的分类系统如"变黑指数"的诞生(见 Biddiss 1979:15-16;Gossett 1975 [1963]:69-83;Stocking 1987:65-66)。

③　深入的讨论请见班通(Banton 1977)、比蒂斯(Biddiss 1979)、奥德姆(Odum 1967)和斯托金(Stocking 1987)。

义运动的强化①。语言学特点被认为是人种最可靠的标示,民族学家如普理查德(Prichard 1973 [1813])用语言上的相似性来追溯不同人种间的历史关系(Poliakov 1974 [1971]:258;Stocking 1987:51)。与人类学传统相反,民族学家信奉同源论,认为所有人类群体都拥有一个共同的起源。为了支持这一理论,他们强调人种范畴随时间的变移性,一般主张人种的分化是不同环境条件的结果(Stocking 1987:50-51)。

19世纪初,代表体质人类学和民族学的分类及解释方式,主要是根据人类起源一元论与多元论之间的争论,围绕人类同源还是多源的问题而构建的(见 Banton 1977;Odum 1967;Stocking 1987)。然而,随着1860到1870年代人类悠远古老性的古生物学证据被接受,加之达尔文进化论的影响,这项争论已不复存在(Odum 1967:14;Stocking 1968:45)。这些进展共同确立了人类物种的根本同一性(见 Harris 1968;Hurst 1976),并且进一步刺激了1850年代开始出现的社会进化思想的传统②。

1860和1870年代间,有关社会-文化进化观念的发展在急剧变化的时间框架内,对人类多样性分类制定出一种不同模式。与原有的种族分类极为不同,这是对体质类型进行历史和抽象的等级分类,而社会-文化进化论是在一个发展和进化的框架中对文化阶段的分类(如 Morgan 1974 [1877];Tylor 1873 [1871])③。而

---

① 浪漫主义运动是欧洲18世纪末到19世纪中的一个风潮,其对艺术、文学和知识界都产生了重大影响。浪漫主义运动是对当时欧洲工业革命和启蒙运动的一种反抗,它反对对自然理性化的认识,强调浓烈的感情作为审美的标准。——译注。

② 进化论思想是在19世纪中叶形成的,比如亨利·梅因(Henry Maine)和赫伯特·斯宾塞(Herbert Spencer),他们都致力于提出有关人类社会演化的一般性规则,并利用一种比较方法(见 Bowler 1989:37)。

③ 在这个方面,社会-文化进化论代表了普遍性框架的复兴,这曾经是18世纪晚期启蒙运动哲学的核心。实际上,作为普遍发展过程的社会-文化进化论的文化观与上溯到18世纪的"文明"概念密切相关(Stocking 1987:11;Williams 1983 [1976]:88-89)。

且，也与之前的民族学传统不同，社会-文化进化论者不再关注追溯某特定种族或民族的历史，而是关注对这些种族或民族所代表的普遍发展阶段或条件的分类①。

　　不过，尽管种族对社会-文化进化论者而言已沦为次要问题，但这个概念并未被废弃。而是进化论框架确立使得原有的种族范畴在进步的时空等级中进行重组，并从进化论的竞争概念加以解释，如"物竞天择"和"适者生存"（见 Haller 1971；Stocking 1987：224；Trigger 1989：116）。甚至在 E. B. 泰勒的著作中，他也没有将种族概念赋予世代传承的价值（Tylor 1873 [1871]：7），但明确为种族建立了等级："没有人会质疑根据文化（由低到高）的次序对下列人种的划分：澳洲土著、塔希提人（Tahitian）②、阿兹特克人、中国人、意大利人"（Tylor 1873 [1871]：27）。有的社会-文化进化学者有过之而无不及，利用文化特征习得观念在新的进化框架里建立起人种的生物社会学理论（biosocial theories）。人类学家赫伯特·斯宾塞（Herbert Spencer）在这一领域中影响巨大（Bowler 1989：154）。和泰勒一样，斯宾塞认可人类的"心理同一性"（psychic unity），但同时他又格外强调不同人种在心智构造（mental makeup）上的差异。借用拉马克的观点（Lamarkian ideas）③，他声称，应用某些社会-文化行为模式会导致个人心智构造的转变，并会被其后裔所继承（Bowler 1989：153-154；

───────────

　　①　单线进化论框架的发展并没有与民族学早期传统的历史特殊论方法相左。两种方法之间的相互影响可以约翰·卢伯克（John Lubbock）和泰勒（E. B. Tylor）两人的著作为证，他们都是杰出的社会-文化进化论者（深入讨论请见 Stocking 1987：152-162）。

　　②　塔希提人是大洋洲波利尼西亚的主要种族之一，在欧洲殖民者到来之前，塔希提社会具有等级制度，但技术水平极度落后，连制铜制铁的技术都未曾掌握。——译注。

　　③　拉马克主义是进化论中的另一个流派，主张获得性遗传，因此生物可把后天得到的成果遗传给下一代，斯宾塞所运用的正是这个主义影响下的社会进化论，与达尔文的自然选择学说是不同的。——译注。

Stocking 1968：240 – 241）。

社会-文化进化和拉马克的演变理论大大增加了人种范畴历时的可变性，就像语义学和民族谱系学早已确立的传统那样，与19世纪末和20世纪初的进化论结伴而行（如 Beddoe 1885；Fleure 1922）。但是，根据体质与生物学差异，一种人种的严格定义、文化差异以及不平等的解释也坚持下来，并在19世纪晚期的社会达尔文主义氛围中愈发顽固（如 Biddiss 1979：20；Stocking 1968：42 – 68）。例如，优生学运动的创始人加尔顿（Galton 1865：68）就提出了遗传决定论观点，认为遗传获得的心智和体质能力的固定等级，基本不会被社会状况和教养所改造。

因此在整个19世纪，虽然形式不一，但是种族这个概念一直是定义人类群体的主导模式，它在大多数文献中与民族、文化和语言群体同义（Huxley and Haddon 1935：20）。此外，对文化、社会和道德差异的解释也多依从于遗传和人种体质类型的概念（如 Jackson 1866）。从这个意义上说，巴斯（Barth 1969a：13）总结道，人文科学对人群的分类以一个等式为特点，认为种族＝语言＝文化看来是有效的。但是需要强调的是，19世纪文化和语言与生物学种族概念的合流是许多差异甚大的理论途径融合的结果：（1）人种在语言学上的概念，一直是"民族学"和比较语义学传统中的中心概念；（2）体质"人类学"传统中的人种决定论认为，在体质形态和结构与心智和文化能力之间有直接和固定的对应关系；（3）普遍采纳拉马克文化特征后天获得性遗传的见解，可以用来强化种族与民族、文化、语言群体之间一种模糊的对应联系；（4）社会达尔文主义中文化进化与体质进化的同步关系。虽然所有这些理论途径有助于消除人类群体分类中体质和文化差异之间的界线，但明显的是，在19世纪的思潮中，种族、语言和文化之间的关系变得愈发模糊不清了。

尽管当时对19世纪流行的种族观念多有批判（如 Babington

43/44

1895；Freeman 1877；Huxley 1870；Müller 1877），但这一概念仍然一直延续到了 20 世纪，成为一种无所不包的分类和解释形式，即使面对相左的经验证据和理论质疑①。在较宏观社会和政治背景中种族分类所发挥的作用，给人种的概念为何能够如此顽强，为何能从 19 世纪末一直坚持到 20 世纪初，提供了某种指示。种族分类和解释的模式涉及社会生活的各个方面，它无疑在欧洲殖民扩张以及欧洲内部民族主义和阶级动荡的背景中被用来协调不同民族群体之间的关系，并使之合法化（见 Biddiss 1979；Gossett 1975［1963］；Montagu 1945；Stocking 1987）。随着 19 世纪初浪漫民族主义的兴起，种族与民族自然彼此对应，而国家应当代表一种种族暨民族的同质单位（racial-cum-national unit）的观念被广泛认可，造成 19 世纪中晚期民族主义分裂和对抗的态势（见 Huxley 1870 的批判性讨论）。种族理论也卷入有关奴隶制、殖民政策及属于"低等"人种和阶级人群之社会地位的各种争论之中（如 Cairnes 1865；Farrar 1867；Jackson 1866；Mackay 1866）。不过，政治信条和人种分类与解释的具体形式之间的关系也十分复杂。例如，19 世纪中叶，单源论者中兼有奴隶制的支持者和反对者（Gossett 1975［1963］：62 - 63）。不仅如此，刻板的种族类型学和相伴的种族决定论概念既被用来认可最残酷的殖民剥削和殖民统治（如 Jackson 1866），也被用来支持西方慈善事业的必要性（如 Farrar 1867）。

在有关种族的特定观念与特定政治主张之间关系的模糊性表明，人种作为一种分类范畴和解释模型的源远流长，不能纯粹从令

---

① 见斯托金（Stocking 1968：58 - 59）有关保罗·托皮纳德（Paul Topinard）研究的讨论，后者虽然对"纯粹"的同质性人种的观点表示了越来越大的疑虑，但是仍然没能摒弃一种"理想"人种类型的观念，他声称，这种观念已经被现在人种的混合程度所压倒。

政治目的合法化的简单方式来解释。但是,19 世纪种族观念在西方和非西方世界构建可行的社会范畴中所发挥的作用,对种族概念作为对人群多样性划分和解释的一种方法的发展和深入人心无疑作用巨大。而且,19 世纪在种族范畴与较宽泛的民族主义和帝国主义话语之间的相互关系,也部分决定了后来对人群进行划分的模式。早在 20 世纪初,种族概念为社会和意识形态服务之目的造成了对这一概念的反叛,并共同设法在人文科学中将文化差异与生物多样性分析区分开来。

从种族到文化:20 世纪早中期对差别认知

19 世纪末和 20 世纪初一种有别于对人类进行所谓种族划分的体质研究,而是对文化和社会研究的关注,产生了以文化而非种族为基础的人群分类新方法。这样,偏离一种无所不包的种族概念,改为围绕"文化"和"社会"概念的社会思潮的重新取向,离不开有关习俗和文明思想的悠久传统(见 Gruber 1973)。但是,正是由人类学家如泰勒(Tylor)和博厄斯(Boas)制定的文化概念,加之社会人类学和社会学这两门学科的制度化,才提供了从种族向文化概念侧重点转移的基础。

19 世纪晚期社会-文化进化论者的工作,对社会和文化人类学的确立十分关键(过去被称为民族学),这门学科被定义为"研究人类群体之'文化'的科学",而且"基本并不关注将各种族看作是对现代智人(*Homo Sapiens*)的生物学划分"(Lowie 1973:3)。就如前文所述,社会文化进化论者倾向于将文化看作是一种发展的普遍进程,这种进程能够根据多个文化阶段来衡量,而非根据文化的多样性以及其所反映的不同人群特定的生活方式(见 Harris 1968;Honigmann 1976;Stocking 1967,1987)。比如,文化作为一种发展的普遍过程在泰勒的著作中就非常明显,他提出了文化经典的人类学定义:"文化,或文明……包括知识、信仰、艺术、道德、法律、习俗和其他作为社会成员中个人所获得的能力与习惯的复杂综合体(Tylor 1873 [1871]:1)。"虽然这样的定义可以被用来分析彼此有别文化的多样性,但很明显,泰勒关注的还是文化阶段的定义。正如斯托金(Stocking 1968:73)所指出的:

> 文明多样性的概念早在 19 世纪初就存在了,并在泰勒著作中的许多地方不言自明;可是当他继而论及"较低的部落文明相对于较高的国家文明"时,他显然意指文明的程度而非类型或风格。

虽然泰勒提到了"种族""部落"和"国家"的多样性,但并非指称特定人群生活方式意义上的有组织和有形态的文化。而且,种族概念仍然是社会进化思想中的重要方面,它为解释人类差异、在很多情况下为解释人群发展不平等提供了基本单位,就如斯宾塞的生物社会进化论所见。

$\frac{45}{46}$

直到 19 世纪晚期,多数意义上的文化概念才被确立,同时都试图想把文化分类与种族分类区分开来(见 Stocking 1968,1988)。德国的人类学传统至为重要,它拒绝单线进化的思想,而偏好强调文化的接触和传播(Heine-Geldern 1964:411)。在 1885 到 1888 年间出版的著作《人类学》(Völkerkunde)一书中,德国地理学家和民族学家弗里德里克·拉策尔(Friedrich Ratzel)试图表明,是传播形成了"文化区"——即相对同质和有机整合的文化群,而后它们在弗罗贝尼乌斯(Froebenius)和格雷伯纳(Graebner)的著作中被定名为文化圈(Kulturkreis/culture circles)。将文化圈作为基本的分析概念,他们创立了一种精致的文化-历史学方法(Kulturhistorische Methode),设法根据文化群的同时性分布确定它们的历史序列;这一方法在 1900 年代初被冠以"维也纳学派"（Vienna School）（Heine-Geldern 1964：411 - 412；也见 Zwernemann 1983）。

德裔美籍人类学家弗朗兹·博厄斯（Franz Boas）的论著无疑深受德国文化圈学派的影响,他在文化概念的发展上特别重要,将文化看作是历史塑造的特定复合体,以此有别于文化阶段的序列（Stocking 1968：213）。作为他反对进化论的批判性立场,博厄斯提出了一种历史特殊论的方法来研究各个不同部落的文化,以及这些文化之间特征和观念的传播（如 Boas 1974 [1887]；1974 [1905]）。而且,博厄斯的著作还有效削弱了 20 世纪初流行的种族决定论（见 Barkan 1988；Stocking 1968,1974）。他的许多研究都有意说明,种族或语言都不是观念传播的壁垒,人类行为取决于一套行为的文化传统,并通过学习过程代代相传（Stocking 1968：214 - 233）。也就是说,他坚持认为人类行为是由文化决定的,这一观点后来被 20 世纪人类学奉为圭臬。

博厄斯的论著对北美文化人类学传统的影响格外深远（Singer 1968：529；Stocking 1974：17 - 19）。在北美,文化是一个核心概念,它用来涵盖了构成各人类群体特定成就不言自明与明确的行为方式——他们的物质文化、信仰、神话、思想和价值观（见 Kroeber and Kluckhohn 1952；Singer 1968）。文化人类学家首要的研究任务就是"勾画出文化的形态（cultural patterns）,进而对这些形态进行比较与分类"（Singer 1968：530）。对某地区文化形态的研究也包括根据传播、接触和同化的过程来重建其文化历史（cultural history）。

美国的历史学传统和德国的文化-历史学,在传播论方法上有相似之处,这种方法是在 19 世纪晚期和 20 世纪初在英国形成的,就如在里弗斯（Rivers）、埃利奥特·史密斯（Elliot Smith）和佩里

(Perry)的人类学著作中所见（Honigmann 1976；Zwernemann 1983）。而这三种传统又有重大区别，比如，博厄斯强调文化传播和适应过程的复杂性（Boas 1974 [1905]），而埃利奥特·史密斯（Elliot Smith 1928：17, 35 - 36）和佩里（Perry 1924：2, 64 - 67）则持一种较为极端的论点，认为传播最终的过程是可以追溯到唯一的源头——埃及——即"文明之源"。不过，这三种传统都以反对单线社会文化进化论，特别是"独立发明"思想为特点。为了驳斥这一观点，这三个传统集中在从历史视角来论证文化之间的传播。

正是这种对文化时空差异的兴趣，以及文化所提供的概念框架，考古学家开始运用文化概念对物质文化在空间上的变化进行分类（Daniel 1978 [1950]：242；Trigger 1989：150 - 155）。科西纳和柴尔德都受到德国民族学传统的影响，而博厄斯本人显然也注意到了考古学在追溯各特定部落单位在历史移动中的作用（Gruber 1986：179 - 180）。其实，一些最早的地层学系统发掘就是由他的学生所为（Willey and Sabloff 1974：89）。因此，就像在社会-文化进化方面所见，人类学家（民族学家）和考古学家彼此紧密合作，尤其是在北美，采用人类学和考古学材料来重建小到本地、大到全球的文化历史。

整个 20 世纪上半叶，北美文化人类学一直专注于对文化的分类和对文化历史的重建。但是在英国人类学界，极端传播论和社会进化论迅速被功能主义和结构功能主义的社会理论（functionalist and structural-functionalist theories）所取代。与人类学的文化-历史学和传播论传统不同，英国结构功能主义人类学深受涂尔干（Durkheimian）社会学理论的影响而具有反历史学（anti-historical）的特点。而且，"社会"和"社会结构"的概念而非文化概念是他们研究的中心。社会被视为一种有机和整合的系统,由互相依存的社会机构所组成(Malinowski 1944;Radcliffe-Brown 1952),而社会结构研究包括某社会系统中"各个组成部分或部件的有序布局"(Radcliffe-Brown 1952:9)。其研究重点是"部落社会"的社会关系和机构,而"部落社会"的概念成了基本的分类概念(见 Lewis 1968;Kuper 1988)①。部落社会一般被认为是闭锁、同质和自治的单位,立足于血缘关系、地缘关系、一套共享的价值观,还有一种社会和文化认同的共同意识(见 Lewis 1968;Rosaldo 1993 [1989]:31-32)②。

　　不过,尽管 20 世纪上半叶不同人类学传统对社会-文化单位的分类方法各不相同,但在所采用的抽象概念上具有许多内在的相似性。整个 20 世纪,为了对抗种族决定论的需要,在社会科学中形成了一个重要的议项③。博厄斯的著作中明确将种族与文化分开的做法在 1920 到 1940 年代间得到了加强,以应对将种族主义信条用于政治目的(如 Huxley and Haddon 1935),尤其是反对种族大屠杀。从某种意义上说,文化概念是作为对人类差异种族主义分类的自由另类选项而诞生的(Clifford 1988:234),"某文化"和"某社会"的概念开始被用来取代"某种族"而成为某人群的同义词。

　　但是,虽然文化概念的出现反映了偏离了人类多样性的种族

---

　　①　"部落社会"的概念在人类学思想的发展中有很长的历史,是作为有别于"现代文化"的一种"原始文化"而产生的。这点由库珀(Kuper 1988)作了详细的讨论。

　　②　但是,对于部落的定义意见分歧较大,提出过很多技术性的定义。例如,在一些英国人类学家的著作中常常看作"从地域上来定义、政治上独立的单位"(Lewis 1968:149),或者在对努尔人的分析中,伊文思-普里查德(Evans-Pritchard 1940:5)将其看作是在对抗外来者的战争中聚集起来的群体。对人类学中所用部落概念的各种不同方式的深入讨论请参见弗里德(Fried 1975)和格利弗(Gulliver 1969)。

　　③　深入的讨论,请参见巴坎(Barkan 1988)、库珀(Kuper 1975a)、利里斯(Leiris 1975 [1956])、列维-斯特劳斯(Lévi-Strauss 1975 [1955])、斯蒂潘(Stepan 1982)、韦德(Wade 1992)。受种族决定论主导的有争议问题的情况,在联合国教科文组织在 1950 和 1960 年代所公布的有关种族问题的一系列声明中作了概括,并在库珀(Kuper 1975b)著作中重印。

划分,但是这一概念仍带有许多 19 世纪人群分类的关键设想(Clifford 1988:234,273)。特别是对整体论、同质性、有序(order)和边界的压倒性关注,可归咎于 19 和 20 世纪民族主义思潮背景中有关人类多样性观念的发展(Handler 1988:7‑8;Spencer 1990:283,288‑290;Wolf 1982:387)。对 20 世纪文化和社会概念的感知,导致了将世界的一般表现划分为彼此有别、同质性和整合的文化(和社会),并心照不宣地将文化等同于特定人群或"部落"(Clifford 1988:232‑233;Rosaldo 1993 [1989]:31‑32;Wolf 1982:6‑7)。群体的身份认同,或叫"群体性"(peoplehood),被认为是文化相似性的客观反映。

这种图像是人文科学中各类分析的综合产物。如罗萨尔多(Rosaldo 1993 [1989])在对社会分析的批评中所指出的,某文化(或社会)的规范是用经典的民族志成语(idiom)通过对特定和局地观察的总结而确立的。这种分析模式基于一种设想前提,即"传统社会的特点是稳定、有序和动态平衡的"(Rosaldo 1993 [1989]:42),所以文化实践和信仰多半在全社会都是一致的。结果这一本身应该加以分析的假设,使得将所研究的社会以一种同质和历时不变的单位来代表。这种将文化(或社会)看作分离和同质实体的观点,通过文化和政治地理学以及采纳《人类区关系档案》(*Human Area Relations Files*)①这类文献的经验综述而被进一步加强(Fardon 1987:168,184)。侧重文化规范的民族志表述甚至被奉为圭臬来对各种类型进行抽象的探讨(如 Radcliffe-Brown 1953),力求创造与"经验系统"不同的"理想系统"(Leach 1964 [1954]:283)。

在考古学理论和实践中也是力图构建与此相仿的一个个彼此

---

① 应作人类关系地区档案(Human Relations Area Files),简称 HRAF,是三十个国家四百多个学术机构共同集合而成的民族志档案,方便学者检索,其索引方法之一就是通过查询文化找到要找的少数族群。

分离和同质性的文化单位。从方法论层次而言,和民族志的做法一样,考古学也把特定的地方性特征加以物化来定义文化。这一做法的典型表现,就是挑选"典型遗址"(type site),这类典型遗址被认为包含了某特定"考古学文化"的主要特征。"典型遗址"概念基于这样一种预设,那就是物质文化特征反映了制作它们人群的概念构架或文化规范,而这些规范在某社会-文化群的圈子里很可能是相同的。而且,这种预设进而被这样一种倾向所强化,这就是只关注某特定区域内"典型遗址"与其他遗址之间的共性和连续性,而无视它们之间的差异与断裂。在较宽泛的层面上,传统上对某特定时段或区域的历史重建,就是关注各个文化在时空上的分布和它们之间的互动。而且,虽然现在的考古学研究已经不限于此,但是在过去三十年里,分界的社会-文化单元在许多研究中仍然是分析过去社会进程的基本框架(见第二章)。

正是因为各类分析相互交织并彼此强化,结果有关文化和社会完整性和铁板一块的设想在面对反证时仍依然故我,根深蒂固。有时候十分明显的是,事实远比这种概念所确认的更加异质和杂乱。比如,在民族志研究中,学者们在定义"他者人群"的边界时,一直会遇到文化、社会或部落概念产生的方法论问题,甚至在这些概念的权威鼎盛期也是如此(Cohen 1978:380 - 382;Narroll 1964:283 - 284)。于是大家承认,作为分析单位,文化和部落这样的概念不是绝对的,而是主观的:

> 选择用来描述和分析的任何文化单位的分界线在大部分情况下是抽象度的问题,以及方便处理手头问题的问题。西方文化、希腊-罗马文化、日耳曼文化、斯瓦比亚(Swabian)文化①,1900 年黑森林(Black Forest)的农民

---

① 德国西南部的文化圈,从拉坦诺文化时期一直延续到近现代。——译注。

文化①——如果仔细加以定义,它们同样都是合理的。

克罗伯和克拉克洪(Kroeber and

Kluckhohn 1952:367)

不过,对某个有名称人群的特定案例研究中,除了需要仔细定义之外,还要先证明其合理性。比如在对塔伦西人(the Tallensi)②的研究中,福特斯(Fortes 1969〔1945〕:14 - 29)声称,若根据政治、文化或语言的共性和单一性,很难将塔伦西人和其他所谓的"部落"区分开来。为了克服这个难题,福特斯提出了另一种抽象概念作为定义其研究单位的基础:

> 因为社会概念是一个封闭的单位……我们必须代之**以社会-地理区域**(socio-geographic region)的概念,该区域诸多社会因素的结合程度要比此区域以外同类社会元素的结合程度要高。
>
> 福特斯(Fortes 1969〔1945〕:231,黑体为作者所加)

1920 到 1960 年代间开展的大量人类学田野工作关注同类情况,其中文化、语言和社会结构现象的边界完全缺乏对应关系,而以文化为单位的这一概念却被用来模糊这些事实的意义(Leach 1964〔1954〕:282)。有关边界定义不可避免的方法论问题,被通过改动概念来加以克服,如福特斯的"社会-地理区域"(Fortes 1969〔1945〕),而不至于对部落、文化和社会这些人类学概念形成根本的挑战。至少在英国的结构-功能论中,定义群体的边界通常只是分析社会系统内部结构相互关系的第一步。在其他地区如美国文化人类学中,对传播和文化适应的关注意味着文化边界问题

---

① 德国西南部的山地。——译注。

② 塔伦西人是西非加纳北部的一支民族,他们靠粟和高粱种植维生,也小规模地放牧牛羊和山羊,社会制度是一夫多妻制。——译注。

是比较重要的分析方面。但是，即使在此，文化特征被认为可以在彼此分离、自治的各文化之间因"接触"或文化适应而互相传播，结果文化之间的交融最终会形成一个单一而分界的同质性实体。断裂和异质性被当作是转瞬即逝的例外和反常，并"有损于法则、逻辑和传统"（Wilson 1945：133，引自 Leach 1964［1954］：287），除了少数例外（如 Fortes 1969［1945］：16；Leach 1964［1954］：17），它们肯定不会被认为是社会关系交织或互动的焦点。

因此，在"原始社会"概念的背景中（Kuper 1988），一种抽象和理想化的"部落社会"概念至少在 20 世纪上中叶流行于人类学文献之中。虽然种族概念一直被大加挞伐，但是根据语言、文化和政治自治定义的一种分界的整体性社会单位依然故我，看来足以满足大多数人类学家应付许多经验性情况的要求。正是这种总体图像，提供了批评部落文化和社会这些概念的背景，并导致作为人群分类核心范畴的族属概念的形成。

作为主要分类范畴的族属之形成

1960 年代末和 1970 年代，对"族属"现象兴趣的日增，起初见于有关这一课题的期刊文章或是索引条目中，最终转变为学术和政治的重大项目，许多杂志、会议和研究单位全心投入这项研究①。对族属的关注忽然走红，既代表了分类术语进一步偏离现有的带歧视色彩的分类学范畴，也是对文化群体理论概念构建的重大转变。但是，要介绍"诸多发现"的积累最终导致族属概念和理论上一系列内在的转变是不可能的。实际上，1960 年代末和 1970 年代出现的对族属的关注，始于设法应对与当时人类学和社会学分类

---

① 有关族属大量文献的某些指南，请见本特利（Bentley 1981）。

范畴相伴的各种经验、理论和意识形态的问题,并与世界各地民族自我觉悟日益成为政治的焦点形影相随。

在人类学中,对传统上构成了人文学科立足之本的那些概念——特别是"文化""社会"和"部落"——的日益不满,成为对族属兴趣日增的重要因素。与这些概念相伴的方法论问题在人类学中尤其突出,因为该学科主要的关注是从整体上研究个别的部落社会,于是社会、文化、部落构成了基本的研究单位。相反,在社会学中定义"社会"的问题并非方法论的重点,因为社会学家传统上是参与对某单个社会许多特定要素的分析。再之,人类学田野工作的性质包括长期的参与式观察,也就是说,人类学家常常会遇到他们所采用的一般性理论模型与他们特定的经验状况的不合,与社会学家不同,后者倾向于根据一般性的比较分析来应对各种"理想"模型(Leach 1964 [1954]:283)。

51
521950 和 1960 年代,人类学对文化、社会和部落这些概念的批评强调不同边界现象的不重合性,在某些情况下,会质疑是否真的存在彼此分离的社会-文化实体(如 Jaspan 1964:298;Leach 1964 [1954]:299;Moerman 1965:1215)。比如,在对缅甸克钦人(Kachin)和掸族人(Shan)①的重要研究中,利奇(Leach 1964 [1954]:17)就指出:

> 没有任何内在的理由认为,为何社会系统的主要边界总是应该要和文化边界重合……只因这样的事实,即两个不同文化的族群未必意味着——尽管通常都这么认为——他们属于两个十分不同的社会系统。

这种研究刺激了开发理论框架的需要,以便能够分析社会系统的

---

　　① 克钦地区是缅甸的最北部,与中国接壤;掸族人其实也就是中国所称的傣族人。——译注。

相互关系，以及社会与文化边界之间的关系（如 Leach 1964
[1954]：284）。

与此同时，殖民统治在 1950 到 1970 年代间的正式消亡为进一
步批判一些人类学概念，尤其是像"部落"这样的概念，提供了背景，
它被指责带有歧视性的"原始"和"落后"的含义，并被作为殖民政权
的产物而被摒弃（如 Colson 1968；Fried 1968；Ranger 1983：250）。
而且，部落概念所体现的边界、自我平衡、整合，而且基本上是静态整
体的"原始社会"认识，因殖民主义触发的翻天覆地的变化使得这种
认识很难站得住脚了，风起云涌的民族解放运动就是明证。

在学科及其概念受到来自内外批评的背景之中，人类学族属
理论的发展体现了术语和理论上的转变。一方面，许多人类学家
认为"族群"（ethnic group）这一概念可以用来替代部落概念（如
Arens 1976）[①]。另一方面，族属概念总体立足的一种理论途径看
似更适合所研究的社会现象。针对社会互动背景中群体边界形成
所涉及的过程，族属的新理论容纳了较广泛的殖民背景，使之无法
被轻易漠视。而且，也考虑被研究人群自己使用的族群范畴，部分
是对被殖民的少数族群日益增长的自决要求的一种回应。于是，
尽管传统的"部落"或"人群"定义包含了对语言、物质文化、信仰和
价值观各种相关特征的罗列，但是研究开始日益关注特定族群在
面对其他族群是如何自我界定的（如 Barth 1969a；Gulliver 1969；
Moerman 1965）。实际上，研究有了一种重新取向，注重族属现象
在社群结构和社会关系中的作用，这与传统上关注文化及其历史
边界形成了明显的反差；这种重新取向在巴斯（Barth 1969a）为《族

52
53

---

① 值得指出的是，族群概念潜在包含有类似部落那种边缘和落后地位的意识形
态内涵的同样问题（Gulliver 1969：8；Williams 1989：439）。例如，在许多后殖民时代
的非洲民族国家里，部落制和族属被认为是与现代化和建立及发展团结的民族身份背
道而驰的一种破坏性影响（Vail 1988：2）。

群与分界》（*Ethnic Groups and Boundaries*）一书所写的导论中进一步得到加强（见第四章）。

在社会学和心理学领域，承认族属是一个主要研究议题，是原因略有不同的产物。族群的概念早在 20 世纪初就已成为社会学和心理学的术语，因为它被认为要比种族（race）一词所带的政治歧视色彩较少（如 Montagu 1945 所言；UNESCO 1950）。但是，在 20 世纪早中叶的经典社会学中，与社会一些重要方面相比，族群与种族一般被认为是次要的社会学现象。因此，种族或族属研究在社会学研究中一直处于边缘地带：

> 早期社会学家从不认为族属是定义社会系统的一项特性——也就是说一种必要和普遍的特征——甚至从未认真思考过建立一种族群冲突一般性理论的可能与需要。
>
> 帕金（Parkin 1978：621；也见 Lockwood 1970）

在像美国这类移民人口较多的国家里，族群成为社会学和心理学应用性研究的重要领域。但是，一种潜在的设想是，文化群体之间的持续接触最终会减少文化差异（如 Gordon 1964），而且以归属为基础的认同"会被现代工业秩序的同质化影响所持续弱化"（Parkin 1978：621）[①]。同质化（homogenizing）过程在美国是一种核心预设，根植于诸如"熔炉"（melting pot）和"西化"（Anglo-conformity）这样的概念，在这种思想背景中，研究倾向于关注同化的速率和程度（Bash 1979：80）。

在某种程度上，有关族群差异性质的设想，以及文化适应与同化的必然性，是主导整个 20 世纪人类学思想的对"文化"和"社会"

---

　　① 对这些有关同化设想的深入讨论，请见巴什（Bash 1979：78 - 79）、格雷泽和莫伊尼汉（Glazer and Moynihan 1975：6 - 7）、罗森斯（Roosens 1989：9）、斯科特（Scott 1990：147 - 148）和维尔（Vail 1989：1 - 2）。

概念化的同类产物。社会在文化上基本被认为是同质的,而在人
类学中,持续的文化接触被认为会减少文化差异,并使原来不同的
人群发生同化。同化模型的另一个要素就是自由主义和现代主义
的神话,即认为以大规模工业化、民主制度、综合教育和大众媒介
为特征的"进步"复杂社会的发展,最终会消弭族群差异。正如史
密斯(Smith 1981:2)所言:

> 自由主义者普遍认为,随着人类从一种社会结构原
> 始的部落阶段迈向大规模工业化社会时,许多将他们分
> 开的各种原始束缚,如宗教、语言、族属和种族,终将逐渐
> 松散并最终消失。

在 1960 和 1970 年代,社会学家日益意识到,实际情况要比同
化和发展理论所公认的复杂得多。即使是在现代西方工业中心
(见 Glazer and Moynihan 1975;Gordon 1975),族群并没有消失,
虽然发生了一定程度的文化适应,但文化特性依然故我,有时还会
引入新的文化多样性(Roosens 1989:9)。面对这样的情况,对族
群的研究大幅增长,就像在人类学界,大家都试图为族属的这种现
象构建理论解释。与最近人类学的族属理论相似,社会学理论一
直强调从社会互动过程中对族属的主观构建。但是,社会学中有
一种更强的趋势,将族群作为经济和政治的利益群体来加以概念
化,这一观点与过去三十年里族属成为政治运动基础的动员力量
紧密相关。

实际上,跨越多个学科的对族属的关注不只是人文社科内部
经验和理论的问题,较大的社会和政治趋势也发挥着重要作用。
在西方社会里,少数族群在风起云涌的民权运动中,以及国内外文
化相对主义和民族自决不断发展的对话中,获得了更多的权益和
话语权。此外,殖民主义的寿终正寝,原先殖民地区民族国家的独

53
54

立,为民族和族群身份的诉求创造了新的背景(见 Sharp and McAllister 1993:18-20)。在这种纷繁复杂的背景中,民族结盟和民族利益逐渐成为国家与国际政治舞台的亮点,并激起人类学和社会学这些学科更大的关注,以应对被欢呼为"种族复兴"和构建"新族属"的现实(Glazer and Moynihan 1975;Smith 1981;也见第五章)。

在整个人文科学史上,人群分类所涉及的分类学范畴的改变,一直是内外合力的产物。人文科学中群体分类与人类多样性的结构之间存在着一种辩证的关系。族属概念在人群分类中作为一种主要分类范畴的出现,部分受到了一种理论转变的刺激,从"种族""文化""社会"和"部落"这类刻板而具体的范畴,转为一种将族属作为社会互动形式的过程分析。然而也涵盖了其他的因素,包括诸如种族、部落和族属这些概念在许多不同意识形态语境下究竟是什么意思,且在过去二三十年国内外的政治领域中,族属是如何日益崭露头角的。

第四章 族 属

概念与理论的领域

族属概念之形成

过去二三十年间,族属这一术语广泛指称各种社会-文化现象,致使对族群性质产生了巨大的分歧。族属究竟是什么?它如何定义?在人文科学中,族属的定义一直受到了许多因素的影响,而这些因素又彼此交织。它们包括:

- 不同理论和学科传统的影响(例如新马克思主义[①]或现象学[②]、心理学和人类学);
- 被作为研究对象的族属特定方面(从某多元社会中族属的社会—结构维度,到族群差异的文化构建,到族群身份认同在教育中特殊表现的效果等等);
- 从事研究的世界所在地区(如巴布亚新几内亚高

[①] 新马克思主义是马克思主义在 20 世纪的延伸,新马克思主义虽然流派众多,但是也具有一定共性,例如他们或多或少都继承了马克思主义的物质/意识两分法和经济基础/上层建筑的两分法,但有些学派,例如法兰克福学派的批判理论就认为马克思低估了意识形态的功能。在后文中,作者会提到一些少数族裔和土著将族属这一上层建筑用于政治经济博弈(也就是马克思所定义的经济基础),学者对此社会现象的观察就会用到新马克思主义的理论。——译注。

[②] 现象学是以被研究者的第一人称视角对认知和意识的结构的探索,在 20 世纪的欧洲大陆是重要的学术传统,其代表人物是胡塞尔和海德格尔。现象学的研究重点通常是体验、倾向和意义。在后文中我们会感受到现象学对族属性研究的影响,从少数族群对自己的认识来界定种族群体,这种做法在理论上就是现象学影响的结果。——译注。

地、美国内陆城市、前苏联）；

● 作为研究课题的特定人群（如澳洲土著、欧洲的土
  耳其移民劳工，或犹太人）（见 Bentley 1983；
  Isajiw 1974）。

这一图像因这样的事实而变得更为复杂，即几乎没有什么人群明
确用族属或族群的术语来定义过他们的性质。在他 65 个社会学
和人类学研究的族属调查中，艾萨基伍（Isajiw 1974：111）发现，只
有 13 个含有某种族属的定义，而其余 52 个则完全没有。但是，尽
管大部分文献中确实没有对族属的清晰定义，然而仍有可能在族
属的不同概念化过程中分辨出两个核心问题：

　　（1）有关客位还是主位（etic or emic）视角①为先的经典人类
学争论，以族属"客观"或"主观"定义之间差异的方式而被重塑
（Burgess 1978；Isajiw 1974；Rose 1980）。在一般意义上，"客观
派"（objectivist）认为族群是社会与文化构建的范畴，具有相对独
立和缺乏互动为特点的边界，而"主观派"（subjectivist）认为族群
是文化构建的范畴，提供社会互动和行为的信息。因此在实践中，
客观派倾向于采用客位视角，根据分析者对社会-文化差异的观察
来定义族群。与此相反，主观派则是主位观点优先，根据被研究人
群主观的自我归类来定义族群。

　　人们早就认识到，在族属"主观"和"客观"定义之间的简单划
分是有问题的，因为它含有一种天真的预设，有一种价值无涉的研
究者客观视角与被研究人群受文化左右的主观视角相对立。至少
在过去四十年里，客观性的理想在人文科学中一直饱受批评，而承

① "主位"（emic）这一术语是指一种从土著自身模式来进行解释的社会视角，而
"客位"（etic）是指根据研究者的观察和模式对社会系统进行描述和分析的视角。——
译注。

认主观性的各种观点一直有所发展①。结果,现在大家已经普遍认可,社会科学家和他们所研究的人群同样都是带主观性的,他们会构建不同、然而有时重叠的基于不同意义框架的分类学。但情况更为复杂,因为"客观派"和"主观派"对族属定义的差异也与对族属性质的不同见解有关。族群究竟是立足于共有的"客观"文化实践和/或社会-结构关系,其独立于相关个人的认知而存在,抑或族群是由主观的认知过程及其成员所衍生的社会结构所形成? 在此层面上,"客观论"与"主观论"的对立使得族属的定义聚讼不断,就如较为宏观的社会和文化研究,其中存在社会和文化不同理论的内在对立——如结构主义和现象学,唯物主义和唯心主义(Bourdieu 1977)。

(2) 族属的定义还以一般性(generality)和特殊性(specificity)之间的不合为特点;也即在其宽泛定义与特指定义之间的不合,前者被认为过于宽泛而在具体案例研究中很难用来分析问题,而后者又过于狭窄,以至于在比较研究方面力不从心,使得它只能用来描述。制定一种适当的比较性族属定义,因缺乏健全的族属理论,以及一种试图将所见族群行为的规则拔高到定义族属概念和解释因果率的高度而受阻。比如认为,因为族群身份有时被操纵来攫取经济利益,因此族群应该被定义为利益群体(interest groups)。

族属定义因采用"客观"还是"主观"方法而造成的抵牾,在纳罗尔(Narroll 1964,1968)和摩尔曼(Moerman 1965,1968)对泰国北部泐族(Lue)②定义的争论中体现得淋漓尽致。在对纳罗尔"文化单元"(cultunit)定义的批评中,摩尔曼声称,泐族无法根据语言、文化、政体和领地这类客观、相同的边界来定义,根据民族志的情形,

① 社会科学中对"客观性"(objectivity)概念的深入讨论,请见哈丁(Harding 1986)、马奎特(Maquet 1964)、罗萨尔多(Rosaldo 1993 [1989])。

② 泐族人是泰民族的一支,人口约 200 万。——译注。

这种边界难以识别。泐族和泰国北部的许多邻居共享许多文化特征，只能根据很小一部分特征将他们分辨出来（Moerman 1965：1217 - 1221；1968：157）。然而，泐族的身份认同，以及在社会生活中对这种身份的确认，是社会结构的一个重要方面，这与文化差异的许多方面不同，后者与群体结构及协调群体间关系无关。摩尔曼的结论是，在人类学定义中，我们必须要考虑族群的自我认定，像泐族这样的族群，只能从与其他族群互动的广泛社会背景来了解：

> 至少就泐族而言，如果我们要定义他们的"泐族性"（Lueness），将其看作一个"部落"，了解他们如何今天在泰国生存，我们就不能孤立地看待他们——泐族无法孤立地分辨，在某种意义上说孤立地存在。
>
> 摩尔曼（Moerman 1965：1216）①

作为对摩尔曼分析的回应，纳罗尔（Narroll 1968）根据多项文化特征将泐族定义为一个较大文化单位"北泰族"（Northern Thai）的一部分，但主要根据是语言。至于班屏（Ban Ping）②的居民采用"泐族"称呼的问题，他声称："泐族就是泐族，但是对我们来说，从全球的比较目的而言，或许他们并非真正的泐族"（Narroll 1968：78），而是"后泐族"（post-Lue）或"前泐族"（ex-Lue），因为他们不再拥有学者最初定义泐族的全部文化特征。而且，他将这个说法推衍至其他族群：

> 今天许多所谓的巴斯克（Basque）③社群，其中包括自

---

① 就如米切尔（Mitchell 1974：25）所指出，摩尔曼（Moerman 1965）的早期研究将泐族人族属的人类学范畴与泐族人自己的认同混为一谈。"泐族"范畴的本土构建被具体化为一种分析的范畴，而非将泐族人的观念作为分析族群概念构建在调节社会关系和社会实践中的作用的起点。但是，在以后的论文中，摩尔曼（Moerman 1968）确实对人类学范畴与所研究人群范畴之间的关系予以了明确关注。

② 班屏是泰国地名。——译注。

③ 巴斯克人是欧洲民族的一支，主要分布在比斯开湾，即法国西南部和西班牙北部。——译注。

> 称是巴斯克人的人群,许多具有巴斯克人特征的人群,有
> 真的巴斯克人的生物学和文化后裔。但是他们缺乏巴斯
> 克人一项基本特征,他们不再讲巴斯克语。这样的人群
> 应该被称作"后巴斯克人"。
>
> 纳罗尔(Narroll 1968:78)

显然,纳罗尔对渤族的分类目的与摩尔曼的观点相当不同。他的文化单位概念建立在传统人类学跨文化研究的框架之上,它需要一个可做比较的社会-文化单位。在此背景中,族群并非研究的主要关注,而其定义只不过是达到目的之手段。与此相反,摩尔曼虽然也是为分析目的而定义一个单位,但他却对班屏地区的社会系统进行了非常详尽的研究。因此,他主要关注对渤族人自我归属有意义的,而且还能协调该地区社会关系的渤族定义的构建。

分类系统本来就该根据讨论问题的不同而彼此有别,而摩尔曼和纳罗尔对渤族分类的目的颇不相同。不过,通过说明渤族这样的族属范畴在泰国北部构建社会关系和社会实践中的意义,摩尔曼对纳罗尔这种跨文化分类的普遍系统提出了质疑。如果像"北泰族"这样的范畴,即使把它作为社会和文化实践跨文化比较的基础,在该地区长期的社会实践中意义不大的话,那么这个范畴究竟有何用?而且,纳罗尔的"真正"渤族和"后"渤族概念意味着,承载文化的单位是相对永恒的实体,具有一种原生的文化"纯洁"性。这种对静态和原生文化实体的关注,是根植于西方文化连续性和文化传统概念的人文科学共时性视角的表征(见 Clifford 1988;Williams 1989)①。就如第三章所述,将"部落"和"社会"作为抽象的静态实体来表述,各伴以某种一成不变的"原始"文化,这在 1920 到 1960

58
59

----

① 而且,纳罗尔(Narroll 1968)强调诸如国家地位、领导和加入战争的能力等特点,让人想到根植于民族主义话语的有关文化与政治实体的西方思想。

年代是很常见的,尤其在英国人类学中。但这样一种方法在面对许多民族志个案所揭示的复杂性时已证明不合时宜了(Jaspan 1964:298;Messing 1964:300)。而通常作为这些研究对象的族群在政治上已非常活跃,并发起了挑战(见第三章)。

摩尔曼定义泐族的方法(Moerman 1965,1968),开启了族群后续研究的重要方向。在 1960 和 1970 年代,文献中流行一种定义族属的明确的"主观"方法。然而,就像其他许多学者,摩尔曼主要还是关注对某特定群体进行详尽的民族志分析,而正是巴斯(Barth 1969a)在他《族群与分界》一书的序言中,首先将族属的"主观派"方法纳入一套纲领性的理论模型之中。

巴斯的主要目的是调查族群的社会方面,特别是族群分界的维持,这有别于对孤立文化单位的传统调查(Barth 1969a:9-11)。为强调族属的社会方面,他声称,族群应该根据其成员自身与他者的范畴划分来定义。而且,一种范畴的归属

> 就是族群的归属,当它被用来根据某人基本和最一般的认同来进行分类时,依其起源和背景而定。其成员出于交往互动的目的,运用族群身份认同将他们自己以及他人分为不同的范畴,他们便在这样的社会结构中形成了族群。
>
> 　　　　　　　　　　　　　　　巴斯(Barth 1969a:13-14)

由此看来,文化差异并不具备决定性的作用,而巴斯(Barth 1969a:14)认为,尽管"族群范畴需要考虑文化差异,但是我们不能由此认为族群单位与文化异同是对等的关系"。比如,阿富汗和巴基斯坦的帕坦人(Pathans)[①],尽管群体内存在社会和文化的很大差别,但

---

① 帕坦人,又作普什图人(Pashtuns),处在南亚中亚交界处,分布于阿富汗、巴基斯坦和印度北部,人口约五千万。——译注。

是他们都自认为同属一个族群(Barth 1969b：118‐119)。巴斯声称,帕坦人的认同是基于社会关系结构的几个关键方面；热情好客、公事公决、家事隐匿,这些提供了共同价值观和评判的基础(Barth 1969b：120‐122)。正是在这些社会方面被认可的行为举止模式,帕坦人的身份得以再确认和有效(Barth 1969b：123)。

巴斯这种根据成员自身的认同观念对族群定义其实本身并不新颖。比如,早在 1947 年,弗朗西斯就声称,族群构成的一个社群,基本立足于一种"自己人"(we-feeling)的共同感觉,并指出,"我们不能根据多重形态来定义族群,如语言、文化、领地、宗教等等特点"(Francis 1947：397)①。但是,巴斯在纲领性理论框架内重申了族群身份认同的主观性和归属性方面,被普遍公认为人类学族群分析的转折点(如 Buchignani 1982：5；Eriksen 1993a：37；Vermeulen and Govers 1994：1)。之后,作为"自我定义系统"(self-defining systems)的族群定义(Just 1989：74),将主要重点放在相关人群的认知范畴,在学术界蔚然成风。

自 1960 年代晚期以降,这种定义在立法和公共政策上也发挥着重要的作用。例如,1970 年代初,某(联邦)政府建议,将澳大利亚原住民按个人的自我认同来界定,而该认同也被某原住民社群所接受(Ucko 1983a：31)。在英国,像布里斯托大学(University of Bristol)民族关系研究所(Research Unit on Ethnic Relations)这样的政策研究型学术机构,也将族群定义为自我定义系统而运用到英国的社会政策中,该单位自 1970 年成立以来一直受政府背景的社会科学研究委员会(Social Science Research Council)领导。

---

① 在巴斯(Barth 1969a)之前对族群定义采用一种主观方法的其他学者,包括摩尔曼(Moerman 1965, 1968)、希布塔尼和宽(Shibutani and Kwan 1965：40)、沃勒斯坦(Wallerstein 1960：131)。但是,多尔曼(Dorman 1980：26)认为的这样一种定义代表了巴斯研究之前的共识,则很难站得住脚。

在该单位的族属项目中,起初集中在工作方面,沃尔曼(Wallman 1977:532)指出:

> "族属"在此是指对群体差异的认知,也是指人群各部分之间的社会分界。在这种意义上,族群"差异"就是对"我们"和"他们"之间差别的认识。

然而,族属的"主观"定义也存在不少问题。由于坚持将所有社会现象,包括基于集体身份认同的文化归属和所维持的族群分界必须考虑在内才能视其为"族群",而无视其他特征的区别,这就将许多其他种类的群体也归入了族群的范畴(如见 Hunt and Walker 1974;Roosens 1989)。这些群体包括:少数群体(minority group),土著群体(indigenous group),民族主义群体(ethno-nationalist group),一些基于宗教、语言、政治组织和种族范畴的群体;过去所谓的"民族"(nation),"部落""少数民族""文化""种族群体"(racial groups)和/或"宗教团体"这样的群体。实际上,族属的概念被用在各种不同的群体分析上,依不同的分类而定,立足于不同的社会组织形式,并形成于各种不同的社会和历史背景。而且如前文所述,族属的概念深受不同学科传统的影响,并用于不同的分析领域,比如族群的政治活力、族属的心理学方面和族群的社会阶层。

族属概念在社会科学研究之中的延展,导致对此概念分析效用产生了怀疑(如 Blu 1980;Fardon 1987;Hinton 1981;Just 1989)。根据过程论对族属的"主观"定义,它与其他群体身份认同的形式如性别、阶级和种姓群体没有区别,于是就出现了这样一种危险,即族属作为一个独立的探索领域将会不复存在。根据自我定义和他者定义所确立的群体身份基本范畴的社会重构,族属作为一种比较分析的概念,"就失去了所有重要的内涵"(Eriksen

1992：8-9)。比如，在对希腊语"族"(ethnos)的分析时，贾斯特(Just 1989：75)指出，如族群这样的社会实体虽是自我定义的系统，但也要承认：

> 尽管我在界定希腊语中"族"所用的标准定义，我认为表面上是合理的，但它基本上也是毫无意义的。在实践中，经验性标准是指：无论这些标准多么模糊、界限不清和相互矛盾、产生历史误导，或在科学上毫无价值，但它们却赋予了族群身份诉求以实质性的东西。

应对这个问题，贾斯特所指的"经验性标准"被重新纳入了族属的过程论定义之中，以便使属于某族群的特点、性质或条件合乎标准。比如说，德沃斯(de Vos 1982 [1975]：9)就将族群定义为"自觉团结在特定传统周围"的群体，包括共同领地、语言、宗教和人种特点，但他强调，其中没有一条是基本的标准。这样的定义和根据客观文化特征累加所定义的族群不同，因为德沃斯(de Vos 1982 [1975])所指的传统并非"给予"(given)和刻板的特征，而是族群自我意识中最突出的那些特征。但是，由于族属定义中特定文化方面的重要性因不同族群而异，所以作为抽象概念的族属特点仍然难以把握。于是，德沃斯(de Vos 1982 [1975]：16，琼斯强调)坦陈，"某人群的族属身份认同包括他们为了将自己与其他群体区分开来而对文化任何方面所做的主观、符号或象征性运用"。结果，正如布鲁(Blu 1980：224)所言，以一种很强的身份认同感，仍然很难清晰地确定"究竟什么东西可将某族群与其他族群从象征性上区分开来"。

除了这些问题，其他学者也试图提出一种比较狭义的定义，强调将特定文化标准如语言或共同历史/渊源作为族属主位定义的首选(如见 Cohen 1978：385-387；de Vos 1982 [1975]：19)。但

$\frac{61}{62}$

是,哪些特定的文化特点对族属范畴是基本的条件则并无共识,而狭义和实质性定义反倒可能会有碍于文化认同有别的群体协同发展的过程分析。而且,将族属主观定义与强调文化差异特定方面相结合的社科研究方法会有一种倾向,迎合作为研究焦点的那些特定社会与历史背景中流行的文化差异的意识形态。

除了族属的文化内容,社会-结构和政治因素也被用来设法将族群和其他群体区分开来,以及区分族群的不同种类。许多这类定义中结合了对族属看法的不同要素。比如,英格(Yinger 1983:ix,琼斯强调)就将族属宽泛地作为一种多族群社会的组成部分来定义:

> 某族群……是某较大型社会的一部分,其成员被自己或他者认为具有共同的起源,并共享同一文化的重要内容,此外,他们还参与一些共同活动,其中同一文化和共同起源非常重要。

文森特(Vincent 1974)偏好一种较特定的区域性定义,并指出,美国的族群可以根据其政治活跃度与少数族裔区分开来。她声称,少数族裔受制于由主流社会范畴划分所致的经济、社会和政治的从属地位,而族群则以政治动员力为特点,并有重新自我定义的能力①。除了一种支配性的过程论"主观"定义之外,还有一些人试图根据族属社会背景的经验多样性来制定各种亚范畴。比如,埃里克森(Eriksen 1993a:13-14)将族群分为"都市少数族裔""土著人群""原初国家(proto-nation)"(也即追求民族性的那类国家),还有"多元社会中的族群"。他声称,这些经验主义范畴对界定族属的形式很有帮助,因为它们要比其他形式更易比较,不过他坚称,

① 将政治动员作为族属根本方面的其他定义请参见贝尔(Bell 1975)和罗斯(Ross 1980)。

有必要为研究目的而保留一种广义的"主观"定义。

尽管"主观"定义占据主流,但仍有学者按照文化和历史的刻板特征,坚持一种较实在论的、内部导向的、"客观的"族属概念化途径。在"西方的"社会科学中,强调将文化和历史特征置于优先地位与这样一种想法有关,即族属是与生俱来的原生性赋予特征,出于人性本质上根深蒂固对寻根的心理渴求,它会对群体成员施以高度强制性的凝聚力(如 Connor 1978;Isaacs 1974)。有人声称,这样一种"基本的群体认同"(Isaacs 1974)是任何个人身份认同的基本方面,而族属常常被作为一种难以言表、静态和固有的身份认同来加以概念化(见下边码 65—68 页)。

前苏联和东欧的学术传统在对族属概念的制定中,也相当偏重民族单位(ethnos)文化和历史的连续性(Shennan 1991:29)。尽管自我认定一般被认为是重要的元素,但是某民族单位的本质是由最真实的文化和语言要素所组成,它们构成了"内部健全"的族群身份认同(Bromley 1980:153)。比如,在苏联民族制图的原则中,一般来说根据人口普查的自我归属意识,被认为是分辨族属的重要标准(如 Brook 1983:39,51)。但是一般认为,这种自我意识是长年累月形成的,反映了身份认同的其他"客观"要素,如语言、信仰和价值观,还有日常生活的物质文化等等(如见 Kochin 1983 中的文章)。在多元社会里,各族群之间,族属并不认为是一种"我们/他们"意义上对立的关系结构(Fortes 1980)。而且,族群身份认同被认为有别于社会-结构和经济的状况;这些状况与人们的社会生活息息相关,不管这种状况如何,身份认同要比这些状况具有更大的连续性。

不过,就如在"西方"的学术传统中,对族属性质的认识存在巨大的差异,尤其是它与社会-经济形成的关系。比如,和苏联的传统理论相反,多鲁卡诺夫(Dolukhanov 1994:23)就认为,民族(ethnos)

与经济关系的联系更加紧密,例如劳力在空间上的分工,还有对环境的适应。而其他学者,比如布鲁克(Brook 1983:39)声称,族群是同步于整个社会的社会-经济结构方式而经历各个演进阶段的:

> 最早的类型——部落——是典型的原始社群系统。在奴隶制和封建制社会形成中,一种新类型——民族实体的一种新类型性——国民性(nationality/narodnost)[1]开始出现。资本主义关系的发展和经济接触的增强又催生了民族国家(nation)这样的民族实体,处于较高的发展层次。

尽管这里讨论了各种说法,但是在过去的二三十年间,将族群概念定为一种自我界定的系统,强调群体边界和个人身份认同的易变性一直十分流行。在这种相当宽泛的一般定义中,特定族群的分析大多探讨群体边界的认识与表现;族属被认为是一种与其他族群相区分的认同意识——一种“我们/他们”的对立。将族群作为自我定义系统的定义结合到注重边界的维持、民族身份的因势而变,以及个人跨越边界流动的理论框架之中,促进了族群社会维度的分析,并在群体间关系分析上填补了理论空白。一直到1950年代,人类学家(以及一般的社会科学家)连一套观察社会-文化群体之间相互关系的分析语汇都没有。正如利奇(Leach 1964 [1954])令人信服地论证,发展一套这样的语汇是当务之急,而巴斯和其他学者制定的族属概念正好满足了这一目的,它意味着相互关系和接触,以及模糊性和灵活性。

与此同时,社会科学中将族属概念广泛应用到各种社会-文化现象中去时,也提出了如此宽泛分析范畴的有效性问题。为了应对这个问题,无论从概念本身较狭窄的定义,还是对不同族属的亚

----

① 此处的 narodnost 一词来自俄语,其含义较广,一般指与国家和民族的信条等,此处原作者将其等同于 nationality,我们故而将其译作国民性。——译注。

分类,有人提出了更严格的族属定义。这些定义通常根据文化内涵和/或社会-结构组织,来优化族属的"主观"定义。但是,试图将"主观"和"客观"因素融入单一的族属定义之中,因总体上缺乏一个适当的理论框架而徒劳无功;这样一种理论框架要讨论不同人群的族群认同观念(他们自身及他者)与他们所从事的文化实践和社会关系之间的关系。

原生性的规则

> 人类基本的部落性(tribalism)深深根植于他们所处的条件,它会极力攫取周围的一切,就像大树扎根于千仞高山的岩壁一样。
>
> 艾萨克斯(Isaacs 1974:16)

"原生观"(primordial perspective)是过去二三十年里主导族属研究的两种主要方法之一,另一种则被称为"工具观"(instrumentalist perspective)。原生依附感(primordial attachment)概念是希尔斯(Shils 1957)提出的,目的是为了描述亲缘关系内在的特有性质。希尔斯称,这些原生特质不只是一种互动的作用,而是根植于"血缘纽带**难以言表**的重要性"(Shils 1957:122;黑体为琼斯所加)。这一概念后来被格尔兹(Geertz 1963:109)用于较大规模的社群,而非直接基于血缘的社群。格尔兹指出这种原生依附感源自

> 社会存在的赋予(givens):主要的是亲近(contiguity)和亲属(kin)关系,之外,其他的赋予来自出生于某特定的宗教社群、说一种特定的语言……遵从某种特定的社会实践。这种血缘、口音和习俗等亲近关系在他们之间

具有一种难以言表、有时甚至是压倒性的强制力。一个
人与他的亲属、邻居和教友亲密无间，这就是事实；这并
非仅出于个人喜好、实际需要、共同利益或承担义务的结
果，而在更大程度上是由于这些纽带本身某种不可言语
的绝对重要性。

因此有人声称，个人之间的原生纽带来自与生俱来的赋予——"血
缘"、语言、宗教、地域、领地和文化——它们能以纽带本身"不可言
语和难以言传的"重要性与其他的社会纽带区分开来。根据希尔
斯和格尔兹的看法，原生依附感并非自愿，并是一种强制过程，它
会超越特定短期利益和社会条件形成的联盟和关系。

希尔斯和格尔兹两人都用原生论来作为描述某种社会依附感
的手段，而不是用作解释的概念（Scott 1990：150）。而艾萨克斯提
出的原生纽带被用作一种手段来解释族群身份认同的力量和生命
力，他称其为"基本的群体认同"（basic group identity）。他将基本
群体认同形容为：

$\frac{65}{66}$

　　一个人与生俱来或者出生时就已经获得的身份。它
　　有别于人们获得的其他所有各种和次生的身份，因为与
　　其他任何身份不同，该要素构成了一个群体的根本，用格
　　尔兹的话说，就是"民族性的雏形"（candidate of
　　nationhood）。

艾萨克斯（Isaacs 1974：15）

艾萨克斯（Isaacs 1974：27）追随希尔斯和格尔兹，用与生俱来的各
种特点来分辨基本群体认同的原生纽带；比如，个人和群体称呼的
名字、群体的历史和起源、民族性（或其他民族、地域和部落的从属
关系）、语言、宗教和价值观体系。但是艾萨克斯也借鉴了认同的
心理学理论，以求解释现代世界里"部落"/"族群"的感情和依附感

为何仍然强大有力并长盛不衰。他声称，个人是通过早年的社会
化过程获得这些原生性维系的，这些依附感之所以具有压倒性的
力量，是因为所有人都有一种归属和自尊的心理需求（Isaacs
1974：29－30）。根据艾萨克斯（Isaacs 1974：16）的看法，这种人类
条件的表现可见于

> 大规模的部落重组（re-tribalization）是与现代科技
> 和通讯所带来的全球化效应完全背道而驰的。……广大
> 民众在面对这样的解体和不尽人意的较大聚合方式或权
> 力系统及社会结构时，都纷纷抽身和逃离。

其他有学者也持这样的说法，声称族属认同是人性之本。一
般认为，因为族属认同是根植于与生俱来的原生依附感，因而与其
他社会认同相比，是一种更自然和更根本的认同形式（如 Connor
1978；Isaacs 1978；Keyes 1976）。与生俱来的文化特性是定义族
群的要素，并能将族属与其他形式的群体身份区分开来（Keyes
1976）。求助于基本的心理需求是原生论方法的另一维度，尤其与
现代工业化民族国家所见的民族复兴相关（如 Connor 1978；
Isaacs 1974；Stack 1986）。族属及其关系、部落性，被认为是根深
蒂固的破坏倾向，会导致群体间互相敌视，纷争不断，它虽然会被
自由民主化的社会结构遏制，但总是破坏平静和谐的现状的一种
威胁。在很多情况下，我们都相信那些文明战胜野蛮的神话，它充
斥在社会冲突和斗争的通俗文化和媒体表现之中。

原生论命题的进一步改善一直集中在冲突的心理学和生物学
解释上，这种冲突是从群体内的亲善和群体外的敌意来看待的。
比如，借用社会心理学研究，凯拉斯（Kellas 1991：12－13）声称，人
类有一种癖好，即在群体内有一种共同情感的友善，而对群体之外
则有一种敌意，而这种心理过程成为族群现象的基础。采取社会-

66
67

生物学方法的学者指出,族群和族群间的竞争具有一种生物学的基础(如 Kellas 1991;Reynolds *et al*. 1987;van den Berghe 1978)。比如,范登堡(van den Berghe 1978:403)在一种包罗万象的社会-生物学框架中声称,种族和族属代表了一种由亲缘选择的延伸或递减形式(也见 Reynolds *et al*. 1987)。于是,族属具有一种生物性基础,并非因为:

> 我们拥有一种族属中心论和识别亲缘的基因;而是
> 因为……这些以裙带关系和族属中心论为制度的社会,
> 要比没有这种制度的社会更具优势(假如存在这种社会
> 的话),因为亲缘选择一直是动物社会性的基本模式。
>
> 范登堡(van den Berghe 1978:405)

在社会生物学的框架里,亲缘关系的情感乃是族属原生成分的基础,而文化标准只不过是近乎说说而已:"就像在较小的亲缘单位中,亲缘关系是真实的,常常足以成为强大的情感如民族主义、部落性、种族主义和民族中心论的基础"(van den Berghe 1978:404)。

族属的社会-生物学理论也有其自己的问题。它们主要是基于亲缘选择(kin selection)的概念,此概念已经在许多层面上饱受批评。在进化论的层面上说,它根据这样的说法认为,即人类物种的大部分历史是生活在小型的内向群体中,某种程度上相对独立,在资源压力背景中有一种相互对立的倾向——结果造成了相当不同的基因库。可是,尽管看来早期的现代智人以小群体为生,但是其他说法则饱受质疑,削弱了社会-生物学陈述的进化意义(Reynolds 1980:312)。在另一层次上,族群的亲缘选择与原生性基础之间的联系也受到挑战①。如果族群常常立足于"想象而非真实

---

① 对族群是基于选择偏好彼此在遗传上相关之个人的观点的批评,请参见萨林斯(Sahlins 1977)。

的"(van den Berghe 1978：404)亲缘关系,那么社会-生物学说法的逻辑就站不住脚了,除非"基于社会生物学对群体间原生理论能够解释为什么亲缘关系和集体归属的非遗传传递方式一定要采用原来的基因传递方式"(Reynolds 1980：311)。亲缘选择的动力机制是关注密切相关的遗传材料代代相传,如果这不是民族沙文主义[①]结果的话,因为族群的维系通常都是根据推定而非真实的亲缘关系,于是这就很难见到制度化的民族中心论社会会被生物进化所"选择"出来(就如 van den Berghe 1978：405 所言)。突破这一困境的唯一办法,就是设想民族中心论的遗传基础是几千年生物进化的结果;这种观点被范登堡(van den Berghe 1978：405)本人明确拒绝。

　　回到总的原生观,它的主要优势在于,它集中关注与族群和民族依附感相伴的强烈情感,以及相关文化象征性的功效,这正是许多近来工具论方法所无法很好解决的方面。原生论还为为什么一些族群在对他们很不利的社会条件下仍能长期坚持存在提供了解释(McKay 1982：397)。但是,原生论的一些基本说法也存在不少严重的问题:

　　(1)原生论理论使得族群身份认同变得浪漫化和神秘化。有人声称,族群身份认同是基于原生依附感不可言语的强制性,例如名字、领地、语言和文化,但对这种依附感的心理学功效却疏于探究。到头来,原生性纽带或族属情感沦为一种原始的返祖特性,其力量只不过来自人性本能的倾向(如 Isaacs 1974；Connor 1978；Kellas 1991)。比如,凯拉斯(Kellas 1991：18 - 19)就声称,"人类本性和人类心理就为民族中心论和民族主义行为提供了'必要的条件',而这种行为是普世性的",他还说,"人类的生物性和心理特点自几千年前的'狩猎采集社会'以来并没有什么大的进化"

──────────

　　① 民族沙文主义(ethno chauvinism)指盲目热爱自己的族属,把自己族属看得高于一切,是一种极端民族主义。——译注。

（Kellas 1991：14）。虽然凯拉斯将族属的心理学和生物学基础优化到较高的层次，超过了许多原生论的倡导者，但是他对这些方面的考虑仍然比较模糊和一般。对其他人而言，原生论本身就是一种神秘的心理倾向，几乎被定义为"朦胧而难以捉摸"（如 Connor 1978：379）。于是，原生论方法要么过于一般，要么过于模糊而难有很大的阐释能力："原生论这种难以触及的特点，至多构成了一种马后炮（*ex post facto*）的说法。在探索社会存在的条件时，原生论方法的解释要么无所不包，要么言之无物"（Stack 1986：2）。

尽管有这些问题，但是斯泰克（Stack 1986）和其他人声称，原生论方法抓住了族属的一个基本方面——族属依附感的心理和情感力量。但是，为何心理学维度就一定是朦胧和返祖的，显然没有道理，这使得族属在这方面的分析缺乏任何严密和解释的力量。比如，德沃斯（de Vos 1982［1975］：17）就指出，族群身份认同通常包括一个非常重要的维度，这就是个人的自我概念：

> 族属……从最狭义的感觉来看，是一种与过去相连的情感，这种情感是被某人作为自我界定的一个基本方面来维持的。族属也与个人与集体的联系需要相关。如果他的群体或世系受到灭绝的威胁时，在某种程度上他也会感受到难以独善其身的威胁。[①]

德沃斯（de Vos 1982［1975］）进而观察了强加于某些群体以贱民和流民身份、群体地位改变、个人去世和社会流动、制裁形式之下以及这些过程所产生的疏远和摆脱之心理维度。对于维持一种自我意识的要求没有什么特别神秘之处，某人的自我意识与其文化

---

①　这点是由赫克特（Hechter 1986）提出来的，参照了犹太人的同化和分离主义行为，还有许多十分明显的个人和群体认同易变性的例子（如见 Barth 1969a；Haaland 1969）。

和社会状况并不完全冲突,这就避免了被其他族群或国家同化时造成的心理压力。多民族社会中的族属改造是一个复杂的过程,会受到心理需要和社会-经济利益的左右(见 de Vos 1982 [1975];de Vos and Romanucci Ross 1982a [1975] and 1982b [1975])。

(2) 原生论方法认为,族群认同是个人自我认同中决定性和永恒不变的维度,因为根植于族属的原生依附感是非自愿和强制性的(Scott 1990: 151)。体现这些情感的文化特征,诸如语言、血统和出生地,通常也被认为是固定和身不由己的。但是,这种方法无法解释族群界线游移的性质;个人层次上族属认同因势而变的特点;还有这样一个事实,即族属本身的重要性会在不同社会背景中,以及在不同个人之间而异。

许多人试图将族属的游移性和工具性方面纳入原生论的框架之中(如 Keyes 1981; Stack 1986)。比如,凯耶斯(Keyes 1981: 5)指出,族群认同意指一种人群之间的原生关系——主要是对世系的文化解释。同时,凯耶斯还认为,代表某特定群体认同的文化象征,会在社会变迁的背景中发生转变(Keyes 1981: 14 - 15),而个人也会在不同社会状况下利用他们族属的不同表现(Keyes 1981: 10)。不过,族属的心理维度和它的文化象征性表现之间的关系仍然亟待研究。

(3) 从原生论的视角来看,族属成了基于“人性”来解释的抽象自然现象,而不怎么需要、甚至根本无需对形成某个族群的社会和历史背景进行分析。在最简单的形式上,原生论解释认为,族群都是在社会和政治真空中横空出世的。最经典例子就是将族群和民族冲突自然化:

> 公民被期望随时准备为他的“祖国”慷慨赴死,甚至这被视为自然之举。如果不是他的“祖国”,一个人几乎不可能为他的工作、他的社会阶级,甚至他的国家献出

生命。

凯拉斯(Kellas 1991：9)

但是,并不与族属直接相关的阶级、宗教和政治纷争,也会导致暴力冲突。将族群和民族冲突说成是对与生俱来的原生性亲缘关系浪漫而本能的反应,或简单说成是对文化差异的天生的反应,这就模糊了对经济和政治利益的分析,这往往是这类冲突的真正要害(Lloyd 1974：223)。我们需要询问,为什么族群关系在某些情况下是亲善的,而在另一些情况下则会导致冲突,如果不平等消失,冲突是否也会随之消失(McKay 1982：399)？用原生论途径处理冲突的方法反映出,在构建族属的过程中漠视了社会-结构因素的作用。族属成了一种具有超自然本质的现象,无论社会和历史条件差异多大和变化无常,它总能历久而弥新。

根据强调族属与政治及经济关系的研究,不少学者都试图将这些方面纳入原生论的框架中(如 Bell 1975；Kellas 1991；Keyes 1981)。族群认同中原生性维度成了构建特定族属形式的底线,也成了族群争取政治经济利益运动的准则:

> 认同与行为部分是由遗传所决定,部分是由社会背景和个人选择所塑造。在政治中,它们是被政客及其拥趸们用来牟利的资源。人性为民族中心论的行为提供了必要条件,但是却是政治将其转变为我们今天所了解的民族主义的"充分条件"。

凯拉斯(Kellas 1991：19)

不过,族属的心理和文化维度与其工具性方面之间的关系鲜有探索,以便为原生论模型加上一层表面的工具性维度。

70/71 (4)除了漠视特定族属的历史社会基础,原生论方法也没有考虑这些关键概念的历史地位和文化构建的性质——最突出的就是"族群"和"民族"（nation）。民族或族群单位被视为人类社会结构自然和普世的单位，有集体情感依附的倾向（如 Kellas 1991）[①]，尽管历史学研究显然与这样的设想有矛盾[②]。

而且，在更广的意义上，原生论方法本身就是一种老旧的学术潮流，与将族群或民族单位浪漫化和自然化相伴。从这种学术传统中产生的民族和族群单位的表现，与许多民族主义论述中固有的民族概念无异。比如康纳尔就在其申辩中将民族主义意识形态拔高到民族性最核心的内容，强调亲属和血缘关系是民族性的根本维度：

> 俾斯麦越过那些政治高官的脑袋，向日耳曼民众发出的著名告诫——"用你的血液思考"，就是试图用同族的本能意识唤起一种巨大的心理共鸣。
>
> 康纳尔（Connor 1978：380）

他声称，这样的言论意味着民族的真正本质，因为民众总是毫无例外地认为根源和血缘世系是他们民族认同之本，甚至罔顾与人类学和生物学相悖的证据（Connor 1978：380-381）。据此，美国人：

> 从该词的原意而言就不能算是一个民族……不合时宜地将他们称为一个民族的习惯，从语义上将美国人等同于德国人、中国人及英国人等，将许多学者引入了类比的误区。实际上，尽管美国人以"移民国家"和"传统的熔炉"为荣，但是缺乏共同的起源可能只会让美国人更难，

---

① 凯拉斯（Kellas 1991）确实对民族思想的历史发展给予了极大的关注。但是，他接受必然导致族群单位的具体化和自然化的社会-生物学理论，他认为这就是现代民族形成的基础。

② 有无数的研究集中在族群和民族概念的历史形成上。它们特别表明，民族与民族主义是相对晚近的现象，在欧洲出现在 18 世纪晚期。深入的讨论请见第五章和盖尔纳（Gellner 1983）、汉德勒（Handler 1988）、霍布斯伯恩（Hobsbawn 1990）、夏普和麦卡莱斯特（Sharp and McAllister 1993）、斯宾塞（Spencer 1990）。

甚至无法像日本人、孟加拉人和基库尤人(the Kikuyu)[①]
那样,用同样的维度和同样强烈的清晰度来本能地理解
民族这个概念。美国人很难领会德国人之为德国人,或
法国人之为法国人的含义,因为成为美国人的心理效应
与此并不相同。

康纳尔(Connor 1978:381)

康纳尔的说法暴露了原生论的许多缺陷:无视特定民族主义
的复杂性;过分强调"原始"(pristine)民族主义(或族属)的见解,扩
大了与这种人类生活看似"自然"单位的偏差幅度(如 Williams
1989);通过将正当性天真地归于大体来自"西方"民族主义论调所
特别构建的一种概念,漠视了基于世系或血缘关系的同质性民族
概念的历史具体性。显然,社会-科学概念和较宽泛的有关身份讨
论之间的复杂关系,需要一种比原生论方法更具批判性的分析(见
第五章)。

简言之,族属及其相关现象的原生论方法试图解释族属的心
理学维度,以及特定象征的功效,这并未被许多族属的工具论理论
所讨论。但是,目前有关原生依附感的心理学和/或生物学基础仍
模糊不清,而解释的层次也不足以讨论为何族属在各种社会和历
史背景中是动态和游移的。此外,原生论方法常常会采用源自民
族主义意识形态的一些观念,却并不适当地考虑用历史眼光去审
视这些观念。

工具论的族属

没过多久,我们就从血液与石头的隐喻转向泥土和

---

① 基库尤族是肯尼亚最大的族群,人口约 600 万。——译注。

油灰了。

　　霍罗威兹(Horowitz 1977：7；引自 McKay 1982：399)

　　过去二三十年间见证了族属概念化的一种大规模转向：将其看作是根植于社会行为结构和社会制度特点的一种动态和因势而变的群体认同方式。关注这些维度的研究被统称为"工具论"方法(Bentley 1987：25)——其特点就是关注族属在协调社会关系和协商获取资源中的作用，这里主要是指经济和政治资源①。但是，尽管它们的基本立场相近，注重族属这些方面的研究也反映了旨趣各异的理论视角，比如从新马克思主义(如 Hechter 1976)，经文化生态学(如 Barth 1969a，1969b)，到社会互动论(social interactionalism)②(Eidheim 1969)。它们也符合社会科学在这些方法之间的一般性划分，或以强调个体行为首要(如 Patterson 1975)，或侧重社会结构或文化规范(如 Cohen 1974)；或只不过就是在对社会行为和人类特定能动性的阐释中，是强调自由还是强调压制之间的不同(Eriksen 1993a：57)。如前所述，前一途径倾向于与主观论方法相伴，而后者则更像是客观论的方法。

　　在人类学中，巴斯(Barth 1969a)和埃伯纳·科恩(Abner Cohen 1974)的工作一般被认为在工具论方法的发展中发挥了关键作用。巴斯理论框架的出发点是认为族群并非地理和社会隔绝的结果，更为重要的是，巴斯认为它们不只是彼此分离的文化载

72
73

---

　　① 这种观念也叫情景论观念（circumstantialist perspective）（Glazer and Moynihan 1975：19；Scott 1990：147)，其中族属被视为很大程度上取决于其背景和"理性的"视角(Burgess 1978：266)，其中许多阐释或多或少立足于这样的想法，即人类理性利己主义的活动为"经济人类"的概念所固有。

　　② 社会互动主义，也作 social interactionism 或者 symbolic interactionism，是当代社会学的学派之一，主要思想来自美国学者乔治·赫伯特·米德(George Herbert Mead)。这个学派主张，社会现实是人与人思想和语言交流互动中构建的，人们会依照他们对这些行为的阐释来行动。由于每个人的阐释都不尽相同，因而也就不存在客观存在的社会现实，学者唯有通过参与式观察才能理解特定研究对象的阐释方法和行为对他的意义。——译注。

体。而且,他声称族群边界常常是开放性社会系统真正的基础(Barth 1969a:10)。于是,不同族群间成员的互动并不总会因文化适应的过程而失去文化差异。尽管有族群之间的接触和互相依赖,文化差异并不会消失(Barth 1969a:10)。

巴斯的许多说法常被用来解释边界的持久不衰;因为如果族群不是文化差异的被动产物,那么作为社会结构恰当的族群范畴的形成与延续就一定有其他的解释。聚焦于族群的互动和相互依赖,巴斯(Barth 1969a)声称,边界的长盛不衰可以从对特定社会和生态位(niche)的适应来解释。而且,他还指出,占据不同社会与生态位中群体的相互依赖关系有几种形式:在某自然环境中,几个族群可能占据特定的生态位或领地,除了边界地带之外,几乎很少存在对资源的竞争;他们可能同处一片生态位,存在资源的竞争;抑或他们处于不同却互惠的生态位,有比较紧密的互相依赖(Barth 1969a:19-20)。比如,苏丹达富尔地区(Darfur)的富尔人(the Fur)和巴格拉人(the Baggara)[①]占据着不同的生态位;富尔人从事定居的锄耕农业,主要以粟类种植为生,而巴格拉人是流动的养牛牧民。就生计而言,富尔人和巴格拉人的资源是互补的,他们之间几乎没有竞争,除非旱季牛群闯入了富尔人的灌溉园圃(Haaland 1969:58-59)。其他情况下,在不同群体争夺资源的地方,群体之间关系就会产生等级高下之分,比如来自意大利和土耳其的"外来劳工"(guestworkers),比利时的瓦隆人(the Walloons)和佛莱芒人(Flemings)[②](见 Roosens 1989),挪威的萨米人(the

---

① 富尔人是苏丹西部的族群,居住在达富尔地区,其社会组织是部落制长老制,人口约 70 万;巴格拉人是一支分布在非洲的阿拉伯裔族群,Baggara 在阿拉伯语中即牧牛人的意思,巴格拉人的语言是本土化的阿拉伯语,人口超过一百万。——译注。

② 瓦隆人是居住在比利时的法语民族,人口 500 余万,主要居住在比利时的瓦隆尼亚(Wallonia);佛莱芒人是说荷兰语的日耳曼民族,主要聚居在比利时北部的佛兰德斯(Flanders),人口 700 余万。此二者是比利时本地的两大主要族群。——译注。

Sami)和挪威人(见 Eidheim 1969),以及马拉维(Malawi)的丹都利人(the Ndendeuli)和高尼人(the Ngoni)[①](见 Cohen 1978)。

就像认为族群范畴是某特定社会生态位中的参与功能,巴斯(Barth 1969a:24)还声称,个别族群认同的变化,会导致个人跨越族群边界的流动,这与这些相关个人的经济和政治状况有关系。比如,苏丹有些从事锄耕农业的富尔人就已采纳了游牧放牛的阿拉伯裔巴格拉人的生活方式和族群认同(见 Barth 1969a:25 - 26;Haaland 1969);巴斯和哈兰德将这种认同的转变看作是由于富尔人经济的资本投资功能极其有限,与巴格拉人牧牛业的机会反差强烈。

和许多其他学者(如 Eidheim 1969;Haaland 1969;Salamone and Swansom 1979)一样,巴斯采纳了可视为先前社会学理论之延伸的一种方法,比如现象学和社会互动论,以及社会学中对"地位"和"角色"的经典强调(Calhoun 1994:13)。这样一种方法有助于我们将族属作为个体化的策略来看待。比如,巴斯(见 Barth 1969a:22 - 23)声称,个人从一个范畴的认同跨到另一个认同,是为了加大其个人的经济和政治利益,或者为了减少其损失。同样,埃德海姆(Eidheim 1969)对拉普人(Lapp)[②]的认同研究也显示,人们会在某些情形下压低而在另一些情况下强调自己的身份,这取决于特定身份在不同情况里的社会优势和劣势。与此相反,虽然科恩(Cohen 1969,1974)也把族群视为利益群体,但声称应该将文化规范对个人行为的约束力考虑在内:

73/74

———————

① 高尼人是生活在坦桑尼亚、马拉维、莫桑比克一带的民族,他们自称是祖鲁人(Zulu)的后裔,人口约 76 万;丹都利人是与高尼人生活在同一区域的民族,社会组织较为简单,有学者推测为一人领导下的小酋邦,1840 年代被高尼人入侵后,丹都利人因战斗能力有限而很快被征服,成为高尼酋邦中的一部分。——译注。

② 拉普人就是萨米人,萨米人在英语中被称为拉普人,因其居住地的英文名Lapland 得名。——译注。

> 一个族群并非其个体成员的累加,而其文化也并非
> 个体成员所用策略的总和。规范、信仰和价值观之所以
> 有效,并具有强大的约束力,是因为它们是一个群体的集
> 体表现,并受到群体压力的支持。
>
> 科恩(Cohen 1974:xiii)

因此,科恩特地强调族群是保护经济和政治利益的一种集体化组织策略。他认为,在社会生活中会出现各种群体,其成员都享有共同利益。为了追求这种利益,这类群体不得不建立"基本的组织功能:独特性(distinctiveness)(有的学者称之为边界)、沟通、权威结构、决策程序、意识形态和社会化"(Cohen 1974:xvi - xvii)。这种组织功能有可能建立在正规形式的基础上;但是科恩(Cohen 1974:xvii)也指出,在很多情况下无法形成正式的组织,在这种情况下,群体将这种组织依附在现有的文化实践和信仰上,比如亲缘关系、祭祀、庆典和文化价值观。根据科恩(Cohen 1974:xxi)的看法,利用文化使社会行为系统化,以追求经济和政治利益,成为族属的基础。

科恩(Cohen 1974)和巴斯(Barth 1969a)的著作中有不少共同点:他们都关注族属的组织特点,并且都认为族属是由共同信仰和实践所组成,这就为群体提供了一个需要维持的群体边界和组织维度,以便为社会-经济资源而斗争。于是,科恩和巴斯都可以被称为是工具论者。然而,他们也反映了族属工具论方法中两种持久的立场:一种采用偏客观论的方法研究族属的社会-结构和文化的维度;另一种采用偏主观论的方法研究族属在人际和行为方面的表现。

在 1970 和 1980 年代,工具论的视角主导着族属的研究,往往遵循巴斯(Barth 1969a)和科恩(Cohen 1974)的工作。比如,在对美国都市社会中群体团结策略运用的分析中,汉诺斯(Hannerz

1974)借鉴了科恩(Cohen 1974)将族群看作是利益群体的做法。随着族属工具论研究的逐渐兴盛,它也开始分化,开始关注族属各种不同的方面,比如族属间的竞争(如 Despres 1975;Otite 1975),族属的政治动员力(如 Bell 1975;Roosens 1989;Ross 1980;Vincent 1974),或者多族群社会中族群关系的分层(如 Shibutani and Kwan 1965)。例如,格雷泽和莫尼汉(Glazer and Moynihan 1975)就研究了当代西方社会(尤其是美国)里族属的政治维度,并宣称,族属自 1960 年代起就已经获得了战略功效,成为向政府提出诉求的基础(Glazer and Moynihan 1975:10;也见 Roosens 1989)。

1970 和 1980 年代的研究也十分强调个人和群体认同的游移性和时势性(如 Cohen 1978;Handelman 1977;Horowitz 1975)。族属的这些维度是巴斯(Barth 1969a)这样的学者所未涉及的,他们将族属范畴视为一种无所不包且相对固定的概念,尽管个人常常会在族群边界之间游移。作为一种整合的固定实体,这类群体或因强调族属是共同规范的体现(如 Cohen 1974),或因强调族属的社会-结构基础而被进一步具体化。就如文森特(Vincent 1974:376)所言:

> 我们倾向于寻找一种高度共同形式的族属体现。有可能,随着我们逐渐远离整体性、有机和系统的模式——当从世系转向联合,从群体转向非群体,从文化的"饼干模具"(cookie-cutter)概念转向社会关系瞬时性和易变性更好的了解——族属这个概念才有拨云见日的一天。

为了避免群体如此的具体化,文森特和其他学者(如 Cohen 1978;Handelman 1977;Wallman 1977)认为,探究个人在不同互动背景中的族属观念和调节十分重要。为此,他们显示,某人对族属认同的看法和表现会随互动的背景和规模而依情况而异，造成一系列交织的两元化现象（如 Cohen 1978：378）。譬如，格里佛（Gulliver 1969：22 - 23）指出，肯尼亚的基库尤人（the Kikuyu）一直被视为一个部落，但在前殖民时期，他们就由重叠和多少有点自治的大量社群组成，不同程度上以居住地、方言、组织和习俗等相区分。为了某种目的，他们会融合成一个较大的所谓"亚部落"（sub-tribes）群体，然后，这种群体在殖民统治下得到巩固。为了捍卫各种新旧利益，反抗殖民统治，这些亚部落也聚合到一起，形成了我们现在所知的基库尤人，这一联合在茅茅起义（Mau Mau revolt）[①]中十分关键，但基库尤人又和其他群体组成了所谓的东北班图集团（the northeastern Bantu Block）[②]。这种聚合过程的各组成部分总是在社会生活的某些领域中比较活跃，而在其他领域中受到压制。

而且，族属身份认同在有社会污点的情况下会受到压抑，而在其他情况下，它对于互动也许不起什么作用（Cohen 1978：395 - 397）。所以，除了碎片化和游移性特点之外，族属本身也是一种可变物，其主要特点会随不同背景而变化，取决于它在构建社会互动中是否是一个重要的因素。认识到族属这种游移和碎片化的性

---

① 茅茅起义是 1952 年到 1960 年间发生在英属肯尼亚的一场民族反抗运动，一方是被通称为茅茅的基库尤人族群，一方是英国驻军和反茅茅的本地族群和亲英武装。第二次世界大战结束后，曾在英国军队中服役的肯尼亚人纷纷复员回国。这些受过反法西斯战争洗礼的士兵，具有一定的民族民主思想，利用传统宣誓的办法，开始组织茅茅。最初只有 2 000 多人。它提出的夺回土地、废除种族歧视、争取生存和独立的口号，很快就得到各地农民的响应，力量迅速壮大，宣誓参加的群众超过 100 万人，武装部队曾达到 1.5 万人，以基库尤人为主体。1950 年 8 月，茅茅开始转入武装斗争。1957 年，它的领导人基马蒂被杀害，运动逐步走向低潮。殖民当局 1960 年 1 月结束"紧急状态"，1963 年 5 月举行选举。肯尼亚非洲民族联盟获胜并组阁，同年 12 月 12 日宣布独立。茅茅起义因而被历史学家视为肯尼亚独立的重要诱因。——译注。

② 班图人是非洲最大的民族集团，主要分布在赤道非洲和南部非洲的 22 个国家。考古资料证明，班图文化的发祥地在东非大湖及刚果河下游地区。原始班图人为农耕部落，在迁移扩散中，发展了农牧混合经济。——译注。

质,也能揭示出文化和传统在构建族属的过程中被利用的方式,并常常在这样的过程中被改造。在近来文献中,对族属动员和合法化过程中对历史和传统的创造和再创造是一个关注的焦点(比如Hobsbawm and Ranger 1983 中的论文;Tonkin *et al.* 1989)。

普遍被称为族属工具论方法的迅速发展,为了解族群的形成和族群政治化背后的过程和结构作出了贡献。通过摆脱将文化与族属相对应的实在论视角,或摆脱带有生物/心理决定论浓厚色彩的原生论视角,工具论方法成功地描述并解释了族属动态和因势而变的方面,这点在许多案例中非常清楚。但是,就工具论方法而言也存在许多问题:

(1) 许多工具论方法陷入了简约化解释模式,于是族属被从特定情况下所见的族属行为规律来定义:

> 于是研究者的概念模版就变成了被研究者脑子里(有意或无意)的因果率。在族群研究中,这就意味着,如果族群以一种具有策略优势的方法行事,那么这种策略优势就肯定是这些群体存在的理由。
>
> 本特利(Bentley 1987:48)

于是,族属的实质经常被简化为利益群体结构中的文化动员和政治化(如 Cohen 1974;Ross 1980;Vincent 1974)。但是,正如埃普斯坦(Epstein 1978:310 引自 McKay 1982:399)所指出,"将族群形容为与利益相关是一回事,用这样的术语来定义族群则是另一回事。"

尽管分析族属的经济和政治维度卓有成效,但是将分析简化成单是这几个变量的话,这些论断会有过分决定论之嫌。比如,有些工具论方法的最终启示(如 Cohen 1974)在于,族属之所以存在是为了满足利益群体目的之故。而有许多例子明显与这种论断不合,在这些例子中族属无法从追求眼前经济政治利益来解释。比如,至少在 1970 年代之前,澳大利亚原住民对原住民身份的认同在澳大利亚社会的严重歧视中从未中断。土著认同的构建随着欧洲人对澳大利亚的殖民显示,族属的表现是根植于群体间权力关系各种过程的产物,这些群体在文化差异的交流中繁衍和被改造(见 Beckett 1988b 中的论文;Keen 1988)。

(2)将族属简化为经济和政治关系,常常导致漠视族属的文化维度(Deshen 1874:281-284)。这样的漠视是因为这样一种想法的结果,即族群范畴不过是一个"空瓶",往里面装什么文化内容都行:

> 我们无法从几条基本原理就能预判哪些文化特征会被强调,并在组织上是适当的。换言之,族群范畴提供了一种组织的容器,可以在不同的社会文化系统中放入数量和形式各异的内容……标示群体边界的文化特征会变,其成员的文化特征也会被改造,实际上,甚至群体的组织形式也会变——然而,成员内外者持续两分的事实,令我们能够确定族群延续的性质,并研究那些变迁的文化形式和内容。
>
> 巴斯(Barth 1969a:14)

以这种观点来看,文化在族群认同的形成和转变中居于次要作用:如果某人的生活方式被改造成与其现在族群范畴不容的程度,那么他或她将会根据不同的文化特征和价值取向来采纳一种更合时宜的族群认同(如 Earth 1969a:25);或者,当利益群体联合起来的时候,他们会利用现有的,甚至创造新的文化实践和信仰来支持群体组织,例如对特定社会-经济领域的垄断,或者采纳合适的社会互动和行为等(如 Cohen 1974;并见 Williams 1989:409 的批评)。

　　巴斯对文化和族属的区分,他和其他学者将重点放在族属的社会组织方面,这一重点一直是后续理论的核心立场。在这个框架之内,大多数工具论研究都将群体认同的存在及其象征这些认同的文化区分符号视为理所当然,继而介绍族属在社会-结构和工具性方面的维度。比如,在对尼日利亚库玛西(Kumasi)移民和都市出生的莫西族(Mossi)[①]族群身份认同的一项分析中,施德克罗特(Schildkrout 1974:187,216-217)宣称,文化与作为个人认同和群体认同基础的族属延续没有关系,而族属范畴是由组织因素来维持的。结果,族群认同与文化象征被看成是被经济和政治关系潮流冲散的分离特征。

　　少数工具论学者确实赋予了文化在族群组织中一种重要但位列其次的作用;但很少有人充分探究过文化与族属工具性维度之间的关系。比如,巴斯承认,尽管文化和族群单位之间并非一一对应的关系,但是“族群只有作为重要的社会单位才能绵延不绝,如果它们是指称行为上的显著差异,也就是绵延不断的文化差异”(Barth 1969a:15-16)。而且,他还将族群身份认同定义为一种归属性认同,“推定是由出身和背景所决定”(Barth 1969a:13)。那么,当巴格拉人的认同据信是由出身和共有文化知识所决定时,又如何看待富尔人为了经济利益接纳巴格拉人的生活方式和认同呢?巴斯确实承认这种“族群身份的异常特点”(Barth 1969a:28-29),以及族群范畴变化所引起的族属模糊性;但是他在自己的理论方法中没有正视这个问题,以及存在问题的文化地位。

　　(3) 在许多工具论研究的简约分析模式中,也存在漠视族属心理学维度的情况。研究表明,族群身份认同的文化归属可能包含非常重要的个人自我意识,如果人们的社会关系和文化实践变

---

　　① 莫西族人生活在西非,人数大约 800 万,伊斯兰教是主要宗教。——译注。

得远离他们的认同意识,就会造成心理上的冲突(见 Bentley 1987;
Keyes 1981;de Vos 1982 [1975])。结果,心理学因素就可能在族
属的工具性操纵中产生重要的影响,就需要在研究中加以考虑,以
便将人类的能动性归入理性的私利。

(4)许多工具论方法认为,人类行为基本上是理性的,刻意
追求私利的最大化会将根植于文化因素的利益观看得过分简
单,并漠视群体内和群体间的权力动机。某族群(或民族)的成
员归属并不会令相关个人拥有完全一致的看法(Asad 1980:
645),我们也不能认为,族群成员对他们的"利益"会有一致的看
法。对合适和可能的利益和期望的看法,是受文化所左右的,并
会受制于这样的倾向,即个人由他们从"客观"结构体验所获得
的东西,决定他们的社会文化实践(Bourdieu 1977;也见第五章)。
结果,不同族群的成员,和在某种程度上同一族群的成员,看待
他们利益和认同都不会一样,并会以不同方式行事(Sharp and
McAllister 1993:20)。

(5)最后,由于倾向于将族属定义为一种政治化的、被动员起
来的群体认同,并漠视族属的文化和心理维度之故,这就很难将族
群和其他集体利益群体区分开来(Hachter 1986:19)。结果,就某
些工具论观点,族群身份认同被看作是阶级的变体(如 Patterson
1975)。正如麦凯(McKay 1982:340)所指出,我们应当探索不同
社会认同之间的复杂关系,比如阶级、族群和性别的认同,而不是
将这些认同纳入一种粗糙的经济或文化决定论框架之中。

总的来说,工具论方法对族群的比较研究助益良多——它们
与社会-经济和政治关系之间的联系、边界的维持,以及族群间的
关系;这些都是被原生论方法所忽略的方面。但是,工具论者明显
有简约论的倾向:无法解释族群的世代传承。而且,就像原生论

观点的倡导者一样,工具论方法并没有提出解释文化和族属之间关系的一种适当理论。

一种整合的理论途径?

原生论和工具论这两种途径常常被它们的倡导者置于族群行为产生及持续完全对立、互不相容的阐释地位。作为族群行为之因果解释,这两种途径是矛盾的:

> 我们被告知,一方面,族群因素持续凸显是因为它们是根深蒂固的、非理性的、返祖的忠诚,并无法改变。而另一方面,又因为它们是一种次要的忠诚,很容易以一种理性的方式被操纵来追求政治和经济目的。
>
> 麦凯(McKay 1982:396)

$\dfrac{79}{80}$

但是,工具论和原生论视角着眼于族属潜在的互补方面,许多人指出了这种争辩徒劳无益[1]。就如麦凯(McKay 1982:401-402)所言,

> 纯想象的或纯物质的族群的对立或矛盾,只占各种情况的一小部分。可以肯定的是,所有多元社会都是以工具和情感纽带相结合为特点的……看来,将"理论"分为原生论的或动员论两个阵营毫无意义,因为很明显,这两种维度都与之相关。

为了超越原生论和工具论观点之间的对立,很多人已经设法

---

　① 工具论和原生论争议两极分化的深入讨论及其产生的问题,请见本特里(Bentley 1987)、伯吉斯(Burgess 1978)、德沃斯和罗曼努希-罗斯(de Vose and Romanucci-Ross 1982a[1975])、道格拉斯(Douglass 1988)、凯斯(Keyes 1981)、麦凯(McKay 1982)、米德维尔(Meadwell 1989)、斯科特(Scott 1990)、史密斯(Smith 1984)和范登堡(van den Berghe 1978)。

将两种观点纳入单一的理论框架之内（Doornbos 1972；Mckay 1982；Smith 1982；Stack 1986）。比如，麦凯（Mckay 1982：403；重点为琼斯所加）就将两种观点重新提炼成一个基础模型，这样一来，不必"询问原生论还是动员论解释能力更强，而现在有可能询问，在何种范围内两种方法能够以不同程度地合作。"他的模型导致构建了一种族群行为的类型学，其中包含了不同程度的原生性和工具性元素。比如，他分辨出一种"族群传统主义者"（ethnic traditionalists），如犹太人，他认为犹太人对原生性的关注远胜于对物质的关注；还有"假族群"（pseudo-ethnics），如阿巴拉契亚美国人及美国其他的"白人族群"，他们对原生性和物质都不在乎；又有"族群好战分子"（ethnic militants），如巴斯克民兵组织，他们对族属原生性和工具性的关注都很强烈（McKay 1982：403-407）。

但是，麦凯（McKay 1982：408）自己提到，他的模型纯粹是描述性和经验性的，并不想解释群体的出现、延续或消亡，或为什么原生性和工具性的特点各有千秋。其他学者如史密斯（Smith 1981，1984）提出，族群行为强度沿一条连续线而变化，以期能建立一种解释而非仅是描述的模型。史密斯（Smith 1981）的理论是基于族属构成的社会-历史背景的一种分析，他声称，与现代工业民族国家相伴的经济条件加大了族群的流动，导致更加强烈的族群情感和动员力。但是，史密斯（Smith 1981：87）又说，经济因素的重要性仅在于它们激活有史可稽的文化社群的能力，这在整个成文史的人类社会生活中，一直是重要的因素：

> 经济掠夺、经济剥削、经济增长都是喂养民族主义的粮食；但是它们本身却不会产生族群感情或民族主义运动。工业化发展的不平衡大体与民族主义的发展相合，这无疑加剧了族群间的紧张关系，催生了民族主义新的不满情绪；但是由此凸显的裂痕和敌对以及由此而生的

抱负和理想,却来自其他渴望和地方。

史密斯(Smith 1981:44)

说到底,史密斯对族属的解释仍然囿于原生论的框架(Smith 1981:66-67),族属的工具性维度则被定为出现在特定社会历史情况中的次要现象——其一就是工业化进程。于是,在可以从原生性联系来了解的悠久民族传统,与那些已被晚近利益和策略所改造并根基尚浅的民族传统之间能建立一条年代学的连线(Douglass 1988:199)。尽管这种方法能将原生性和工具性方面作为变量来分析,但是这将它们沿一条时间尺度置于各不相同但又互相影响的方面。该尺度从历史迷茫深处一种自然而原生的实体,发展到在现代社会里为追求经济和政治资源对族属做工具性和看似随心所欲的操纵。

需要打破工具论和原生论对立的另外一种反应可以在理论途径中找到,这些途径设法从社会变迁的背景中来说明族属心理和社会结构方面的互动(如 de Vos 1982[1975];de Vos and Romanucci-Ross 1982b[1975];Keyes 1976,1981)。比如,凯耶斯(Keyes 1976,1981)强调,需要从辩证关系看待族群认同的文化和社会方面,尤其是在变化情况下出现问题的时候。他分析变迁的基础有一条前提,即"当人们从文化意义来区分他们和其他人的原生身份时,当社会交往出现了个人和群体为追求他们的利益而形成某种态势时",紧张关系就出现了(Keyes 1981:14)。在相对稳定的社会条件下,解决这种压力的机制,如奖惩手段,能够予以对付。但是,社会背景的巨变会导致社会互动形式和态势的改变,导致构建新的文化意义,并对族群身份认同做出重新评价。

凯耶斯的理论途径在很多方面与德沃斯提出的"心理-文化"途径很相似。德沃斯(de Vos 1982[1975])指出,为了了解为何有些人群会在很长时间里坚持使用那些社会划分的象征形式,尽管他们早已没有政治自主,而且对自己也没有好处,这就有必要首先考虑根植于社会认同的感情,乃至非理性的心理特点。不过他也指出,族群现象中工具性和原生性都是存在的,而正是这一点造成了个人内在的紧张。德沃斯主张用冲突方法来分析变迁,这与凯耶斯的建议非常接近,不过他坚称,变迁的关键在于族属文化维度和工具维度之间的紧张(也见 de Vos and Romanucci-Ross 1982b [1975])。

很显然,大多数为族属分析提出一种整合理论途径的企图都坚持将某种原生性作为族属的基础,而后将其与附属的社会动力,比如经济和政治竞争相结合。如上所述,这种研究的成果,往往导致构建一个某个族群的历时模式,以及他们与特定经济和政治背景的关系。可是,族属的原生性和社会-政治方面仍然是彼此分离的过程,虽然它们相互影响,其原因阐释则特指族属变迁的源头与方向。

这种将原生论和工具论视角结合到包容兼蓄的框架里,忽视了它们之间的一个根本区别,妨碍了制定族属的一种总体理论。原生论和工具论视角倾向于立足于一种对人类能动性相互冲突的认识,表现在理性还是非理性之间,还有社会实践的经济领域与象征领域之间徒劳的对立。上面提到的许多整合的理论途径心照不宣地采用了人类行为不同模式的这一两分作为他们分析的基础,进而试图分辨族属的不同形式,而这些形式就是来自这些相互冲突的行为模式。因此,族群在"人属经济种"(*Homo economicus*)模式中被认为是理性追求经济和政治利益的产物,同时又是强制力和返祖原生性亲和力的产物。这种区别围绕着一种理性经济利益的有限民族中心论定义,如布迪厄(Bourdieu 1977:177)所言,

> 我们发现纯粹的象征性利益并无立锥之地,它偶尔被承认(当它明显介入到狭隘的"利益"冲突之中,就如某些民族主义和地方主义冲突),只是被简化成情感与心绪

这种非理性东西。

除了缺乏能够超越原生论-工具论两分的人类行为的一种连贯的理论，两种视角在它们的解释逻辑上还共有一个关键的鸿沟：它们都没有讨论这个问题，即人们在宣称自己具有一致认同时是如何看待相同利益和相同情感的。正如本特利（Bentley 1987：27）所指出："族群认同的诉求包含了一种对异同感的象征性解释，而我们必须解释这种异同感。"为了讨论这个问题，我们必须重新思考文化和族属之间的关系，既无需求助于这样的想法，即认为由文化决定的亲近感具有一种固有的原生性，也无需求助于目的论和功能论的说法，即认为文化的边界和与之相伴的族属认同都是主观的，是为工具论目的服务的。

第五章　多维度的族属

背景分析的一种框架

可行的族属定义

正如我们在第四章所见，不管是在宏观意义上，还是对特定的族群案例，族属定义一直被难题所困扰。不过，自 1960 年代晚期以降，"西方"社会科学传统中的主流观点认为，族群是"自我定义系统"，于是，特定族群一直根据自我认定和他人界定来定义。这样的定义很大程度上是在一种理论框架内确立的，这就是集中在社会互动背景以及他们组织特征的背景中所建立的族群边界。族属一直被认为是面对其他群体的一种身份认同意识；一种"我们/他们"的对立。

据此，族属的定义也采用了与之相似的过程论和关联性方法。族群是文化归属（culturally ascribed）的认同群体，他们立足于真实或推想的相同文化和同一世系的表现（一般是根据文化、语言、宗教、历史和/或体质的具体特征）。作为一种过程，族属包括一种差异的意识，这种意识在不同程度上决定了人群之间几种基本差异的复制与改造（reproduction and transformation），这些人群自视在文化的某些方面是与众不同的（Eriksen 1992：3）。体现族群范畴的文化差异在不同程度上是系统的和持续的，因为这两者告诉我们不同族群人群之间的互动模式，并由这样的互动所确认；这就是说，各个族群的范畴是在社会生活的持续过程中被复制和改造的。

这一过程论定义和分析族群的方法与传统的"客观"定义以及与其相伴的认为文化是固定和铁板一块的实体的看法相比有不少优点。它使我们能够分析族属的构建过程以及族属在协调社会互动和社会关系中所起的作用,于是为族属的比较研究奠定了基础,尽管这一方法回避了将族群视为既独立又整合社会实体的具体化中所产生的一些问题。正如埃里克森(Eriksen 1992:28)所指出,关注社会过程而非群体特征,使得"研究族属的学者得以摒弃令人不满的'采集蝴蝶标本'的经验主义策略,并以形式取代实质,以动态取代静态,以关系取代特征,以过程取代结构"。

尽管有这样的分析优点,但是族属定义和分析的过程论方法也有不少批评,值得进一步的思考:

(1) 将族属作为一个核心概念广泛用于社会文化现象的比较分析一直受到质疑(如 Blu 1980:219;Chapman *et al.* 1989:16-17;Fardon 1987:175)。比如,有人声称,族属的过程论定义,无论哪种理论取向,"基本上都是空洞的"(Just 1989:75),可以用于任何"具有强烈认同感但象征性有别的群体"(Blu 1980:224),比如性别、阶级和血缘群。该批评的本质是合理的说法,即在最基本的层面上,构建族属的过程其实和构建性别、阶级和血缘关系的过程是相同的,它们都是基于真实或推想的不同文化构建范畴。

但是,族属也能用其他社会组合形式来予以区分,根据这类群体认同范畴的构成,以及他们所反映的人际关系和组织形式的种类。比如,性别范畴是文化的建构,它记录着性别差异,并告诉我们有关男女两性之间的文化实践和社会关系的诸多方面(尽管有时未必截然两分)(见 Moore 1988)。阶级是根据人们获取经济、社会和文化资源不平等而划分的范畴,导致将社会分成多层的地位(Seymour-Smith 1986)。于是,与族群不同,阶级和性别划分未必包含自视文化不同人群之间归类差异的复制,而是与一个大型文化群内的划分有关(比较 Eriksen 1992：6-7,50)。但是,在这些不同形式认同之间的分界并不截然分明,而族群差异常常以一种非常复杂的方式与性别和阶级的划分相交织。比如,在多元社会的背景中,族群组合可能与等级权力关系交织在一起,并以与阶级相同的方式不同地获取资源为特点(见Cohen 1969;Gluckman 1971;Roosens 1989)。结果,在任何特定分析中,有必要考虑到不同身份认同的交织——族群、阶级、性别等等——以及它们在不同社会中制度化的过程(Eriksen 1992：173-179)。

85/86

(2) 许多批评也声称,族属的形式/过程论定义是非历史的,故未考虑较广泛的社会和历史背景(如 Fardon 1987：175;Khan 1992：173-174;Muga 1984：10-14)。在族属的定义中排除了一些本质特性如语言文化特征之后,存在一种在各种社会历史背景里漠视他们之间差异的倾向;有人认为,族属成了一种存在于差异极大条件下的单一社会文化现象——古今皆然。于是,法尔顿(Fardon 1987：171)指出:

> 我们曾有很多词汇来描述各类差异(种族的、语言的、民族的[古老意义上]等等)。虽然这些范畴常常都定义不清,有时候还带贬义,但是它们确实保留了重要的、在我看来很有道理的见地,即这些差异是不同的。因为族属吞匿了这些差异,并将它们反刍为"族群"差异单一类型的不同变量,于是无视和根本不知差异的规模。

布鲁(Blu 1980：219)也持相同看法：

> 当族属变得泛指一切，从部落性到宗教派别，从伦敦
> 城市民到掸族和克钦身份认同的转移，从地域主义到种
> 族，无论作为分析工具还是描述工具，很难发现它具有任
> 何普遍性的功效。

不同族群之间可能存在重要的差别，而它们为上面提及的过程论定义所不容。比如，在澳大利亚原住民这类土著群体、英国孟加拉人这类少数族裔、巴斯克人这类族群-民族主义群体之间，存在着显著的差异。而且，在古今社会的族群之间也有极大的不同，而非国家社会和国家社会中的族群也有很不相同。这些群体之间的潜在异同都需要探究。不过，恢复大量的实质性标准来限制采用族属的过程论定义，大体上导致了目的论的推理。某特定族群行为和特点的规律被视为族属普遍所有，并常被视为因果(功能)的原理(Bentley 1987：48)。因此，如果族群行为的规律看来与特定社会结构的地位有关，诸如多民族社会中的一分子(如 Yinger 1983：ix)，或与社会结构的巨变有关，比如世界资本主义的兴起(Muga 1984：17-19)，那么族属就需从这些关系来定义和进行解释。族属的这种目的论定义，并不能帮助我们解释和分析族群形成和转变的一般性进程，因为它们受制于族群在特定社会和历史背景中采取的方式。而且，试图将实质性内容，比如特定的文化特点，或具体的社会-结构关系结合到族属的定义之中，会有将族群具体化的风险，并会模糊族属多维度、竞争和因势而变的性质。

有可能根据分析目的按不同的界线划分社会-文化现象，这就难免使得所采用的特定定义必须根据分类之目的来加以评估。这里的目的就是要建立一个理论框架，以促进对族群在各种社会历史

背景中形成和改造的分析。为了要进行这样的分析,有必要采用极
一般性的一种正规的过程论族属定义,而不是为各种群体身份认同
和不同的文化构建习惯(culturally constructed idioms)制定一种详细
的分类。族属的一种足够宽泛的正式定义可以被用做分析工具,以
探索族属在不同文化背景中的各种表现,而过细的实质性或历史性
分类会让族群的类型过于具体,这样做反倒会妨碍对族属在特定社
会历史背景中不同表现的正确认识(如 Eriksen 1992:3,17;1993a:
12-13)。不过,在任何特定族群的分析中采用这一宽泛的过程论定
义时,有必要观察族属沟通(communication)中所涉及的文化差异的
种类,以及族属在特定社会-文化背景中制度化的方式。

关于族属的一种实践理论

"客观"和"主观"两相对立的定义突显了族属分析中需要讨
论的一个根本问题——即参与者(agent)对族属的看法及互动模
式与他们所在文化背景和社会关系之间的关系。我们缺乏一种
理论来分析族属与文化的关系,包括由文化决定的族属形成与
复制的关系。

在原生论和工具论的族属阐释中,都明显缺乏这样一种能克
服主客观两难境地的理论。虽然原生论强调文化象征的重要性,
但是很少考虑文化与族属之间的关系。原生论者只是强调,族群
身份归属中特定文化方面持久不衰的意义在于族群认同心理的重
要性。与原生论不同,工具论正确地给予文化与族属之间区别以
较大的关注。但是,在摒弃了文化和族属关系一一对应的想法之
后,工具论者倾向于集中在族属的结构方面,而将作为其基础的文
化差异视为理所当然。文化被简约为一批附属和随意的符号,被
操纵来追求不断变化的群体利益:

> 文化最常见（默认）的简约（reduction），一直显示族
> 群符号（signifiers）是如何会随背景的变化而变的，从而
> 表明，这些象征本身实际上是随心所欲的，而族属的根本
> 方面正是传递和维持文化差异的做法。
>
> 埃里克森（Eriksen 1991：129；也见
> Bentley 1987：26，48）

缺少一种成熟的文化理论来讨论客观条件与主观见解之间的关
系，成为介于族属原生论和工具论之间的主要鸿沟，这两种途径都
无法妥善讨论"人们最初是如何认识他们之间共性的"（Bentley
1987：27）。

布迪厄的实践理论通过提出习性（*habitus*）这一概念而跨越了
客观论和主观论的两分①，及与之相伴诸如决定论与自由、限制与
创新、社会与个人之间的对立：

> 某特定环境类型的基本结构（如某阶级状况存在特
> 点的物质条件）——造就了习性，这是持久而可传递的积
> 淀（dispositions）系统，形成的结构在其发挥作用之前已
> 被设定，也就是说，作为实践和表征之产生和构建的原
> 则，它能够客观地"被操纵"或"按某种方式行事"，无需以
> 任何方式成为顺从各种规则的结果。
>
> 布迪厄（Bourdieu 1977：72）

因此，对布迪厄而言，习性是由某些观念和实践的持久积淀
所构成（比如劳动的性别分工、伦理、品味等），它从小就成为一
个人自我意识的一部分，并能在不同背景中变换（Bourdieu 1977：

---

① 习性（*habitus*）的概念是由布迪厄清晰构建的，意在明确打破诸如结构主义的
"客观论者"的学术传统以及诸如现象学的"主观论者"的学术传统（Bourdieu and
Wacquant 1992：120 – 121；也见 Bourdieu 1990）。

78-93)。于是,习性包含了一种社会化的过程,其中新的经验会按照过去经验产生的结构来构建,而早期经验仍占有特别的比重。以这种方式体现的力量,导致了某种积淀(认知和行为方式的结构)会潜意识地影响实践。比如,布迪厄(Bourdieu 1977：77)声称：

> 对某种行为在特定环境里胜算可能的实际评估,会让人发挥全套的智慧、话语、习惯动作和伦理戒律("这不是像我们这种人干的"),而在更深的层面,气质(*ethos*)的潜意识原则是由某客观规则主导类型习得过程的产物,并决定了受制于这些规则的每个参与者"合理"与"不合理"的行为举止。

习性的积淀是由构成某特定社会环境的诸多条件所造成,比如生产方式或对某些资源的获取(Bourdieu 1977：77-78)[1]。但是,布迪厄的理论有别于文化的规范论和结构论,后者认为与某些条件相关而产生的实践被认为与存在于个人和群体历史以外的某种规则系统的机械规定有关。而布迪厄却认为,结构的取向仅以习性所体现的知识和积淀之形式而存在,而其实质则取决于人类参与者的实践和表现,而这反过来又促成了构成习性的客观条件的复制与改造(Bourdieu 1977：76-78)。结果,习性的积淀"同时是'构建结构'(structuring structures)和'被构建的结构'(structured structures)";它们塑造社会实践,并被社会实践所塑造(Postone *et al*. 1993：4)。就这个方面,布迪厄的实践理论有点像1970年代晚期和1980年代提出的其他实践理论,如吉登斯

---

① 布迪厄采用"客观社会条件"的见解,是指任何行事者和行事者群体所邂逅的存在条件,比如经济与文化资源的分布,它们代表一种特定的社会范围。但是在这方面,他被批评为没有将其说法加以实施,"客观"条件仅仅是被视为客观而已,而且是通过社会行事者的实践来加以确认(如 Jenkins 1982：272;但是请见 Bourdieu 1990)。

（Giddens 1984）的"结构化"理论（structuration theory）和萨林斯（Sahlins 1981）的"宇宙剧"（cosmological dramas）[①]的探讨，他们都试图为实践领域的社会和文化结构的存在以及它们的复制与改造定位（见 Ortner 1984 的综述）。

有人指出，布迪厄为社会结构复制过程以及社会结构和人类参与者之间的关系所制定的概念是保守和决定论的（如 DiMaggio 1979：1470；Jenkins 1982：272-273，278）。确实，布迪厄著作的某些叙述认为，社会具有趋于静滞，并复制已有支配模式的倾向。例如他声称，人们的"主观"认知具有一种趋于与社会存在的结构条件保持一致的倾向，但又不能认清社会秩序真实的性质，也即支配的结构，于是复制他们自己从属关系的结构（Bourdieu 1977：164）。但是，布迪厄对文化复制的解释确实考虑到习性制约下策略能动性的可能性，以及在社会实践变化背景中，习性所构建的积淀也会不

[①]　安东尼·吉登斯（Anthony Giddens）是英国著名的当代社会学家，他的结构化理论是在 1970 年代中晚期与功能主义学者的论战中逐渐形成的。吉登斯认为，社会生活不是个体行为在数量上的集合，同时，他也不承认社会生活是被所谓更高级的社会力量所决定的。吉登斯指出，人类的能动性和社会结构之间是互相影响的动态关系，个体通过不断重复一个行动来实现对一种既成的结构的再造和强化，但这也就同时意味着，传统、制度、道德观，以及通行的行事方法，这些社会结构是会被人的能动性所改变的，人们可以通过无视、替代、再造等手段来改变这些结构；马歇尔·萨林斯（Marshall Sahlins）是美国芝加哥大学的人类学家，萨林斯的著作关注文化是如何塑造人们的认知和行为的，他通过对新自由主义"经济理性"的批判，提出理性不可以是欧洲中心主义的，也就是说，每个文化都有其内在的理性。所谓的"宇宙剧"是 90 年代初萨林斯与另一位人类学家奥比耶斯科尔（Gananath Obeyesekere）论战时提出的概念。1987 年，萨林斯在一次讲座中断言：英国探险家库克到达夏威夷时，当地土著人相信他就是他们的神。1992 年，奥比耶斯科尔出书，对萨林斯的看法提出反驳，认为土著人对库克的崇拜不过是欧洲人编造出来的神话而已。1995 年，萨林斯出书做出回应，认为："奥比耶斯科尔以夏威夷人正像斯里兰卡人一样的'土著'立场，把夏威夷人变成市侩气的现实主义者；以他者身份为'土著'代言，可能剥夺他们自己的声音；把我们的'实践理性'强加给他们，留给他们一种洋泾浜人类学。"宇宙观剧场的概念是用来描述夏威夷人的仪式的，萨林斯认为库克船长对夏威夷土著来说，是一种宇宙观的突变，因此需要剧情变化来容纳这种变化。库克船长的角色，首先是过去传统的延伸，其次才是当下的现实。萨林斯认为我们不能认为这种思考方法就是非西方的，非理性的，其具有内在的符合本土宇宙观的逻辑。——译注。

$\frac{89}{90}$ 断转变进而导致社会变迁的可能(Bourdieu 1977：78)[1]。而且，他还探讨了积极对抗主流支配模式的可能，这是因为社会经济剧变会揭示出那些一直被认为是理所当然及潜意识(信念[*doxic*])知识的不当(Bourdieu 1977：168，也见边码 94—95 页)。

从布迪厄的实践理论推演，本特利(Bentley 1987：27)将习性概念用来为族群主观性提供客观基础的手段，其中包括"对异同感知的象征性解释"。来自存在条件的习性潜意识积淀，为族属牵涉的共同情感和利益的观念提供了基础：

> 根据族属的实践理论，族群的亲近感是建立在共同生活经验的基础之上的，这便产生了相同习性的积淀……正是这种体验的共性以及它所产生的前意识(preconscious)习性的共性，赋予了一个族群成员互相之间的熟悉感(familiar)和家族感(familial)。
>
> 布迪厄(Bourdieu 1977：32-33)

族属的这种实践理论有助于分析族群意识和社会结构之间的关系和较一般意义上的族属与文化之间关系；以至于具有一种潜质来跨越"客观/主观"的二分。族属并不像传统规范论和原生论方法所认为的那样，是人们社会化过程中文化实践和结构条件异同的被动反映。族属也不像工具论方法所认为的那样，完全是在社会互动过程中所产生的，于是附属的文化象征会被故意操纵来追求经济和政治利益。倒是遵循布迪厄的实践理论，我们可以认为，族群身份认同在主观之间(intersubjective)的构建，是立足于共同的潜意识习性积淀，它塑造了客观的相同实践，同时也被后者所

---

　　[1]　强调变化中的社会实践背景，有时是全新的背景，在萨林斯(Sahlins 1981)的著作中要比布迪厄(Bourdieu 1977)更加明显。布迪厄倾向于更加重视以另类方式看待世界的一种意识的出现，以及这种意识能够引起批评和指导政治行动的可能性(见 Ortner 1984：155-156)。

塑造:"[一种]共同习性能在具有相似天赋人们之间产生认同感。这种感觉能被故意操纵,并通过现有象征资源(symbolic resources)被赋予形式。"(Bentley 1987:173)

而且,这些"象征资源"实质上并非随心所欲。文化实践和表现被物化成族属的象征,它们来自相关人群习性的(habitual)实践和体验,并与这些实践和体验产生共鸣,同时还反映了某特定状况的工具性偶然结果(contingency)和有意义的文化习俗(cultural idioms)。正如埃里克森(Eriksen 1992:45)指出,

> 族群象征内在与含有特定实质性含义的经验和实践世界相连,一方面用来塑造互动,另一方面限制族群徽号(ethnic signs)产生的选择数量。

于是,正如族群情感和利益都源自习性的共性,作为族属象征表现的某些文化实践和历史经验也是如此。

用布迪厄的习性概念开发一种族属理论,也提供了一种手段来将族属的所谓原生论和工具论维度整合到一种人类能动性的连贯理论之中。因为认识到族属从某种程度上源自共同的习性,因此可以这样说,常常与族群身份和族群象征相伴的强烈心理依附感是由这样一种关键作用产生的,即习性塑造了个人的社会自我意识(见 Bourdieu 1977:78-93)。然而,这并不是说族属身份认同与伴生的象征表现是固定不变和决定性的。根据习性的逻辑,本特利(Bentley 1987:35)声称,族属的不同维度会在不同的社会背景里发挥作用:

> 因为族群认同来自一种多维度习性因势而变的共享要素,所以某个体也就可能拥有几个因势而变、情感上却同样真实的不同身份认同,并根据共享的梯度来象征所有这些认同。

而且,族属还受经济和政治利益的影响,导致个人对族群认同

在观念和表现上的不同,而整个群体认同在表现上也会如此。就如工具论者所指出的,因为个人作为社会参与者会有策略地追逐利益,族群认同会在不同背景中被不断复制与改造。不过,族群范畴的操纵并不像工具论者所以为的那样发生在真空状态中,借此个体参与者可以将他的利益最大化。其实,该过程为习性的原则所构建,产生了行与不行的观念。如布迪厄(Bourdieu 1977:76)所强调,人类能动性是根据以下几方面的交织来定义的:

> 社会构建的认知系统和激发结构(由习性组成),限制参与者获利的社会构建条件,还有他们实践的客观作用和主观动机。

　　族属也根植于集体层面上的经济和政治关系,因为作为族群亲近感的基础——共享的习性积淀至少在某种程度上会在某种条件下倾向于产生情感和利益的共识,并为某族群提供政治动员的基础。但是,这种动员未必表现为一种集体的共识,在许多例子中,族群成员会有不同的体验和各有所求(见 Devalle 1992:237;Roosens 1989;Sharp and McAllister 1993:19-20)。在某种程度上,这些歧异的立场会建立在根植于习性积淀的支配关系之上,结果,那些"其个人身份的传奇与习性、实践和经验不断发展的组态(configuration)产生共鸣"(Bentley 1987:47)的领袖就会获得支持,即便他们的利益与整个群体的利益并不一致(也见 Bourdieu 1977:81)。但是,在另一些例子中,族属的政治化会包括在群体内使用武力,以求确立族群身份认同的权威表现(Sharp and McAllister 1993:20)。

族属的差异点

　　将族属建立在一个连贯的文化构建与复制的理论之上,实践理论(practice theory)为族属的多种不同维度提供了解释,但也因为它们对族群行为因果解释的抵牾而互不相容,就像原生论与工具论争论的例子。埃里克森提出了另一种相似的说法,它同时借鉴了布迪厄的习性概念(Eriksen 1992：167-168)和维特根斯坦(Wittgenstein)的语言游戏(language-game)概念①(Eriksen 1992：33-34,47),作为将思想和行为内在化取向系统加以概念化的一种途径,这些思想和行为构成了实践的特定模式,并成为构建族群范畴的基础。和本特利一样,埃里克森(Eriksen 1992：28)提出这种想法,认为族属是与文化相同的方式构成的;既是"具体持续互动的一方面,又是这种互动的一种意义背景(a meaning-context)"。

但是,这样一种对文化或习性与族属之间的关系理解,与将族属视为某具体人群规范性行为被动反映的传统模式并无太大不同。本特利(Bentley 1987：170)的理论有别于传统模式主要因为,习性概念能将文化表象与深层的结构积淀区分开来,于是他就能够考虑为何族群边界和文化特征的分布并不重合。不过,他有关习性和族属之间关系的理论导致这样一种族群思想的部分复炽,即族群是一种有边界、自发和求同去异的社会实体;这种思想是传统族群模式的核心。

因此,本特利的族属实践理论有两个重要的局限,源自他运用习性这一概念的方式和布迪厄这个概念本身。(1)本特利并未探究共有的潜意识习性积淀与文化差异交流的关系会导致族群范畴复制的问题。习性和族属之间的关系仍然模糊,并未考

92
93

---

①　语言游戏(Sprachspiel/language-game)是著名的奥裔英籍哲学家和语言学家路德维希·维特根斯坦(Ludwig Josef Johann Wittgenstein)提出的概念。维特根斯坦主张,语言与社会现实并不是单纯的对应关系,一个概念,即便它的定义模糊,它仍然具有自己的意义。维特根斯坦使用语言游戏这一概念来指代语言中的一个部分,这一类语言与行为互相交织,比如说,讲一种语言,它既是语言的一部分,"讲"这个动作同时又是一类行为,一种生活方式。由此维特根斯坦认为,语言和行为并不是截然分开的。——译注

虑标示族群认同的各种文化差异质的多样性。（2）本特利并未批判性检视布迪厄习性概念的比较价值；他看来同意习性是一批分开的相同积淀，具有高度的共性以跨越高度整合的社会不同方面。

在本特利对族属的整个讨论中，习性和族属之间的关系仍模糊不清（见 Bentley 1991 和 Yelvington 1991 的争论）。在其早期文章中，本特利承认，在现代世界，单凭共有的感情很难说明族群的制度性边界和内部复杂性：

> 如果某族群的成员在生产和分配系统中地位不同，便会拥有不同的经验并各怀私利，这就产生了一个问题，为何这些差异没有破坏族群的团结。
>
> 本特利（Bentley 1987：40-41）

但是，本特利不是用分解习性和构建族属来进一步探讨这些问题可能的含义，他（Bentley 1987：43-44）试图将族群内部不同的权力和利益关系所产生的复杂性纳入习性的运作之中。在回答叶文顿声称他的说法是建立在族属和文化之间无法成立的关联性上的批评时（Yelvington 1991：158-160），本特利（Bentley 1991：170-171，175）自己做了辩解，重申尽管习性的深层结构为身份认同提供了基础，但是这些结构也会产生各不相同的文化表现。

总的来说，本特利看来确实把族群认同看作是群体习性的反映，而这种认同是默认与其他有同样习性的人相似（likeness）而产生的。正如叶文顿（Yelvington 1991：168）所说，这种族属理论无视这个事实，即"族群亲近感和共同体验未必是协变的（covarient）：共同的习性未必确保有族群情感，不同的习性也未必排斥认同"。有许多例子表明，由共同族群认同表现而聚合到一起的人们在习性上并不完全相同，比如，本特利（Bentley 1987）本人对美国黑人族属的研究例子,很具有讽刺意味。

本特利没有探讨族属构建中与熟悉感专有(appropriation)相关的过程,成为他论断的一个致命缺陷,而这与他在族属构建中无视"他族"(ethnic others)的作用有关。本特利无视近期研究的许多洞见,最重要的是族属的组织方面和族属的对比维度——即族属是有别于他族的一种意识。认识到族属基本并非由潜在的共同意识,而基本是由一种区别的意识所构成,这就需要对习性与族属构建的关系做深入的思考。

可以这样说,与族属意识产生有关的经验和知识种类及族属范畴的构建,与习性重要组成部分的经验和知识种类完全没有关系。在布迪厄(Bourdieu 1977:164)看来,习性的运作是这样的,即主观的组织原则及与之相伴的知识模式,比如对性别和阶级的分类系统,会倾向于与存在的条件保持一致。这种一致性形成了一种所谓众意(doxa)的社会经验层次,它会误判社会秩序的真实分野并使之自然化,以至于复制其固有的秩序乃至支配模式(Bourdieu 1977:164-165)。这种分类的政治作用很难察觉,因为参与者未必察觉到思想和观念的对立或抵牾。

但是,知识的众意模式并非社会知识的唯一形式。当一种特定生活模式在现实中由于"文化接触"或政治和经济危机的结果受到质疑,那么众意的领域就会经历一种改造:

> 当批评开始讨论不容置喙的东西,并使无序变得规范,这种批评就其可能条件而言,就有了一种客观的危机,它会打破主观结构和客观结构之间完美的契合,摧毁现实中不言自明的认识。正是在社会世界作为一种自然现象而失去其特点之后,人们就会质疑社会事实的自然或传统特点。
>
> 布迪厄(Bourdieu 1977:168-169)

其结果就是正统（orthodox）和异端（heterodox）两种知识的确立，这包括明白和承认另类的信仰：正统会在意识层面设法否定另类的可能性，异端则欣赏在不同知识形式之间进行选择的现实，并通过直率的批评来进行评估。布迪厄在阶级意识产生的分析中提出了众意知识和其他形式知识（正统和异端）之间的区别，这也适用于族属。

不同文化传统参与者之间的社会互动，会产生一种观念的反身模式，有助于摆脱众意的知识形式。揭露这样一种受众意模式操控的文化实践的专断，允许并需要改变"对话的层面，以便使这类文化实践的表现，或文化传统本身的表现更加以理性化和系统化"（Bourdieu 1977：233）。正是在这样一种无序的层面上，通过与特定"他族"文化实践相关的文化差异的系统交流，产生、复制和改造了族群范畴。族属所蕴含的对共有情感和利益的认识，至少部分源自众意的体验与某些习性方面的知识；以及无法从无序形式中真正把握的共性。但是，一种族群意识的产生，以及它所牵涉的范畴和象征，涉及与众意知识的决裂，这是由于族属的表现需要客观体现文化的差异（Eriksen 1993b：3）。实际上，过去形成之众意的一批文化实践和信仰，在特定"他者"的对立中会具体化为一致而实际的东西①。

这一过程可以参照一个特别例子来说明，这就是欧洲殖民背景下茨瓦纳（Tswana）②族属的构建（见 Commaroff and Commaroff 1992：235–263）。茨瓦纳人在和福音派传教士之间的互动和交流过程中，两群人都认识到彼此的区别；"在与新来的他者相处中将

---

①   如果这一说法延伸到民族认同上，它就直接与福斯特（Foster 1991：240）的看法相矛盾，即民族文化与认同在本质上是信念（*doxic*）。但是，福斯特自己对许多民族认同与文化的竞争与协调性质的讨论表明，他对布迪厄"众意"概念的用法是不当的。

②   茨瓦纳人是班图语系人的一支，人口约 440 万，主要生活在南非、波茨瓦纳、纳米比亚和津巴布韦。——译注。

他们的世界对象化（objectification），进而为他们自己构建起自觉的一致性和独特性——尽管他们要调节适应他们周围的这种新关系"（Commaroff and Commaroff 1992：245）。文化的这种对象化并非臆造，而完全是工具性的构建。茨瓦纳族属立足于茨瓦纳人共同的实践及经验观与欧洲人生活方式的对照。然而，在此背景下采取的茨瓦纳人自我意识，有别于前殖民时代流行的文化认同，那时茨瓦纳人是根据图腾归属分成许多政治社群。在前殖民时代、殖民时代及后殖民时代，族群身份认同的构建都包含将区别显示出来——我们与他们的对立——但是殖民主义提供了一种新的背景，其中茨瓦纳传统被对象化为一种视茨瓦纳人为一体的知识与实践。

　　许多其他例子也说明类似的过程，比如，非洲南部聪加人（Tsonga）族属的形成（见 Harries 1989），还有巴西卡亚波人（Kayapo）①（见 Turner 1991）、澳大利亚的泛原住民族属（见 Jones and Hill-Burnett 1982；Tonkinson 1990）。每个案例都有其独特性，而总体上欧洲殖民主义相较其他时期也以其某些特殊历史条件为特点。但是，尽管族属认同构建的特定条件各不相同，族属的形式也彼此有别，但是可以这样说，在各种社会-历史背景中，构建族属意识所包含的对象化过程则是相似的，虽然某些案例并不那么明显。

95
96

　　族属构建中文化差异的对象化包含不同文化传统的对立。这种对立所采取的特定形式是相关人群之习性与构成了特定互动背景的各种条件彼此交织的产物。这些条件包括了不同"群体"之间物质和象征手段的支配和相对分布的流行模式，这些象征手段对

---

　　①　聪加人是非洲南部的民族，班图人的一支，人口约 1 300 万，主要分布在南非、莫桑比克、马拉维、赞比亚和津巴布韦；卡亚波人是生活在现巴西的原住民，说卡亚波语，人口约 9 000 人。——译注。

于推行族属范畴的支配模式必不可少。例如,在许多殖民主义背景下,族属或部落的范畴是由殖民政权强加的(见 Colson 1968; Fried 1968)。作为不同文化传统之间的辩证对立,几乎毫无例外以不同的社会和环境条件为特点,族群范畴隐含着权力的关系。但是,正如迪亚兹-波朗哥(Diaz-Polanco 1987)所言,族属并非仅复制其起初产生的社会条件,以便维持支配和从属的关系,并区分相同的弱势群体。特别是当这种和那样的族属分类成为政治斗争的目的和手段时,当被支配群体有足够的物质和象征手段来拒绝外来者规定他们的身份时,它也会成为政治动员的基础和共同对抗的资源(见 Devalle 1992:233,239)。20 世纪晚期,在自由民主社会中,族属范畴就是以这样的方式被政治化的,导致了族属的大动员——即所谓的"民族复兴"(见下边码 100—102 页)。这类动员常常被错误地认为族属直到晚近才与权力扯上关系的(见 Glazer and Moynihan 1975:8)。但是,族属范畴几乎总是根植于程度有异的不平等权力关系之中;区别在于,某些情况下他们所构成的社会秩序乃是众意或正统的组成部分,而在其他情况下,他们是争论和批评的焦点。

    与本特利不同,我认为,根植于由共享习性所代表的先前传统文化实际中的族属,其程度各不相同。而相近的程度取决于"群体"之间互动过程和权力关系所引起的文化改造。例如,在某些情况如殖民条件下,族群是在大规模城市移民以及与之相伴的社会和文化失序的背景下产生的(见 Comaroff and Commaroff 1992)。结果,这种过程会使少数族裔的成员由不同来源的人群构成,而"他们身份认同的实质,兼有内外的创造,难免是凑合而成(bricolage)的,并由决定他们从属地位的特定历史过程所塑造"(Comaroff and Commaroff 1992:57)。然而,即便族属就像反映了先前传统文化的真实那样,是"群体"之间不平等历史关系的产物，其所产生的文化差异形式和不平等关系随时间推移的复制，会使它们融合到习性里，成为所形成习性积淀的组成部分①。如卡马罗夫夫妇(Comaroff and Comaroff 1992：60)所言：

> 族群意识进入了一种与其支撑结构的辩证关系：一旦族属作为社会组织(明显)独立的原则介入体验，那它就为集体活动提供了一种极强的动员力量。而这接下来必然会出现一种由族群和族群关系支配的日常世界，于是就复制最初形成族群意识的那种社会条件。

所以说，族属的表现是一种持续过程的产物，包括文化差异的对象化，以及在共有习性的积淀中体现这些差异。这种过程会导致随时间而发生波动，以便使由对象化文化差异所表现的特定族群身份认同与相关人群的文化实践和历史体验保持一致。在某些情况下，族属和习性会高度接近，但是在另一些情况下则很难接近，表现为社会的紊乱和存在主次关系。

任何族属身份认同的具体表现也会依不同社会和历史背景而异。文化差异的交流取决于特定的文化实践和历史体验，这些实践和体验由特定的社会互动背景和较宽泛的文化差异的习惯所激发，导致在不同情况下族属的文化内容有根本的不同。而且，就如埃里克森(Eriksen 1991，1992)所言，族属聚合中文化差异的重要性会因不同背景——跨文化、文化内部、人际间——而迥异：

> 族属作为一种文化意义的来源和作为社会差异的原则，广见于所有社会内部或同一个人涉足的各种社会背景中。其各不相同的意义，或各不相同的语义比重，只有

97
98

---

① 虽然族群范畴成为习性的一部分，但是在任何特定时间族群意识复制与改造被物化的积淀和象征，是属于观点而非众意的范围。

通过背景的比较来领会,这就是考虑我们称之为族属的
人群在传递独特文化行为时对这些涵义的不同使用。

埃里克森(Eriksen 1992:33)

在其对特立尼达(Trinidad)和毛里求斯(Mauritius)族属的分
析中,埃里克森(Eriksen 1991,1992)指出,在彼此有别的社会中,
与族属交流相关的文化差异种类,在不同的社会领域中会有质的
不同①。比如,在特立尼达和毛里求斯,族属都是制度化政治的一
种重要标志;自"二战"以来,大部分政党都是以族群为界组织起来
的,并以族群作为获取支持的基础(Eriksen 1992:34)。但是,存
在一种对族属含义的共同理解,并对价值观与话语和互动的模式
有着广泛的共识:

换言之,**在这些背景中,文化差异本身并不重要**;它
们的重要性在于,政客和政党在追求拥护度和权力的角
逐中可利用这些差异来产生各种选项。不同族属成员的
政客在形式上是完全一致的:政治文化或话语游戏,都
全一样,它们被用来确认进行中的制度化政治生活;……
就族属在这些政治背景中的重要性而言,文化差异是通
过共享的文化符号来进行交流的。

埃里克森(Eriksen 1992:36,黑体为埃里克森所加)

与制度化的政治不同,其他社会领域里的族属间互动,如劳动
力市场,可能仅以相关人群特有涵义系统(或习性)之间的部分重
叠为特点(Eriksen 1992:37-40)。不止如此,在某些社会领域,如

---

① 为了区分认同意义中所包含的文化差异种类质量上的多样性,埃里克森
(Eriksen)采用了维特根斯坦的语言游戏概念,它与习性的概念有些类似,两者包含了
共有含义结构的产生与复制。他采用语言游戏的概念作为分析工具,借以区分不同背
景里与族属交流相关的各种文化差异,并得出了三种基本背景的分类,分别为:(1)单
一语言游戏(或共有语言系统);(2)重叠语言游戏;(3)不匹配的语言游戏。

家庭生活和性关系中,对族属的认识和契合会以不相干的,甚至以无法交流的习性积淀和涵义系统为特点,告诉我们人群在不同群组中的社会实践(Eriksen 1992：41)。比如,在特立尼达和毛里求斯,性别、性和族属相互交织。黑人男性的性观念鼓励乱交和公开炫耀性能力(Eriksen 1992：42)。与之相反,印度裔毛里求斯人身份认同在性关系领域的接纳则在其价值观上强调婚姻的神圣和女性的性纯洁。黑人男性炫耀强大的性能力在印度男性看来是对其在家庭中优势地位的威胁,因为印度妇女面对性优势而令他们自惭形秽(Eriksen 1992：42)。埃里克森(Eriksen 1992：42)指出,在这一例子中,族属在性关系领域的表现,是基于迥异而无可比性的涵义系统而复制的。

　　这些不同社会领域的族属交流并非彼此孤立和互不相关的。如埃里克森(Eriksen 1992：43)所言,"族群的独特性根植于生活方式之间不同的观念",而为了解释族属在某单一语言游戏为特点的背景中的动员能力,我们有必要理解在其他社会领域"不同社会性识别语言游戏的复制"(Eriksen 1992：42)。尽管如此,埃里克森的分析还是表明,与族群范畴复制与改造相关的交流种类,在不同社会领域中会有质和根本性的区别,表现为不同形式的个人能动性和制度能动性,和不同的支配与抵抗办法。例如,现代民族国家族属的制度化及其在国家政治中的表现,根本有别于当地或比邻成员之间互动过程中的族属表现。

　　总而言之,本章所述的理论方法说明,尽管本特利的族属实践理论为比较研究提供了一个十分有用的起点,但我们仍需提出更为广泛的一种习性概念。本特利的习性概念来自布迪厄(Bourdieu 1977)对卡拜尔人(Kabyle)①社会中文化产生和复制的

98
99

---

　　①　卡拜尔人是阿尔及利亚北部山区的住民,卡拜尔人受殖民和经济的影响,在法国有大量移民,在阿尔及利亚人口达550万,在法国有100万人。——译注。

研究,这个特定的习性概念化过程反映了高度整合和统一的积淀系统,布迪厄认为这种系统是小型社会的特点,在这种社会中,同样的参与者在各种社会领域中彼此相连。如卡尔霍恩(Calhoun 1993)所指出,为了要建立一种可供比较的可行习性概念,我们就需要考虑不同社会领域的错位,这是差异极大的复杂社会的典型特点。而高度分化的复杂社会就是以"诸多领域之间的不耦合(uncoupling)"为特点:

> 其首要表现,就是相同参与者在不同领域——如血缘、宗教和经济生产——之间的关联度减少。换言之借用麦克斯·格拉克曼(Max Gluckman 1962)的概念,就是关系"多重耦合性"(multiplexity)的减少。但是不耦合性本身也表现为各领域之间异质性增加,即彼此的同质性程度减少。

> 卡尔霍恩(Calhoun 1993:77)

而且,不同领域之间的不耦合性导致非正式众意知识的断裂和改造,导致要比小型社会有较高程度的传统正规化。比如,在特立尼达和毛里求斯,这种正规化形式就体现在国家政治背景中对族群差异表现的制度化。

族属是一个多维度的现象,是在不同社会领域以不同方式构成的。族属的表现包括因势而变的恰当社会实践与不同文化传统相伴的历史经验的辩证对立。结果,在族属表现与某族群整个文化实践和社会条件之间极少有一一对应的关系。以"鸟瞰"视之,造就的形态将是一种由文化差异造成的族群边界的重叠,虽然这种边界转瞬即逝,但是,它也会受到社会生活持续过程的复制与改造。正如埃里克森(Eriksen 1992:172)所指出的,

> 族群对立以片段化为特点,由共同缘由形成的群体

会因势盛衰,并不存在绝对的包容与排斥的明确原则。这种片段化机制并不总是一个同心圆般的匀称系统,或者像是"认同的百宝盒",或是内部一致的片段分类系统。

这样一种族属观有损于传统的方法论途径,后者为了分析方便而将族属各种特点的时空表现投射到一个平面上,并试图将这种差异和矛盾硬性地抽象化为彼此分离、内部同质、且以传统延续为特点的族属实体。本文提出的理论途径认为,这样一种方法论和概念框架无视族属复制和改造中动态和创造性过程的实质。

"一片乱象"?① 族属的历史模型

一个新词反映了一种新的现实,一种新的用法反映了现实的一种变化。族属一词与它的新用法,是"族群"一词从少数群体和社会边缘化的亚群体——被认为会被同化、消失、苟延残喘、异类和麻烦制造者——向社会主要角色的持续扩展。

格雷泽和莫尼翰(Glazer and Moynihan 1975:5)

格雷泽和莫尼翰(Glazer and Moynihan 1975)的观点代表了最近一种理论见解,即将族属看做是社会和历史风云际会的某种产物。和其他学者(如 Bell 1975:141-142;Banton 1977:145-146)一起,他们认为族群和亚民族群体近年来在国内国际政治上日益突出的表现体现了一种新型的族属,即族群的行为方式越来越像经济和政治的利益群体那样行事。对于许多人而言,这一政治运动是 20 世纪下半叶在国内和国际层面日益认识到文化和政

$\frac{100}{101}$

---

① "一片乱象"(the pure product go crazy)一词来自克里福德(Clifford 1988:1),他用它来形容文化与认同的碎片化和杂乱,他称之为现代生活的特点。

治的自决所引起的。

其他学者（如 Clifford 1988；1992：108；Comaroff and Comaroff 1992；Friedman 1992：837）采取了不同的参照框架，将族属的产生置于欧洲殖民主义的背景之中，它取代和割裂了原有的社群，并将新的不同范畴强加于人。而且，有人认为，随着后来西方霸权的衰落，自 1960 年代以降，现代世界秩序导致"庶民"（subaltern）或族属认同的进一步扩散和政治化（如 Clifford 1988；1992）。

另一些学者主张，族群问题的日益突出，是族属与种族范畴与资本主义世界系统固有的生产关系之间风云际会的特定产物（如 Muga 1984：17－19）。与此同时，向前进一步追溯，有学者认为，族群是社会结构特别改造的产物，这一过程从欧洲青铜时代末期就已经开始了（如 Renfrew 1995：57）。

对族属特定社会和历史背景讨论的高涨潜在是没有底的，在某种程度上，它纯粹是究竟采用非常具体还是高度一般化定义的问题。不过，族属的历史模型在此值得做深入的探讨，因为它对考古学家而言特别重要，如果我们要利用当代的族属概念和理论来研究过去社会的话。在何种程度上，当代世界对族群身份认同的构建过程与过去发生的情况相似？是否如许多理论所说的那样，在过去也曾经发生过由同质性向异质性的转变？是否也是一片乱象的产物？

所谓的"民族复兴"（Smith 1981）一直与大量不同的、但在许多情况下与宏观社会-历史发展交织的发展相关，这种发展以各种方式对当地背景施加影响。很明显，许多这样的发展造成了先前存在的文化认同和主导的解体，进而重构了身份与权力的关系。比如，欧洲殖民主义无疑为剧烈改造和文化冲突提供了背景（这在人文科学的理论讨论中尤其如此），新型的族群自我意识就此产生。而且，在殖民主义政权消亡和西方支配地位的现代文化解体之后，族群便从既有的民族主义和文化相对主义的意识形态来证明他们认同的合法性,以诉求其政治和经济权利。在这些意识形态的复合体中,最关键的要素一般被认为是文化自治的权利,即"民族自尊和作为一群人的传承体验"(Roosens 1989:150)的权利,还有政治与经济的自决,其中许多方面后来都列入了国际法(见 Michalska 1991;Nettheim 1992:21)。正是出于这样的诉求,像魁北克人(Quebecois)(见 Handler 1988)和加拿大第一民族大会(Assembly of First Nations)(见 Moody 1984:149-151)这样的族群才能以政治和文化的自决和自治为由提出分裂主义的要求。在其他例子中,族群也在民族国家里提出不同程度自治和文化、经济和政治权利的诉求(见 Bell 1975;Glazer and Moynihan 1975;Smith 1981)。

然而,尽管近来的这些发展很可能给族属表现带来了重大转变,但不应仍将族属囿于特定的社会与历史背景之中。比如,1960年代以来,作为政治活动基础的族属动员已经明显增强了族群意识,并导致族属在某些政治领域中意义和实践方法的大量转变。但是,这种转变并没有产生与过去群体身份认同迥异的形式,如格雷泽和莫尼翰(Glazer and Moynihan 1975:8)所言,一种以政治而非文化为基础的认同。这种在工具性族属与文化性族属之间的区别是基于文化和社会-政治之间关系的一种虚假两分。文化差异之间的交流,既塑造了社群之间物质与象征力量的分布,同时也被后者所塑造(见前文边码96—97页)。于是,族属在最近政治权利谈判中的动员,可能包含了族群所根植的物质和象征条件的改变,并出现了"新式的"文化自我意识。但是,过去的族属就像现在一样根植于社会-政治关系中;所改变的、并一直在变的是历史条件,还有族属所根植的习惯性(idiomatic)概念。

而且,如果我们将族属看作是一种基于社会互动过程中不同文化传统的辩证对立,那没有理由把它局限在殖民主义的背景之中。于是,阿兹特克国家形成内在的文化范畴(见 Brumfiel 1994),以及澳洲原住民在欧洲殖民时期之前用神话表现他们与玛卡桑人(the Maccassans)①之间的互动、交易和权力关系(见 Maddock 1988),都可以从族群边界的象征性表现来看待。毫无疑问,族属的不同背景千差万别,与权力、表现方式和与社会结构的形式相关,它们需要历史和相关背景的分析。但是我认为,跨越社会和历史背景的族群认同构建包括一些基本的过程,我们能够利用它来作为分析差异很大情况下族属表现异同的一种框架。

不过,采用这样一种框架,就有必要观察当下特定身份认同讨论及影响这种族属比较理论的途径。今天,在许多情况下构建族属政治动员的族群自决和文化自治的原则,根植于有关文化真实差异本质的复杂思考之中(如 Clifford 1988:337-339;Handler 1988)。如第三章所述,自从 19 世纪以来,边界性、同质性和连续性的预期在"西方"有关文化真实性的思想中根深蒂固,此后在全世界无数的例子中重复(如 Clifford 1988:232-233;Handler 1986:2-4;Spencer 1990:283;Williams 1989:423-426)。重要的是需承认,在制定这种文化分类的模式时,我们自己的社会"并没有**发现**一种普遍性差异的一般形式,只不过是他们**发明**了这种差异的形式"(Fardon 1987:176;黑体为琼斯所加)。但是,一旦有了客观化和赋予的自主,这种文化分类模式就提供了实际关系和策略的基础,结果便能构建文化差异的分辨和表现②。对马士皮人

---

① 玛卡桑人,又作 Macassan,是现印尼苏拉威西岛的渔民部落,其起源可以追溯到 18 世纪。玛卡桑人会进行周期性的渔猎,因而与澳洲土著存在很早的接触历史。

② 这一点是由许多人在分析当今世界的族属时提出来的,比如本索尔和奈特(Benthall and Knight 1993:2)、丹福斯(Danforth 1993:7)、帕登(Fardon 1987:177)、福斯特(Foster 1991:239)、汉德勒和利纳金(Handler and Linnekin 1984:288)、兰杰(Ranger 1983:252-259)、斯宾塞(Spencer 1990:288)、威廉姆斯(Williams 1989:423-426)。

(Mashpee)[1](Clifford 1988)、钱布拉人(Chambra)(Fardon 1987)、魁北克人(Handler 1988)、僧伽罗人(Sinhala)[2](Spencer 1990)和巴勒斯坦人(Bowman 1993)的民族主义研究,都揭示了族群和民族身份的构建包括了本地化文化实践的复制与现有文化自觉模式之间的持续对话,以及较为广泛的讨论,以求产生"真实"文化和认同的形象(Norton 1993)。而后者出现在各种"专家"的表现之中,比如记者、小说家、教师、族群和民族组织,还有国家机构的原理之中。

人类学家和社会科学家本身就深受从一种有边界的、内在一致的形式来构建文化真实性愿景的影响,就好像他们是被训练来"压制作为现代化次要方面的支离破碎和多元文化论的迹象"(Barth 1989：122)[3]。在对民族志、文献和艺术中对"纯粹"文化表现的分析中,克里福德(Clifford 1988：4, 14)声称,文化的变迁和碎片化与真实性的丧失和文化衰亡相伴,总体上作为西方的思想在人类学中一直是强有力的印象。在这种理论框架下,人类学家一直为"真实"文化的分崩离析而黯然神伤(如 Léve-Strauss 1975[1955]),而民族意识的复兴一直被认为是通过复兴原生身份认同来规避现代社会中的疏离感和错位感(如 Isaacs 1974；Novak 1974)。而且,尽管有人声称,当代的族属认同一直处于构建、重创和竞争之中,导致文化认同与虚构传统的多重结构,但是族属的这些方面常常被解释成现代世界系统背景中社会和文化体制日益互

---

　　① 马士皮人是北美印第安人的一支,是万帕诺亚格人(Wampanoag)的一个分支,主要分布在北国东北部的麻省、康州、长岛等地。——译注。

　　② 僧伽罗人是斯里兰卡第一大种族群体,占到总人口的百分之七十五,人口超过 1 500 万,僧伽罗人说僧伽罗语,信奉佛教为主。——译注。

　　③ 族属的人类学和土著概念相互交织的各种方式由克里福德(Clifford 1988：232‒233)、帕登(Fardon 1987：182)、福斯特(Foster 1991：236)、汉德勒(Handler 1986：2；1988：6‒9)、斯宾塞(Spencer 1990：288)和特纳(Turner 1991：300‒303)所讨论。

相衔接的特殊产物（如 Clifford 1988：11，13；Friedman 1992：855）。

这些模型或多或少为构建族属的历史轨迹作出了贡献，他们从彼此分开、准自然和原生性的文化实体发展成现代工业社会中复杂的多族群、多维度利益的群体。这样一种进化轨迹恢复了将族群视为时空分离的文化载体的"饼干模具"观，它们一直是有关族属的民族主义讨论和学术理论的中心议题，并将其投射到过去。对族群和民族概念的历史性回顾，揭示了这样一种思维，即在某些现代社会-历史背景中将一种有边界的文化载体单位施于族属的构成。不过，从区分人群的一种单位原则来看，一种有边界的、铁板一块的文化与族群单位，也是投向整个人类历史的一种现代分类学虚构（Handler 1988：291）。族群现在不是，过去也不曾是内涵划一和地域分界的文化载体。

族属的形成与改造是依特定历史结构而变的过程，这种过程对人类经验产生了影响，并决定了社会的行为（Comaroff and Comaroff 1992：54）。以这样一种方式，诸如殖民政权的强制、大众教育和通讯的发展，以及文化相对主义和文化自决意识形态的形成等过程，都构成了新的社会结构，而族属就在这些结构中被潜移默化地复制与改造。但是，若将单一的进化轨迹强加在族属的许多历史表现以及改造之上，就只会模糊对特定社会和历史现象的分析。而且，最近的研究表明，族属无论在古今社会中均非一种统一的现象，而且它在过去可能就像今天一样是各种社会领域中被复制和改造的文化差异转瞬即逝态势的产物（Fardon 1987：182；Ranger 1983：248；Sharp and McAllister 1993：20）。

第六章　族属与物质文化

关于考古学中族属阐释的理论基础

将考古学文化看作族属实体的问题

如我们在第一章所见,考古学分辨过去文化和人群大体上是基于这样一种设想,即有边界的和铁板一块的文化实体(考古学文化)可与过去的人群、族群、部落和/或种族相对应。这种设想已经遭到大量和尖锐的批评,这些批评起先来自文化-历史考古学的框架之内,随后来自各种过程和后过程考古学。总体来看,这些批评可以分为三个方面。第一是针对考古学文化与族群之间是否直接对应,第二是针对考古材料分布的性质与考古学文化作为分类单位的地位,第三是针对族属的性质,以及是否真的存在边界明确的同质性族群和文化实体。

(1) 将考古学文化等同于过去人群的问题是在文化-历史考古学框架内提出来的。不时有人提出单凭考古证据是否能分辨史前人群的疑问,比如塔尔格伦(Tallgren 1937)以及雅各布-福莱森和瓦尔(Jacob-Friesen and Wahle)于 1920 和 1940 年代就提出过(Veit 1989:41)。而且,学者们还表达了想在考古学文化与民族学意义上的文化之间加以区分的愿望,比如布雷德伍德(Braidwood)和麦克恩(MacKern)1930 和 1940 年代的例子,同时还有人想提出另一套考古学术语的要求(如 Daniel 1978 [1950]:319)。但是,这些批评总的来说集中在对考古材料明显不足所表

示的谨慎担忧上,而非质疑文化-历史考古学所立足的主要设想
(Tallgren 1937 是个例外)。也就是说,他们声称,是由于考古材料
的技术问题而非阐释原理本身无法提供能够企及过去文化或族群
理想规范的途径。面对这些问题的普遍性反应,就像反对种族主
义和民族主义对过去族群的重建那样,即倒退至将年代学和类型
学本身当做研究的终极目标。在这种经验主义和类型学的框架
里,争论主要集中在考古学类型的意义上,特别是这种类型是否代
表了考古学家赋予的人为(客位或他名的)范畴,抑或它们代表了
其制作者的概念(主位或自名的)范畴(如 Ford 1954a,1954b;
Spaulding 1953,1954)。

对文化-历史考古学认识论更深刻的批评,在于认识到,除了
过去族群的思想规范之外,考古材料的分布还可能反映了过去各
种不同的活动和过程。尽管这种说法在 1960 年代之前已有不少
考古学家提出(如 Childe 1956;Daniel 1978 [1950];Tallgren
1937;Taylor 1948),但是一直要到新考古学兴起之后,它才被广
泛认可是对文化-历史考古学的批评,并为考古学分析提供了新的
框架基础。比如,宾福德就提出,与规范性考古(normative
archaeology)①所坚持的文化一致性观点相反的看法,

> 文化未必是共享的;而是参与的。而且是以不同方
> 式参与其中的。文化系统的一个基本特点就是经常在不
> 同地点从事不同任务的个体和社会单位的整合;这些个
> 体和社会单位通过各种社会机制结合到一些较大的单位
> 里,而这些单位又有不同层次的合作参与特点。
>
> 宾福德(Binford 1965:205)

基于这一说法我们可以认为,由文化-历史学方法提供的单一

---

① 用来定义考古学文化的物质共性被看作是族群行为规范性的表现。——译注。

参照的解释框架是不够的,有必要从各不相同的社会系统中根据功能对考古组合的结构进行分析(如 Binford 1962:219;Clarke 1978 [1968];Renfrew 1972)。一般认为,考古材料的分布不能以一种简单的方式等同于族群,因为在这种框架里,考古组合的功能差异很可能会被错误地解释成族群之间的差异。比如,莫斯特组合(Mousterian assemblage)①的差异,究竟是源自不同时空活动的结构,还是过去不同族群之产物的问题,成为宾福德(Binfords 1966,也见 Binford 1973)与博尔德(Bordes and de Sonneville-Bordes 1970,也见 Bordes 1973)之间论战的焦点。

　　尽管新考古学家对这样的想法持批评态度,即物质文化分布上的所有差异都可以从过去族群的思想规范来了解,但是他们仍然认可某些考古遗存有边界分布的看法,仅就形制变化领域而言,还是与这类群体相关(Conkey 1991:10;Shennan 1989b:18;并见下文)。不过最近,这种物质文化各方面的变化包括形制等等与族群边界一一对应的设想已经受到了质疑。大量人类学和历史学的例子表明,物质文化差异与族群差异的表现之间的关系非常复杂(Hodder 1982a;Trigger 1978;Ucko 1989)。不止如此,许多考古学家(如 Olsen and Kobylinski 1991;Renfrew 1987;Shennan 1989b,1991)遵循最新的人类学和社会学的族属理论强调指出,族群很少会在"客观的"文化特征上反映出全部的异同。族群只是自我意识/自我定义的群体,它基于真实或假想的文化差异的观念②。

107
108

---

　　① 莫斯特文化是欧洲旧石器中期的考古学文化,博尔德根据类型组合百分比的不同定义了四类莫斯特传统,认为它们与四类尼人群体相对应。但是,宾福德根据类型的功能差异,认为这四类莫斯特传统并非代表族群差异,而是器物组合功能的不同。——译注。

　　② 虽然霍德(Hodder 1982a)和维斯纳(Wiessner 1983,1984)并没有将族属定义为自我认同系统,但是他们的民族考古学研究表明,他们也关注物质文化在表达自我意识群体界线中的作用。

（2）除了考古学文化和族群之间的关系问题之外，考古学文化是否真的存在也受到质疑。传统上，较高层次的考古材料归组，比如文化或阶段，是根据一系列特征或类型的存在与缺失这种铁板一块标准来定义的，而这些标准常来自"典型遗址"的组合，或被直觉认为是定义某特定考古学文化最合适的特征。正如克拉克所观察到的，

> 这些组群预判的性质非常明确，它们是实在、有形的限定实体，就像一种器物类型或文化组合，每个实体都必然拥有一系列适当的特征，它们能像独立而结实的砖块一样被摆弄。

> 克拉克（Clarke 1978［1968］：35）

但是，正如克拉克进而指出的，实际上并不存在理想上铁板一块的文化概念，因为"没有一种考古学文化的文化组合能够包含所有的文化器物"（Clarke 1978［1968］：36）。柴尔德早就发现了这个问题（Childe 1956：33，124），他强调，每个组合不太可能拥有某特定文化的所有类型。于是他声称，只有一批反复共生的类型才能定义一个文化，而有些类型会在该文化的某些组合中缺失，而这些类型有时也会出现在其他文化的组合里。但是，柴尔德（Childe 1956：124）对此的反应，是将这些类型从"典型"（diagnostic）器物的级别中降格来去除凌乱的信息，于是保存了理想的、单变量的文化实体。柴尔德工作的结果，就像在其他人的研究中所见，出现了两套运作系统："在阐释的理论层面上主张严格的一致性归组，而在操作层面上则根据直觉评估从较为宽泛的近似度和相似性来归组。"（Clarke 1978［1968］：37）

除了克拉克之外，其他考古学家也在总体上对这种直觉、武断和构想的考古学分类性质提出批评，特别是文化实体（如 Binford

1965；Hodder 1978b；Renfrew 1977；Shennan 1978）。有人指出，文化-历史考古学分类是基于文化特征的相似度,而这会产生这样的结果,"它无视一些差异……把某些现象归到一起,而这些现象在采用其他分类学方法时是彼此无关的"(Binford 1965：205)。以相同的思路,霍德(Hodder 1978b)和申南(Shennan 1978)也表示,考古学文化的传统分类方法过于粗糙,一种较为精致的考古材料分析方法揭示了更为复杂的结构。而且,有人指出,一些考古学文化处于一种渐变状态,而在许多情况下这类文化纯粹是考古学家想当然的东西(Hodder 1982a：6；McGuire 1992：169；Renfrew 1977：94)。

将文化视为一种内部有别的系统,刺激了考古学家开发新的方法来分析考古材料的分布。更为精致的概念设计被开发来解释考古材料分布的性质,比如克拉克定义文化的多元方法(polythetic approach)。但是,克拉克(Clarke 1978 [1968]：368 - 369)仍将考古学文化等同于过去族群的事实,混淆了一些相关的问题。就如申南所指出的,克拉克采用了一种权宜的分类方法:

> 为了在交叉分布中去除凌乱的现象,而非承认**这种凌乱现象实际上是问题的实质**,是源于这样的事实,这就是根本就不存在"文化"这样的实体,只不过是不同因素产生的不同分布的偶然关联而已。
>
> 申南(Shennan 1989b：13,黑体为琼斯所加)

这样一种对考古材料分布的理解,代表了考古学分类的显著转变,其目的在于试图分析过去文化系统的不同方面。文化是由许多不同因素引起的多变量而非单变量现象的想法,已被考古学家所接受,能够胜任这一理论态势的更为精致的材料分析方法也已经成型(如 Doran and Hodson 1975；Hodder and Orton 1976；

Shennan 1988)。

(3) 最后,有少数考古学家质疑是否真的存在边界分明的族群。就如第四章和第五章中讨论的,自 1960 年代晚期以来,对族群是一种动态、因势而变现象的认识已经主导了人类学和社会学对族属的研究。许多研究显示,族群的边界和个人的认同会随地点的变化而随时发生改变,常常是出于经济政治关系的原因而策略性地操纵身份认同。在一些考古学文献中,有人指出,族属是一种动态和工具性的现象,而物质文化也被积极地用于维持群体之间关系的正当性并操纵这种关系(如 Hodder 1982a;Shennan 1989b)。而且,还有人声称,在社会面临经济和政治压力之时,族群意识的强度,以及随之产生的物质文化的差异也会增加(如 Hodder 1979a,1982a;Kimes *et al*. 1982)。

但是,尽管这类研究考虑到了族属动态和因势而变的性质,但是族群作为一种有边界实体的存在仍然被人认可(Hodder 1979a;Kimes *et al*. 1982)。很少有考古学家认识到最近人类学研究中较为重要的结论,该结论对族群是否真的存在有边界、领地一致的实体提出质疑(虽然可见 Shennan 1989b:11 - 12),并认为这样的概念构建可能本身就是 19 世纪分类系统的遗赠(Renfrew 1987:288;Shennan 1989b:7 - 9)[1]。

所有这些批评都对考古学中的族属分析有根本的启示。但是,它们只是以一种凌乱的方式加以配合,而且常常是考古学理论和实践发展始料未及的结果。接下来我们要探索过程考古学家和

---

[1] 香克斯和蒂利(Shanks and Tilley 1992 [1987]:120)对"社会"是分界和一体性单位的说法提出质疑,而罗兰兹(Rowlands 1982:163 - 164)声称,这种社会观是 19 世纪民族主义的产物。其他人如宾福德(Binford 1972)和伦福儒(Renfrew 1977:95 - 96;1995:157)则从一种进化观,质疑史前期初同质性族群或"人群"的广泛存在。但是,他们关注将这样一种群体定义为进化发展过程中特定阶段的特点,而他们并没有质疑在某些历史阶段和当今存在这样的群体。

后过程考古学家有意或无意地分析族属的方式,并为考古学的族属分析提出一种一般性的理论途径。

形制与功能的两分：新考古学及其族属概念

新考古学将文化概念视为一种系统,并强调功能观,以此对各种不同种类的器物以及器物组合的差异进行定义。比如,宾福德(Binford 1962：219)就区分了三种不同类别:"技术类"(technomic)、"社会–技术类"(socio-technic)以及"思想–技术类"(ideo-technic)器物,将它们与这些器物在各社会领域中所发挥的主要作用联系起来。将这些功能范畴相互对照,宾福德分辨出一些形式上无法从功能来解释的形制特征;于是他声称,这些特征是由对文化环境的适应所决定的,因此在促进群体的团结方面发挥着辅助性功能作用(Binford 1962：220)。在后一篇文章中,宾福德(Binford 1965：206 – 209)进而概括了器物组合变化的三种来源:"传统的",来自行事方式习得知识风格差异的时空连续性;"互动领域"(interaction sphere),源自经常和法定维持社会间密切交往的特定器物或器物群的分布;还有"适应性方面"(adaptive area),源自某些直接用来应付自然环境的常用器物的分布。

基本上说,器物的这些不同类别和变化原因是立足于器物"功能"特点之间的差异,也即它们是实用的还是非实用的,而"形制"(style)特点与功能范畴有所交叉,被视为是残留的式样变化,经常引用的一个例子就是陶器上的纹饰。从宾福德(Binford 1962,1965,1972)对差异的不同类型的讨论中明显可见,他是从规范性差异也即族群差异来看待形制差异的。比如,宾福德声称,"形制变量最富有成果的研究,就是要解释族群的起源、迁徙和群体间互动的课题"(Binford 1962：220)。虽然他从促进群体团结来将一种功能作用归于这种变化,但是形制变化仍基本被认为是适应于文化环境的被动产物。而且,宾福德(Binford 1965:208)从形制特征的异同来定义时空上的不同传统,这种做法与文化-历史考古学家的工作并没有什么区别。

于是,从形制变化而言,虽然在过程考古学中很少将族群作为明确的分析焦点,但是它仍然被等同于习得的规范性传统(Conkey 1991:10;Shennan 1989b:18)。主要的区别在于,与大部分文化-历史考古学不同,这种规范性传统被认为仅存在于器物变异的某些维度之中[①]。基于这样的设想,有关过去群体结构方面的研究一直集中在物质文化的某些特定方面,如陶器纹饰风格的变化(如Whallon 1968)。简言之,这类研究认为陶器的式样是由实用功能决定的,而纹饰则构成了附加的、非功能性的差异,而正是在这类差异的领域中,像"族群肖像"(ethnic iconography)这种社会差异的信息才会表现出来(Sackett 1977:377)。

萨克特(Sackett 1977,1982,1985,1986,1991)对功能和形制的两分提出了令人信服的批评。他对有关规范过程与形制采纳了与其他过程考古学家,实际上与传统的文化-历史考古学倡导者基本相似的前提。那就是,被萨克特称之为"个性差异"(isochrestic variation)[②]的形制差异,来自由文化限定的行事方式的差异。物质文化在隐性维度上的共性,被认为是某社会群体内部文化同化的产物,因此也是族群异同的一种参数(Sackett 1977:371)。

---

① 代表新考古学特点的功能与形制的区分也能在文化-历史考古学中见到。例如,这样的区分是柴尔德(Childe 1956:37-38)主张的基础,即主观形制与行为的细节是定义文化的最佳特点,但将文化作为一种功能系统来分析时则显得不太重要。不过,这些观点在文化-历史考古学的认识论中并非主流。
② "个性差异":在某特定文化背景里代表了某特定工匠在各种选项中的特定选择所表现的工具形制。——译注。

　　然而与宾福德相左,萨克特认为,形制并非不同于功能而处于器物式样变化的一个判然有别的领域。相反,他认为器物变化的这两个方面是交织在一起的(Sackett 1977:371;1986:630)。而有些考古学家认为形制是某器物所拥有的基本功能式样之外的内容(Binford 1962,1965;Whallon 1968),萨克特(Sackett 1982:75;1986:630)却视形制为人们在各种能够达到相同功能目的的几种同样有效的选项中所做出的选择。因此,形制,或者说个性差异,存在于器物差异的各个方面,甚至存在于看似明显的功能性方面,根据萨克特的说法,"从个性视角来看,就像陶器纹饰一样,屠宰技巧也可能传递了许多族群上的风格差异"(Sackett 1986:630)。

　　新考古学对形制和功能的两分,是希望分辨考古材料中造成各种差异的不同过程。但是,这就导致人为地将形制与功能割裂开来,就好像物质文化的这些方面是由可以用某种方式衡量的不同部分所组成,并模糊了规范性过程与物质文化差异之间的关系。需要强调的是,在某特定社会-文化系统中,思想的规范也存在很大的差异(如 Binford 1965:205),尽管与此同时形制特征的时空连续被从传统来解释,而且被认为是族属被动的产物。一些研究已经有益地指出,规范性传统以及相伴的形制式样要比过去文化-历史考古学认为的要复杂得多,这是因为习得的方式在个人或家庭层次,乃至社区和地区层次,作为各种变量的结果各不相同(请参见 Flannery 1976;Plog 1978,1983 里的论文)。但是,形制仍然明显地被认为基本上是规范原则的被动反映,直到出现了从主动交流与信息交换的角度来提出不同的形制概念。

形制的交流与族属

　　尽管深刻认识到物质文化在特定背景中的表现并非只是一种

思想规范的反映,而是各种过程的产物,但是新考古学没有讨论物质文化中规范性变化和族属之间的关系。事实上,将族属等同于考古学文化的问题,只不过触及形制差异的一角,将时空的不同分布说成是族群的被动反映。但是,就如我们所见,人类学和社会学已经广泛承认,不能认为族群认同与文化异同之间存在一一对应的关系,族群已经被看作是自我定义的实体。而且,大量最新研究都已经表明,族属的交流沟通在经济和政治资源的操纵中是一种主动过程。

虽然很少有考古学家直接受到近来人类学和社会学族属的理论影响,但是将形制视为积极交流的考古学方法已是一种十分明显的趋势,这种趋势出现在 1970 和 1980 年代之交①。重新定义的形制不再是适应文化背景的被动产物,而是一种交流形式,一种社会标记,在某些社会背景里,通常有非常醒目的器物(Conkey 1991:10)。由此观之,形制被认为兼有功能性和适应性的作用,在群体面临环境和社会压力的时候,它会促进包括社会和宗教身份、集体从属感、地位等方面的信息交流(如 Gamble 1982;Jochim 1983)。

维斯纳(Wiessner 1983,1984,1985,1989)在她对卡拉哈里沙漠(Kalahari)桑人(San)②形制差异和社会认同之表现的民族考古学研究中,提出了将形制视为一种积极交流的看法。借鉴了社会认同的心理学理论(如 Tajfel 1982),维斯纳提出,无论是个人还是群体认同,根本上都是立足于人类普世认知的比较过程之上,"通过将自身与他者,将群内与群外区分开来"(Wiessner 1983:

---

　　① 在旧石器艺术分析中特别流行以及总体而言标示族群与社会认同的这种方法的一些主要倡导者包括康基(Conkey 1978)、甘布尔(Gamble 1982)、乔基姆(Jochim 1983)、维斯纳(Wiessner 1983)和沃伯斯特(Wobst 1977)。

　　② 卡拉哈里沙漠位于非洲南部,覆盖博茨瓦纳、纳米比亚和南非;桑人是生活在这一地区的狩猎采集民族,人口大约 100 万,信奉本土宗教。——译注。

191-192，257）。她声称，形制是将自己的认同投射到他人身上的
诸多渠道之一，结果形制本身也会受到社会比较过程的影响，并取
决于异同比较的结果。而且，和社会认同相关，形制还会被积极地
用来破坏、改变和创造社会关系（Wiessner 1984：194，1985：161）。

于是对维斯纳而言，形制就是指物质文化中的某些特征的积
极象征作用，用于协调社会关系和社会策略。她声称，至少存在两
种不同的形制，其指向性不同，所含的信息种类也不同，产生的条
件不同，产生的差异种类也不同：

> 象征形制（emblemic style），是物质文化形式的一种
> 差异，它具有一种明确的指向，向某特定群体传递有关自
> 觉归属和认同的清晰讯息……［而］……自主形制
> （assertive style），是物质文化形式的一种差异，它以个人
> 为基础，带有传递支持个体认同的信息。
>
> 维斯纳（Wiessner 1983：257-258）

113
114

维斯纳（Wiessner 1983：257-258）进而指出，象征形制通常指向
某社会群体及与该群体相伴的规范和价值观，而自主形制并没有
特定的指向性，但它直接象征个人身份。而且，与自主形制不同，
象征形制并不反映跨越群体边界的互动程度，因为它带有这种边
界的信息，于是它具有独特和不同的分布，与自主形制的随机和渐
变分布形成反差（Wiessner 1983：259）。

根据在肯尼亚、赞比亚和苏丹所做的大量民族考古学研究，霍
德（Hodder 1979a；1982a）优化了这个观点。在他对肯尼亚巴林戈
（Baringo）地区族群边界的研究中，他显示，尽管跨越部落边界的
交往频繁，有些物质文化类型跨越了部落边界，但是在大量的器物
之中仍然保持着明显的物质文化差异（Hodder 1982a：58）。他声
称，保持物质文化的部分差别，是为了让群体间的竞争和负互惠正

当化,而这种态势在经济困难时期会增强(特别见 Hodder 1979a;但也见 1982a:55)。但是他也强调,面临经济和政治困境时,不同的群体会采取不同的适应策略,而"解释这些策略以及物质文化参与途径,取决于内部形成的象征方式"(Hodder 1982a:186)。

这类研究对于理解物质文化相似程度与社会差异之间的关系具有重要的启发,考古学家一直倾向于认为,物质文化的传播是由社会互动和密切程度所造成的。但是,正如霍德所指出,互动的程度或造成的规模,以及物质文化的态势之间并没有直接的关系:

> 文化相似性与互动的程度取决于交往群体的策略和意图,并取决于他们如何作为策略来利用、操纵和协调物质的象征符号。
>
> 霍德(Hodder 1982a:185)

和维斯纳一样,霍德(Hodder 1982a:186-187)认为,自我意识族群之间用物质文化来区分彼此,会在某些物质文化的分布上造成不连续,这使得考古学家能够分辨这些群体(也见 Haaland 1977)。但是他也强调,有些群体可能会在经常的互动背景中选择同化的策略,而有的群体会不顾物质文化而保留特有的身份认同,结果,考古学家就看不清族群的边界,赞比亚的洛兹人(Lozi)①就是这种情况。

与某些功能论看待形制的方法不同(如 Wobst 1997;Binford 1973),霍德(Hodder 1982a:55)认为,族群身份认同既能用装饰性器物,也能用普通器物表现,而这些器物未必非常醒目。而且,和维斯纳不同,他声称群体之间关系采用的式样往往与社会关系内

114/115

---

① 洛兹人是赞比亚西部的少数族群,他们的聚居地巴罗策兰(Barotseland)后来成为英国的保护地,被并入罗得西亚。洛兹人在生活方式和器物上虽然没有改变,但是其族群身份却失去了独特性。——译注。

部结构有关,而族属表现则必须通过群体内部产生的象征意义来了解(Hodder 1982a:187-188)。比如,霍德声称,在肯尼亚巴林戈地区,族群间的差异和对立与族群内年龄段的差异以及年长男子对女人和年轻男子的主导相关。拉里克(Larick 1986,1991)在对肯尼亚洛克普人(Loikop)的民族考古学研究也支持这种说法,并表明,从族属而言,至关重要的器物如矛,总是男性群体内用来表示年龄的差别含义。从最排斥的层面而言,有了一支矛,你才算洛克普人,但是在这种情况下,年龄群之间竞争的强度,以及不同年龄段之间差异的表现,就用矛的不同形制来分别定格,这种竞争强度要大于族群之间的竞争(Larick 1991:317-318)。

这类研究是考古学形制研究重要趋势的一部分,强调它在象征身份和协调社会关系中的积极主动作用。与规范或个性理论不同,形制差异并不被认为只是在族群分界背景中文化适应的被动反映;而是在交流过程和协调社会关系中被积极地制造、维持并操控。这种对物质文化的策略性操控,有可能造成物质文化不连续和非随机的分布(见 Hodder and Orton 1976),它们常常是互动的焦点,而非相对的社会孤立和保持距离。于是,考古学家不应认为物质文化异同的程度提供了一种互动的直接参照依据。

在此讨论的这类研究也代表了考古学对族属身份分析的大量重要进展(如 Hodder 1979a,1982a;Larick 1986,1991;Kimes *et al.* 1982;Wiessner 1983,1984,1985)。虽然这些研究中并未明确地详细讨论族属的性质,但族群已被认为是自觉认同的群体,是在对照他者社会文化的比较中构建起来的,而非像规范性考古学认为的那样是文化传统的被动反映。人们也认识到,族属的表现可能只限于范围有限的一些形制特征,并与某种族群标记相伴,而这种特征会被积极地加以维持,并在协调社会关系中进行操控;这一观察得到了大量人类学文献的支持。

但是,这些方法都没有提供族群的身份认同是如何产生、复制和改造的说明。在群体内关系的象征结构与族群关系的形式和表现之间显然存在某种关系,为什么? 特定形制特征是如何被用于积极而有意识的身份表现的? 也就是说,族属的对象化包括了哪些过程? 这些研究中缺少的,是一种"形制产生社会背景的合理解释"(Shanks and Tilley 1992[1987]:146)。在某种程度上,霍德(Hodder 1982a:204-205)是一个例外,他强调象征结构的重要性,并渗入族群文化实践和社会关系的各个方面(并见下边码120—122页)。但是,功能论将形制解释为仅因交流所需,如沃伯斯特(Wobst 1977),这就落入了目的论的窠臼:特定形制的存在是为某些目的服务的,比如经济困难时期族群差异的交流。而且,这些功能性形制与其他形制差异的被动形式之间的关系也并不清楚。

物质文化、人类能动性和社会结构

新考古学的倡导者反对传统的文化-历史学方法和这样的想法,即物质文化只是社会规范的反映,他们在实践中赋予物质文化以一种功能论的概念,将其视为适应性机制的副现象(如 Hodder 1982b:4-5;Shanks and Tilley 1987:94)。而且,虽然文化的规范性维度并未完全被摒弃,但是在大部分分析背景中,从文化功能而言已变得不合时宜了,而形制则是例外。结果,在功能性用途与规范性文化之间普遍存在二元对立。但是,无论是功能论概念的文化还是规范性和结构主义的文化,作为一套决定行为的思想规则都存在一些问题[①]。

一方面,功能论方法没能解释文化体系构建社会实体的途径。

---

① 与该两分相伴问题的较为一般性讨论参见霍德(Hodder 1982a,1986)、香克斯和蒂利(Shanks and Tilley 1987,1992[1987])、蒂利(Tilley 1982)。

如霍德（Hodder 1982b：4）所说："所有活动都是在文化框架内进行的，而它们的功能价值是从围绕它们的概念和取向来评估的。" 根据效益和适应的抽象概念所建立的模型（如 Torrence 1989）无法解释特定社会面对相似环境和社会条件时会有差异极大的文化表现（如 McBryde 1984）。而且，功能论方法过于简约，认为人类行为几乎都是由特定环境因素所决定，例外就是将形制看成权宜性的特质，被认为是规范过程的产物。

　　另一方面，规范性和结构主义方法无法适当解释社会活动过程中形成的社会结构，于是人们的表现像是由文化左右的愚民，只是机械地服从规范法则或结构。就如功能论方法所见，人类能动性常常是屈从于环境决定论，而在结构主义方法中，人类能动性的作用也十分有限，由存在于个体和群体历史之外的抽象结构所决定（Bourdieu 1977：72；Hodder 1982b：8 - 9）。而且，由于规范性和结构主义方法倾向于无视适应过程，并不能说明规范的产生和社会结构与人类能动性的关系，所以它们无法为分析社会变迁的过程提供适当的框架（Hodder 1982b：8）。

　　所有社会实践和社会关系都是由具有协调社会关系和社会活动意义的文化框架所构建。但是，就如第五章中所述，这种结构原理并非抽象的思维法则，而是某些观念和实践的持久积淀。这些积淀自个体早年时便成为其自我意识的一部分，并大体上在实践意识（practical consciousness）的领域表现出来——也就是说，这些文化积淀左右着人们的决策和行动，但是他们自己却浑然不觉，于是在散漫的意识（discursive consciousness）领域将他们的行为规范化。构成习性的这种结构倾向根本上是辩证的，即它们既构建社会实践，也被社会实践所构建——它们既是实践的媒介又是实践的结果。而且，这些结构性倾向本身无法离开人类的活动而存在，而只是在社会实践中表现出来，并在这种实践中被复制和改造。这样一种方法为解决功能论和结构主义的两分提供了一个理论框架。人类行为仍然可以被认为是为了取得某种功能性目的，提供某些基本需求、欲望和目标；但是，这些需求和兴趣是人们在一个文化构建的条件下被定义和协调的，就像特定实践所发挥的功能（Bourdieu 1977：76）。

物质文化是社会实践中一种积极的组成部分，其中它既构建了人类的能动性，又是这种能动性的产物（Hodder 1986：74）[①]。物质文化的生产、使用和消费所涉及的社会实践和社会结构，又被物质文化所体现，因为这些过程发生在充满意义的文化背景之中（见 MacKenzie 1991：191-201；Miller 1985：11-12）。然而，物质文化可以在许多社会领域运作，其意义并非固定不变，而是通过其社会生活中从物质管理和阐释两个方面被复制和改造（见 Kopytoff 1986；MacKenzie 1991：26-27；Thomas 1991：28-29）。因此，物质文化是多义的，它的意义因时而变，取决于它特定的社会历史、特定社会参与者的立场，以及它所直接应用的社会背景。而且，物质文化不只是涵义累加的仓储，带有它在不同社会背景里的生产与用途和因势而异的参与者的印迹。它在社会实践的构建中发挥着积极的作用，因为作为以前实践结果的物质文化被赋予的特定文化意义，会影响到后续的实践和解读。

例如，麦肯齐（MacKenzie 1991）对特勒弗人（Telefol）[②]所用网袋的文化构建的详细分析，说明了物质文化某特定器物与社会关系在复制和改造之间的辩证关系，其中涉及性别、年龄差异、族群

---

① 许多人类学家和考古学家声称，物质文化与人类参与者之间的关系是一种循环关系，比如见巴莱特（Barrett 1994：36-37）、康基（Conkey 1991：13）、霍德（Hodder 1982a, 1982b：10）、麦肯齐（Mackenzie 1991）、米勒（Miller 1985）、香克斯和蒂利（Shanks and Tilley 1987, 1992 [1987]）。

② 特勒弗人是巴布亚新几内亚的一支种族群体，人数大约 5 000，说特勒弗语。——译注。

认同、交换、亲缘关系、祭祀和神话。麦肯齐令人信服地证明,网袋通过在日常生活和祭祀象征性中的使用,被赋予的意义在构建个人的社会身份和文化认同中发挥着一种积极的作用。而且,通过网袋在协调社会关系如男女关系,并使这种关系正当化中所起的作用,它们就参与到社会实践和社会互动的构建中来。比如,男子佩戴的鸟羽网袋"毕仑"(bilum)是性别差异的表现,彰显了性别之间的对立/区别和依赖/整合(MacKenzie 1991:201)。这种特定的"毕仑"在男孩成人礼后开始佩戴,而与此网袋相伴的概念也就将两性区别和男子气概的意识灌输到心里(MacKenzie 1991:204 - 205)。鸟羽"毕仑"是多义的,对不同人在不同背景里有不同的意义,它参与协调社会关系并使这种关系合法化,而且为特勒弗人在生命周期的不同背景中构建两性之间的活动(MacKenzie 1991:192 - 194,204 - 205)①。

米勒(Miller 1985)分析了印度马尔瓦(Malwa)地区丹瓜拉(Dangwara)村的陶器,泰勒(Taylor)分析了澳大利亚阿纳姆地(Arnhem Land)西部冈汶谷人(Kunwinjku)的树皮绘画,也提供了生动的例子,证明物质文化在协调社会关系和构建身份认同中的创造性作用。这些研究表明,物质文化不应如规范性考古学所谓,被看作是由规则所支配的活动的被动反映。而且,就如萨克特的个性差异和维斯纳的交流形制(communicative style)的差别所见,物质文化主动与被动之间的任何差异都站不住脚了,因为所有物质文化在社会生产、复制和改造的过程中都是主动积极的(Conkey 1991:13;Shanks and Tilley 1992[1987]:146)。正如霍德(Hodder 1982a:213;也见 Miller 1985:205)所言:

118
119

---

① 毕仑的形制受使用者的性别影响很大,譬如,男性使用的毕仑一般肩带较长,这样他们就能将毕仑甩在身后,腾出双手来提刀开路,或者负重登高;而女性则喜欢提手较短的毕仑,她们将毕仑拵于胸前,可以将婴孩或者食材装在包内。——译注。

> 意义的结构存在于生活的每件日常小事和人类群体
> 重大的适应性决策中。物质文化的形态既作为这类有意
> 义活动的组成部分而形成,也有助于构建不断变化的行
> 为和信仰框架。

文化变迁是由物质世界和非物质世界所蕴含的意义与阐释和行为
的新背景之间的相互交织所产生,其中参与者根据习性所形成的
积淀而有策略地行事。

这一见解对于考古学家的启示是,结构和功能不能被视为不
同的领域——结构提供了定义功能的框架。而且,习性的结构取
向在不同背景以不同方式与各种社会关系和文化实践联系到一起
以表现它们自己。于是,我们必须采纳一种背景和历史学方法来
分析考古遗存,以便设法了解超越物质文化结构和内容分布的社
会关系和社会实践(Hodder 1982a;1986)。

族属与物质文化

在建立了一个避开功能论和规范性方法缺陷的物质文化阐释
的宽泛框架之后,就可以重新考虑考古学中的族属阐释了。自
1960 年代晚期以来,人类学和社会学对族属工具性动力的极大关
注,造成对文化和族属的区别对待,而后者基本上是从社会-经济
和政治上来构想的。族属的文化内容,或者从某种程度上说族群
根本的存在被认为理所当然,研究都倾向于集中在个人和群体为
了利益而操控文化差异上。在这样的框架里,文化被简化为一批
被随机选用来为眼下实践与信仰服务的附属和随意的象征符号,
甚至是为了证明族属的重要性和表明工具论目的的正当性而存在
的。在某些考古学研究中也出现了类似的倾向,分析族属与其他
社会身份的沟通中对形制的运用(如 Hodder 1979a;Wiessner

1983；Wobst 1977）。这些都是工具论和简约论的方法；物质文化中形制的存在被看成是为了达到某种目的，比如认同的沟通。

专门集中于族属工具性方面的理论无法解决许多关键问题。相似的认同和与族属相伴的利益是如何形成的？族群认同与文化实践之间的关系，或与它们相伴的象征之间的关系的性质是什么？简言之，文化与族属之间究竟是什么关系？[①] 第五章中已经说到，族群亲近感的基础，是对相同习性积淀有意或无意的认识，它体现在人们所处的文化实践和社会关系中。这种结构的积淀为族群的异同观念提供了基础，当来自不同文化传统的人群彼此发生交往时，会产生自我-反身（self-reflexive）的文化比较。正是在这样的背景中，特定的文化实践和信仰，及其在某种程度上体现的潜在习性结构，在族群差异的表现中被具体化和理性化。族属并不直接从习性或文化上反映出来。族属的构建和与其相关的文化差异的具体化，是人们的习性积淀与某历史状况所代表的具体社会条件相互交织的产物。这些条件包括社会互动的性质、物质材料的相对分布以及构建族群范畴时支配性政权实施强制所需的象征手段。

物质文化与族属的识别和表现均有关系；它既被用来构建族属，也被族属所构建。物质文化的某些方面可能会有自觉认同的意义，以及协调族群关系及证明这种关系的正当性。于是，物质文化的不同式样和形制会在标示身份的过程中被积极地维持或抑制，而其他的式样和形制会跨越族群的边界（见 Barth 1969a；Hodder 1982a）。但是与工具论不同，这里提出的方法认为，用来

---

① 在一篇对族属的人类学和考古学方法的回顾中，奥尔森和科比林斯基（Olsen and Kobylinski 1991：23）也声称，文化与族属之间关系的问题对考古学家来说是一个关键的问题："在我们开始从考古学上可辨的文化群贴上族群的标签时，我们必须了解族属本身的现象，特别是我们必须建立一种族群意识与物质文化之间关系的理论。"

标示文化边界的不同式样和形制的"选择"并非随心所欲。实际
上,物质文化所反映的族属自觉性与习性的结构性积淀联系在一
起,渗入到代表某特定生活方式的文化实践和社会关系的各个方
面(见 Burley *et al*. 1992:6-7)。这种说法得到了民族考古学研
究的支持,比如霍德(Hodder 1982a)和拉里克(Larick 1986;1991)
的研究,这些研究都揭示了族群间关系的表现和族群差异的表达,
都与群体内的文化实践与社会差异有关。而且,霍德(Hodder
1982a:54-55)的研究还表明,物质文化不同方面的关联并不一定
是彰显族属意义的组成部分,比如茅屋里火塘的位置和服饰,后者
在物质文化上具有族群的自觉意义。就如霍德(Hodder 1982a:
56)所见,"部落间的区别通过公开和私下的持续重复被人所接受,
并被'自然化'",而"物质文化的不同方面和类型之间存在一种持
续的相互作用"。

　　这里所倡导的族属实践理论为重新评估萨克特(Sackett
1985)和维斯纳(Wiessner 1983,1984,1985)之间有关形制差异的
本质及物质文化体现族属标志的方式的争论提供了基础。根据对
桑人投射尖状器形制的变化,以及桑人用这些形制差异来表达群
体差异方式的研究,维斯纳指出,象征性形制会标示语言群之间的
明显不同,并会在方言群(dialect)和/或游群的层次上发挥作用:

　　　　对于桑人来说,象征性形制为一个语言群的成员传
　　递了一种明确的信息:这些箭镞是自己群体的,还是其
　　他群体的。如是前一种情况,这就标示制作者持有同样
　　的价值观。在后一种情况下,如果两个群体彼此相熟,形
　　制的不同就标示了另一套价值观或实践,如果彼此并不
　　认识,这就标示制作者是外来的,他的行为难以预测。

　　　　　　　　　　　　　　　维斯纳(Wiessner 1983:269)

在其批评中,萨克特(Sackett 1985:156)对维斯纳就箭镞形制差异的理论途径和阐释都提出了商榷。他对主动形制,也即所谓的图像(iconological)形制提出了一种较为狭义的看法,他将其定义为有意识的目的性标示。根据萨克特的看法,图像性只是族群形制一个比较小的方面,大部分族群形制隐匿于个性差异之内;这是一种被动的差异,是在族群分界背景中由文化适应所产生。而且,他还声称,维斯纳在桑人箭镞中所见的式样差异可以从被动的个性形制来解释,而非主动使用形制来标示身份认同(Sackett 1985:157-158)。

就他们的争论来看,看来没有证据表明桑人的箭镞是为了向某特定目标群体,比如某不同语言群,主动标示自我意识的族群身份而制作的。那些不住在语言边界附近的桑人对语言差异的意识比较模糊,所以很难将桑人制作和维持的箭镞形制看作是一种标示语言边界的有意识行为。但是,有意制造特定形制的箭镞的问题其实是不相关的问题;很显然,在某些情况下,比如说维斯纳的民族志研究中,各种箭镞是各种方面差异意识的基础,并对社会关系的意义与构建颇有启发。

于是,在许多情况下箭镞的形制构成了萨克特所谓的个性差异,但是也有些情况,箭镞的形制则与分辨族群差异有关,并成为身份认同的主动标识,这是维斯纳(Wiessner 1985:162;1989:58)在她后来工作中认识到的一点。萨克特说法的问题在于,他认为这种个性差异能够与族属联系起来。相反,物质文化中的个性差异可以有效地比作布迪厄的习性概念,虽然它是习性形成结构一种改造过的和固定的表现。这样一来,个性差异"为族群身份认同、总体上也为形制的象征性和自主的(assertive)运用提供了依据"(Shennan 1989b:20)。但是,无论个性还是习性,都不等同于族属。就桑人的箭镞而言,其制作的习性模式为族属的产生或至

121
122

少是"我们/他们"意识提供了基础,即箭镞生产特定模式的主观性通过文化比较过程被显露了出来。

如果这种互动和比较反复发生,而社会活动和互动通过文化差异的范畴来表现和协调,那么这些范畴有可能会日益制度化。在某些情况下,诸如群体间为稀缺资源而引起冲突和竞争时,这种范畴就可能会变得比较固定,而在其他情况下,这些范畴则非常易变;然而在所有情况下,它们会随不同的时空背景而异。而且,族属范畴会持续不变,但与这些范畴相关的具有意识意义的物质文化会变。同样,物质文化特定形制的族群对象会变,但这些形制本身却保持不变。于是,物质文化的形制与族属表现之间的关系会随时空而不断发生变化。某些社会和历史背景里被积极用来标示和协调族属的物质形制,在其他背景里则可能只不过是形成族属的含义环境的一部分(如 MacKenzie 1991:14; Praetzellis *et al*. 1987; Wiessner 1985:162)。

这种方法对考古学中的族属分析有许多重要的启示。与传统的文化概念不同,我们认为,不管物质文化呈分界的时空分布是否是一种相同文化适应背景还是共同习性的产物,它们未必代表过去自我意识族群的范围和边界的分布图。族属必须与空间的连续和断裂区分开来,它是指某人群自我意识的身份认同(Shennan 1989b:19)。虽然有人一直认为,族群意识部分立足于共同实践和历史体验的认识,但它也是特定社会和历史背景中各种条件的产物。于是,族属所根植的业已存在的文化实体或共有习性的范围差异极大,并视由互动过程造成的文化改造和互动"群体"之间权力关系的性质而定[1]。从考古学的观点来说,这些过程会造成多

---

① 正是族属与习性之间的这一重要区分(也见第五章),将在此采纳的伯利等人(Burley *et al*. 1992)的理论进而与本特利(Bentley 1987)的研究区分开来,前者声称族属与习性之间有比较直接的关系。

种不同的情况。在某些情况下,习性的构建原则与族属在物质和非物质文化上的表现高度一致(如霍德[Hodder 1982a]对巴林戈地区的研究)。而在其他情况下,习性的构建原则与族群认同的形成和表现之间则并不相合,造成不同文化传统杂糅的现象(如Rowlands 1982:164)。前者的情况,个性形制与族属表现相合,而在后种情况,两者的相合程度就较低。

不过,重要的是需承认,即使在习性与族属高度一致的情况下,考古学家可能仍无法找到物质文化分布所反映的"族群实体"(参见 Miller 1985:202 与种姓的关系)。除了在一种抽象文化范畴的概念层面将族属的散漫人群撮合起来以外,完全可以质疑有边界的和同质的族群是否真的存在。这种概念单位是立足于不同时空里转瞬即逝文化实践的具体化或物化,而这种概念"群体"只存在于一种阐释背景之中,用以证明和解释过去的实践和互动模式,并构建未来实践和互动模式(参见 Bourdieu 1977:20-22;Thomas 1996:75)。与此相反,族属的实践(praxis),以及正是这些最可能从考古材料中显露的内容,导致在特定背景中族群差异一批短暂但常常重复的真实表现(realization)。族属的这些真实表现在许多情况下既被构建、又构建着、并参与到物质文化特定形制的产生与消费之中。不过,族属是社会参与者观念和实践的积淀与特定社会背景中产生的利益与对抗之间交织的产物,而非抽象的划分单位。

因此,族属的组态(configuration),以及由此产生的与族群意义和构建相关的物质文化的形制或风格,会因不同的社会背景以及社会不同的互动形式和规模而异。族属的这种多维度性质会导致物质文化分布相互重叠的复杂形态,这与族属在不同社会背景中的重复具象和改造有关,这种形态并非截然分明、铁板一块的文化实体。"同一"族属中交流所包括的物质文化生产和消费形态在不同的背景中会有质和量的不同。而且,在各种社会和历史背景中广泛分布和使用的物质文化制品,也会被不同方式打理(curate)和消费,并在族属的各种表现中暗示它们的产生及其意义(见Thomas 1996:78-82 的相似说法)。

因此,族属和物质文化之间的关系似乎难以捉摸,变化万端,对考古学家来说特别难以把握。并不令人惊讶的是,对族属的人类学最新理论有了了解,会令某些考古学家产生一种极端怀疑的态度,会认为族属是考古学探究一个不适当和难以企及的对象(Trigger 1977:22-23;1996:277;也见 Buchignani 1987)。这种说法总体上也与一种老旧的问题不谋而合,也即"相对于行为,考古学是否能够令人信服地发现他们所研究群体的思想"(Trigger 1977:23);考古学家并不能直接企及人们的思想和观念。

难以企及的个人动机和思想一般是由社会考古学通过分析支撑个人活动的"深层"动机和结构来研究的(参照 Barrett 1994:2-3)。这种途径被少数考古学家所采纳,他们将族属定义为与人类行为结构相关的社会过程的一部分,并承认物质文化和族属意识之间的关系并非固定不变或内在固有的(如 Haaland 1977;Hodder 1979a;Kims *et al*. 1982)。从此立场出发的研究立足于这样的说法,即过去族群的身份认同在认识、表现和协调过程中形成的特定文化风格(形制)的系统化和理性化,令考古学家所能企及的只是物质文化不连续和非随机的各种分布形态。还有,有人提到,由于族属包含在行为结构之中,因此有可能想见,在过去的某些社会状况下,比如遭遇经济困境时,有可能会强调族群边界,于是会比其他情况下更加明显(如 Hodder 1979a;Blackmore *et al*. 1979)。然而,此类研究可能会因这一事实而受损,即族群的象征性是文化所特有的,几乎没有任何跨文化的普遍性(然而,见Washburn 1989)。作为应对,有人提倡采用独立证据,设法确定造成某特定物质文化分布的身份种类和行为模式（如 Haaland 1977；
Hodder 1979a；Wiessner 1989：58）。例如，霍德指出，法国新石器
时代陶器明显的局地化形制，根据环境压力的有力证据，应与群体
内部团结和相互依存有关。他进一步强调，陶器形制的局地化不
能从社会互动规模的降低来解释，因为也有其他独立证据表明同
一时期"群体"之间互动和交换的增加。

　　尽管这种方法的潜力不小，但是它还是会陷入本书通篇所批
评的功能论推理模式的窠臼之中。比如，在他对将早期努比亚人
(Nubian)[①]的工具类型说成是族群风格的批评中，哈兰德
(Haaland 1977)声称，这些器物的差异也可以从适应和社会-经济
因素来解释，因此排除了一种族属的阐释[②]。伴随这种方法所产生
的问题是，就如维斯纳对桑人箭镞的研究中所显示的，"功能"或
"适应"的差异很可能会参与到族群差异的分辨和结合之中。而
且，族属还会积极参与社会关系的协调，包括经济和政治关系。所
以，某特定形制非随机分布的功能与经济解释，并不排斥一种族属
的阐释，因为族属很可能根植于生活和经济差异的方方面面。在
这种情况下，这就很难根据物质文化差异的其他说法而明确"排
除"族属的解释。

　　在此提出了与两种看法不同的理论途径，一种看法是完全否
定族属是考古学的合适探索课题，另一种是族属的功能主义方法，
将文化降低到一种看似主观而次要的作用。如本文所述，如果在
由历史构建的习性积淀和取向所提供的人们思想和实践的信息与

---

　　① 努比亚人起源于现苏丹，分布于苏丹和埃及，人口170万。努比亚古文化可
以追溯到30万年前的旧石器时代，公元前6000年左右，努比亚人已经掌握了农耕经
济，并与埃及发生接触，习得了文字系统。——译注。

　　② 宾福德夫妇(Binfords 1966；也见 Binford 1977)对莫斯特石器组合的族群阐
释的批评中也采取了相同的说法，也见皮科克(Peacock 1969，1979)对英国铁器时代
区域陶器形制的族群解释的批评。

族属的分辨和表现之间存在一种关系的话,那么族属背景的具象(realization)分析决非完全处于考古学阐释能力之外。于是,虽然物质文化特定形制有意义地参与族属的结合在跨文化上是随意的,但是它在特定的社会-历史背景中却并非随机。族属象征性以不同程度产生于原有的文化实践中,以及代表各社会领域差异的不同方面,如性别、地位差异,或家户内的结构之中(见 Eriksen 1991)①。

于是,了解过去文化背景各种材料对于考古学的族属分析来说是必不可少的内容。特别有必要观察人群之间的社会互动以及物质材料与象征能力分布的方式,因为如上所述,族属是人们习性的异同与代表某历史状况的各种条件之间相互交织的产物。对过去社会结构适当的了解也很重要,因为族属既是反复互动与交流行为的短时构建,也是社会结构的一个方面,它们在不同社会中在不同程度上会以不同形式制度化。而且,就族属形成和表现的历史过程而言,历史学方法也很关键(参考 Olsen and Kobylinski 1991)。在历时背景的框架中,我们有可能捕捉到习性的物质差异向主动自觉族群象征的转变,反之亦然,根据相关形制性质与分布的变迁进行反推(Wiessner 1989:58);以揭示族属形成、复制和改造,并观察"作为过程的群体动员"的背景(Conkcy 1991:13)。

本书提出的方法需要一种反思,不仅是对族属的阐释,还要重新思考考古学中比较普遍的根据物质文化差异所提出的设想。认识到物质文化在族属形成和表现中发挥着积极的作用,便会动摇通常的设想,即物质文化异同的程度为过去群体之间的互动强度

①　奥尔森和科比林斯基(Olsen and Kobylinski 1991:16)采取了相同的立场,声称考古学家应当设法研究将基本价值取向与他们行为后果作为维持族群分界基础的方式。但是,他们并没有提供一种理论框架,以探究这种"基本价值取向"与族群明确象征之间的关系。

提供了一种直接的指标(见 Hodder 1982a)。而且,研究物质文化在族属产生和表现中的作用,揭示了物质文化并非是边界内部族群单位社会化的被动反映。其实,物质文化一直积极地被社会生活所构建,并构建着社会生活,于是其意义并非固定不变,而会被持续复制和改造。正如香克斯和蒂利(Shanks and Tilley 1987:97)所言,虽然某特定物质的式样保持不变,但是其意义在不同背景中会发生变化;它会"被不同的方式消费,并根据历史传统和社会背景融入或结合到各种象征结构中去"。据此,我们不能想当然地认为,物质文化的共性反映了过去某特定人群的存在,它是社会互动的一种标志,或一种共有规范的框架。

从根本上说,本书采用的理论途径质疑族群真会以铁板一块的实体存在,其中文化适应会以一以贯之的方式扩散,并随时间发生渐变。如第二章所指出的,虽然这种设想在阐释层面屡遭质疑,但仍然是大部分考古学分类的基础。因此,从根本的层面而言,对群体固有边界和社会单位必然随时发生转变这种被认为理所当然的概念提出质疑,不仅会根本改变我们构建文化概念的方式,还会改变我们如何进行描述或表现的概念方式(Conkey 1991:12)。

$\frac{126}{127}$

第七章 结 语

构建古今的身份

族属的比较理论

　　本书所提出的族属理论讨论了族属与文化之间的关系。显然，族属的构建是基于社会参与者共有的潜意识倾向，它塑造了客观的共同实践，也即习性，同时也被这种共性塑造。这种潜意识的积淀为分辨情感和利益的共性以及文化亲疏的观念与交流提供了基础。于是，这样就能超越族属原生论和工具论方法之间的两分。作为族属象征而物化的文化实践和表现来自相关人群习性的实践和体验，并与这些实践和体验相呼应，同时又反映了特定情况下偶然的工具性作用。

　　我们也已经看到，族属既不直接等同于习性，也不等同于文化的实践及其表现，这种实践与表现既构建着习性，又被习性所构建。关键在于，族群身份认同的形成过程包括文化实践的对象化（要么它是潜意识的行为模式），用以分辨与标示非我族类的差异。这种文化差异对象化所采取的特定形式，在某时段里是由习性与流行的社会条件相互交织而产生。因此，族属所根植的、由共同习性所代表的原有文化现实的差异程度极大，并依人群之间的互动性质与权力关系所产生的文化改造情况而定。

　　由于这种不确定性的结果，标示"相同"身份的文化实践和表现在以不同社会条件为特点的不同社会背景中会有质和量的不

同。因此,族属的表现与某特定族群相伴的全部文化实践和社会
条件很少有一一对应的关系。相反,结果造成了一种由文化差异
特定背景表现所造成的族属边界彼此重合的形态,这种形态虽然
是短暂的,但会在社会生活的进行过程中不断被复制和改造。

　　这个理论框架是比较性的,它能以这样的程度进行总结,以便
成功分辨跨越不同历史和社会环境的族属复制与改造过程。因
此,作为一种分析框架来应用,这个理论有助于了解共性,但重要
的是,也能了解族属表现的差异(Eriksen 1992:17)[①]。于是,它提
供了探究过去差异的可能,而不是根据当下的印象来进行重建。

罗马化的再思考

　　族属的这种研究方法对于考古学一般性阐释的潜在启发可以
通过罗马化的案例来说明。第二章指出,尽管近来有研究关注在
政治力量的协调中采纳"罗马式"物质文化和生活方式的特定社会
历史背景,但是这类研究大体仍囿于有边界的社会文化实体的框
架。而且,认为人群及其文化组成了分界的、铁板一块的实体,这
也是考古学默认的分类和断代方法的依据。

　　本书提出的理论途径认为,这种方法论和理论的框架存在根
本性的问题。上一章我们已见,物质文化既构建了族属的表现及
协调,同时也被后者所构建,这就动摇了考古学的普遍设想,即形
制是文化独立性与彼此互动的被动反映。而且,在不同社会领域
中,族属的识别和聚合也依不同社会领域而不同,并与社会互动的
不同形式和规模有关。与"同一"族群身份认同表现相关的物质文
化特定形制的产生和消费,在不同社会背景中会有质和量的差别。

---

　　①　用来对抗最近的历史特殊论趋势,捍卫基于殖民主义概念的比较研究的相同
说法,见韦伯斯特(Webster 1996:8)。

因此,在许多情况下,族属受许多其他因素的影响,会干扰正规的形制时空形态,造成形制边界一种杂乱和重叠的网络(不同背景中有不同种类的物质文化),而这种网络还会表现出时空上的不连贯性。

因此可以这样说,如果我们采用分界的社会-文化单位的分析框架,不管它们是"罗马的"还是"本土的"(或有别于"大高卢"的"罗马帝国"和"比利时高卢"),就会使这些群体具体化,并模糊与权力及身份协调相关的各种异质性过程(参考 Barrett 1989:235-236)。比如,物质文化各方面的族属标示,不论是罗马风格(形制)还是其他内容,都有可能被固化;其实,形制会十分积极地在不同社会背景里被不同人群用来构建族群的认同,同时也被这种认同所构建(相同的说法见 Hingley 1996:43-44;Meadows 1994:137;Willis 1994:145)。因此,为了探究罗马式物质文化在族属的协调与表现中的采纳与消费,就有必要采取一种背景分析方法,以便将作为基本分析单位的社会与文化群体加以拆分。考古学定义过去的互动背景本身就很有问题,因为与人类学田野考察不同,考古学很难获得社会互动和身份认同的具体细节。而且,考古学研究背景与过去人类活动及社会互动之间的关系本身也并非静滞不变。不过,在铁器时代晚期和罗马时期的英国,还是有些特定的"场所"(locales)被定义,如农村聚落、核心聚落(nucleated settlements)、军事古堡,城外聚落(extra-mural settlements)、墓葬或墓地,在更加细微的层面上还有"私有"与"公共"或者"祭祀"和"世俗"领域之分。只有通过这样一种途径,我们才能分辨罗马或其他物质文化用途和分布的差异,以及这些材料是如何用来构建所探究的各种族群身份的。

除了重新制定较宽泛的分析框架外,还需要对基于物质证据分类和断代的假设做严格的评估。在目前的文献中,器物的类型学序列研究是根据这样一种设想，那就是形制的归组代表了诸如过去文化或人群的实体，这些实体倾向于在某时空范围内是相同的。基于这样的设想，相似形制的同一类器物可归于相同的年代，而不同的形制则归于不同的年代。根据这些原则断代的器物被用来阐释遗址的历史[1]。

这种用来对遗址进行断代和阐释的相对类型学会混淆族群身份分析最关键的那些差异，并实际上模糊了过去文化的一般进程。正如斯普拉特林（Spratling 1972：280）指出，"考古学家应当设法弄清楚的问题之一，也即器物设计的变化究竟意义何在的问题，在类型学方法应用之初就被预设了"。相对类型学和排列方法（seriation）根本上是取决于这样一种想法，即人们的行事方式会依时空发生变化，并且认为时空上相近的人群相较于时空较远的人群，在行事方式上更为接近[2]。类型学方法表明，它取得的结果大致与通过碳十四断代或基于历史事件纪年相伴的证据链相近（见 Millett 1983）[3]。但是，用这种类型学序列获得的器物组合细微变化来分析过去的社会-文化过程会出现很大的问题，这在于它所预设的文化规范观（见第二章）。在材料分析的初期就采用这种文化概念，就会产生一种文化实体有边界和同质性的错觉，从而漠视文化和族群是异质和开放系统的性质。实际上甚至可以这样说，在器物组合的断代和解释上不加批判地应用类型学方法，会导致对

130
131

---

① 举个例子，骷髅原Ⅲ期组合中即使没有花环别针，也被说成是表明公元 25—40 年间聚落特点的变迁（可能是定居的衰落），因为这种别针存在于附近哈里国王道和卡姆洛杜努姆（Camulodunum）等遗址中（Mackreth 1981：139）。这种阐释直接采用"同质性原理"，推定骷髅原应当像人工制品的特点一样追随邻近遗址相同的发展态势。并没有考虑其他的可能性，即这种别针本身可能被积极用来凝聚认同，因此表明一个地区内的异质性。

② 这就是类型学"相似即相近"的原理。——译注。

③ 在各点位上如果没有历史学和碳十四的控制，类型学方法会导致严重的扭曲，主要由关于变迁性质和方向先入为主的设想所致（见 Renfrew 1972）。

器物某特定形制的时空分布做出人为的摆布。

分析物质遗存的形制变化,应该立足于地层学和背景同时性严格观察所确立的年代学框架,并结合历史学断代。这种断代方法可以用来破除仅按单类器物所作类型学相对断代的怪圈(见Millett 1983;Spratling 1972)。而且,也只有通过这样的方法为遗址和考古背景断代,才能分辨物质文化特定形制"不规则"分布与潜在族属构建之间的相伴关系。这并不否认考古材料中可能存在有规则的形制时空分布形态,或在某些情况下,这样的形制构造可能与族群有关,尽管未必能"圈定"其范围。但是,这种差异必须是需要加以分析的课题,而不应想当然地成为构建时间序列的前提,进而将这种序列用作社会文化过程研究可靠的表述基础。本书提倡的族属理论认为,我们有必要对类型学序列阐释的设想作彻底的重新检视,并深入思考形制历时变化背后的文化过程(也见Hodder 1993)。

这里所提倡的断代和分析的背景方法,在某种程度上被许多正在进行中的发掘性质,以及后续材料的处理和发表所拖累,说明考古学现有的分类方法、公布材料和阐释的不当。物质文化组合很少结合遗址内所见的地层背景以一种整体方式进行分析和发表(然而请见 Partridge 1981)。陶器和小件器物只是作为孤立的器物类别发表,并用类型学方法进行分析和阐释。而且,某些器物分类和类型,在材料处理和发表的各个阶段过程中总是处于优先的地位①。不过,虽然跨越不同背景对各种组合做量化分析所需的许多信息已经无可挽回地丢失,但是仍可以通过对遗址背景的重建来提取某些失去的信息。

$\frac{131}{132}$

---

① 必须承认,某种选择是发掘受到各种实际限制的必然结果:受制于经费、储藏地和时间等。但是,存在的问题是优先考虑某些类型器物的理由、所用的方法以及对相关设想的深信不疑。

为了做好基础研究,我们思考了埃塞克斯和赫特福德郡的许多遗址,并将它们放在上面提及的宏观背景中归组。极为详尽地观察了四个特定遗址,凯尔维顿(Kelvedon)(Rodwell 1988)、骷髅原(Skeleton Green)(Partridge 1981)、戈汉布里(Gorhambury)(Neal *et al.* 1990)和哈里国王道(King Harry Lane)(Stead and Rigby 1989),最近它们都在进行大规模的发掘。这些遗址都是铁器时代晚期和罗马时期被栖居的,表现了过去大量不同的活动。在凯尔维顿,存在铁器时代晚期农场的证据,随后是罗马式的别墅;在戈汉布里,铁器时代晚期农场之后是一个罗马式村落。在骷髅原,见有铁器时代晚期和罗马时期的核心聚落。而最后在哈里国王道,一处铁器时代晚期和罗马时期早期墓地之后,是维鲁拉米姆(Verulamium)[①]郊区的城外聚落。

这些遗址出土物质遗存揭示了迄今一直被忽略的、不同背景之间的巨大差异,原因是深受罗马化模式强调同质性和匀质渐变的制约(见第二章,Hingley 1989,1996:43)。对这些建筑遗迹、胸针和陶器的背景研究,揭示了一套形制复杂而异质的形态,而这点一直被公元1世纪大一统的文化变迁的传统关注所掩盖(见 Jones 1994)。比如,建筑风格的变迁发生在不同的时间,采取了不同的式样。在骷髅原,遗址的栖居在公元40—50年左右存在一次中断,与其相伴的是建筑风格和布局的改变,后期的建筑都采用了槛梁(sill-beam)构造[②],并且要比前期建筑在规划和布局上更为统一。相反,在戈汉布里,建筑遗迹揭示了不同时间发生的不同变化,大约在公元100年,出现了别墅式石砌房屋和浴室。而且,与骷髅原相比,戈汉布里的建筑布局以及遗址的整体栖居在整个征

---

① 维鲁拉米姆是英国罗马时代的著名遗址,位于赫特福德郡西南,保留有罗马时代的古墙。——译注。

② 罗马建筑法的典型特征之一。——译注。

服时期非常连贯。虽然在公元 2 世纪有证据表明,围场内房屋的布局日趋对称,但重要的是,有许多后期建筑都是建造在先前建筑的位置之上,表明遗址的利用有一定程度的连续性。埃塞克斯和赫特福德郡的一些其他遗址,如伯克斯莫尔(Boxmoor)、公园街(Park Street)和洛克里斯(Lockleys),显示有与戈汉布里证据相似的变迁,但明显不同的是,其他铁器时代晚期农业聚落并没有显示出向石砌构造和别墅式建筑的同样转变。最近的其他研究也证明,与罗马征服英国相伴的建筑变迁是高度多样化的(比如见 Branigan 1981;Hingley 1989;待刊)。实际上,铁器时代晚期和罗马时期的英国,建筑的构造和布局在不同时间以不同方式发生变化。

在任何时间点及整个历时过程中,埃塞克斯和赫特福德郡遗址出土的陶器组合也有很大的不同。尤其是公元 1、2 世纪当地制造的陶器,其式样和质地在不同背景里以不同的速率和不同的方式发生变化。而且,在这些遗址里,进口陶器的程度,以及本地制造和消费这些进口陶器"仿制品"的情况都各不相同(见 Jones 1994:148-149;Willis 1994:146)。就像建筑风格所见,最近对铁器时代晚期和罗马时期初陶器组合的详细研究也开始揭示出极大的异质性(Hill 1995:75;Willis 1993)。

这些多样性揭示了罗马化这个概念作为文化适应一种必然和相同的过程,以及诸如"罗马"和"本土"这类文化与认同相伴范畴的局限性。当面对这样的多样性时,保持这些范畴的唯一办法,是要指出这些范畴是诸如贸易和交换等其他因素的产物,而非过去人群罗马化的缘故。但是,这种说法人为地将族属和其他活动如生产与贸易割裂开来,而就如我们在第四和第五章所见,族群身份认同经常与社会生活的这些方面交织在一起。而且,业已揭示的这些多样性大多直接与传统的罗马化模式有所抵牾,就像建筑风格和陶器形制原来被认为与预设的罗马化品味和认同直接相关，其实并非如此。

在此思考的这些遗址以及英国其他地区类似遗址出土的物质文化所表现的异质性，用本书提出的族属理论来解释的话，要比传统的罗马化概念更有说服力。必须彻底摒弃将罗马式物质文化与罗马身份认同简单对应的做法，并质疑是否真的存在所谓的"罗马"和"本土"的文化和族群实体。但是，英格兰东南部物质文化的变迁肯定部分反映了过去文化身份的表现：罗马帝国的扩张无疑造成了一种新的社会互动和社会关系，权力、地位和身份通过这种关系被复制和改造（也见 Willis 1994：143-144）。这也不可避免地建立一种族属的新型表现，并纳入业已存在于某些社会领域中文化与身份的组态（configuration）。而物质文化的多样性也许与这一过程有关。

举个具体的例子，骷髅原和戈汉布里聚落结构和建筑风格的变迁，在其他聚落缺乏相同的变化，这有可能构建族属复制与改造的新背景，不管是否代表了有意或无意的族属表现。作为习性的重要组成部分，家用建筑如浴室和别墅，很可能与某些社会领域中特定人群对广义罗马身份的承认和标示相关（参见 Meadows 1994）。但是，物质文化其他方面的变化，如特定的陶器形制或葬式，有可能横跨规模如此广泛的认同，从而成为区域内许多族属复制和改造的一部分。因此，族属和其他认同方式的不同组态很可能在不同社会背景中，通过物质文化的不同方面予以表现，就像今天特勒弗社会所使用的网袋（毕仑）一样（见第六章）[1]。

同理，器物或建筑某特定形制或风格很可能渗透了身份认同

---

[1] 最近的文献中也有相同的说法，强调伍尔夫（Woolf 1992）所谓的"罗马化的一致性和多样性"（如 Haselgrove 1990；Hingley 1996；Meadows 1994；Willis 1994），以及最近有关前罗马铁器时代晚期的著作中（如 Hill 1995）。

的多重表现。比如,迄今一直基本被认为是典型罗马风格的器物,如高卢-比利时陶器以及它们本土的"仿制品",很可能被某些人群用来糅合广阔地理范围内的一种身份认同,但是它们很可能也在一种较为本地化身份认同的表现中被扰乱或采用。器物特定形制与不同种类和规模的身份之间的关系,很可能会导致该形制在相关背景中整个组合内的不同组态。因此,我们必须考虑特定形制分布与来自某特定背景的物质文化整个组合的关系,而不是孤立地看待它们。

尽管所谓的"罗马"和"本土"风格的物质文化很可能参与到身份的构建与表现之中,但是我们不能就认定这种物质风格的含义就必定是固定不变的——也就是说,它们总是与"罗马"或"本土"身份相对应的。"罗马"风格在上面讨论的遗址中以各种不同方式被采用,很可能是这样一种事实的结果,即文化与族属的关系是不断变化的,在社会活动过程中被复制和改造。考古学家一直认为的"本土"和"罗马"文化,很可能在族属各种不同组态中被利用、扰乱和改造。

在近期有关采纳"罗马风格"物质文化的研究中,大体上开始被从竞争模仿的本土竞争系统用于协调地位并使之合法化的角度来考虑,而不是将其看作族群的认同过程(见第二章)。显然,要确立物质文化某特定形制或风格与过去特定种类的身份的关系,或者某特定形制特征是否代表了族属、地位和性别的联系是很困难的。实际上,就物质文化特定类型的具体作用与族属的关系而言并没有普遍性的法则。因此,有必要设法依据独立的背景证据来建立某特定形制特征与过去认同过程之间的关系。但是,我们也看到,族属往往也与其他身份认同的维度如性别和地位相关,因为族群身份认同的形成,部分是基于对构成社会生活的文化积淀的某种一致性认识。于是,我们有理由认为,地位与族属的文化表现在任何时候都是彼此交织在一起的,而上面所讨论的各种形制或风格很可能兼与族群认同和社会地位的联系有关。

　　本文所提及遗址中出土的物质遗存的异质性表明,英格兰东南部本土人群采纳所谓"罗马风格"的物质文化,可以说是身份认同的表现和协调,并以各社会文化群体内部及之间的关系而异。对这种多样性的分析,构成了最近罗马化研究合乎逻辑的延展,据此可以这样声称,"罗马风格"的物质文化被西欧人群以不同方式结合到业已存在的社会等级关系的复制与改造中去。但是,与这种罗马化的最新途径不同,本书提出的理论途径表明,为了要观察族群认同这种复杂过程,就必须放弃以边界和同质性群体为基础的时空框架,以便观察族属形成和表现的背景。而且,考古学家不应该只关注与族属有意识表达相关的形制的身份认同作用,而是应该关注物质文化在不同时空背景里所有组合的构成,这才能提供有关造就族属短暂而重复的构建与表现的社会关系和文化实践的信息。

考古学与身份认同的政治学

　　对于考古学而言,在古与今之间,在渴望知道过去发生了什么与在用今天获得的有关过去的知识来了解过去社会以及一些历史学概念和意义之间,一直存在某种紧张(见 McGuire 1992:215-218,247)。这种紧张没有比对族属的阐释更为严重。通俗的历史学陈述为族属和民族提供了切入点,反之亦然,其终极产品就是"以史为证的认同连续性"(Hall 1994:167)。国家和民族传统的表现总是将一种亘古不变和实在论的文化和认同追溯到过去,以期确立民族群体是如此的"自然",以至于无需从自我确认之外的手段来定义(Hobsbawm 1983:14)。历史在确立现代族群和民族认同过

135
136

程中所发挥关键的作用,使得考古知识经常被用于构建这类实在论的民族史。而且,考古学与族属和民族主义的关系仍在持续甚至在扩展,这是因为拥有另类文化和历史表现的不同族属在政治上日益崭露头角。在这种背景中,考古学知识不仅在抽象的层面上被结合到民族主义和族群的意识形态之中,而且在实用的层面上也被用来提出对土地的诉求和对文化遗产的拥有的决定。

考古学知识在构建族群和民族传统中的启发,使得我们常常在族群身份认同的当代概念与从考古学分辨古代族群之间存在一种问题很大的错位。文化-历史考古学一直是民族主义(还有殖民主义)历史表现的大本营(Ucko 1995b:11),并在今天许多国家里继续成功地用于这一目的。族群和国家在针锋相对的领土争议中经常采用相同的文化-历史学框架,就像德国与波兰在领土之争中利用考古学支持各自的诉求一样(见第一章)。而且,即使政权更迭,比如从殖民政权转变为独立的民族国家,文化-历史考古学方法仍长盛不衰。

文化-历史考古学与民族主义诉求之间密切相伴的主要原因之一,在于文化概念对于两者起着同样的核心作用。本书一直强调,考古学分辨过去的文化总是立足于有关文化差异性质的历史学设想(也见 Jones 1996:64-66)。一种有边界的、同质和源远流长的想法自 19 世纪以来就被植入有关文化的思考之中,并与民族主义及民族国家的兴起密不可分(Handler 1988:7-8;Spencer 1990:283;Wolf 1982:387)。用汉德勒的话说,民族被认为是"个体化的存在",被赋予自然事物的真实性,它们被认为是分界和连续的,并明确能与其他类似实体相区分(Handler 1988:6,15)。文化的思想总是与民族主义的讨论紧密交织在一起;正是文化在民族之间做出了区分,并是构建民族认同的内容(Díaz-Andreu 1996:53-54)。而且,"文化象征了个体化的存在:确认文化独特性是宣称存在独一无二集体的另一方式而已"(Handler 1988：39)。

民族主义话语中的文化表现与学术理论与实践中的"文化"和
"社会"概念之间存在惊人的相似,其中,它们都被认为是紧密整
合、有边界和连续的实体,并占据着时空上专有的一席之地(见第
三章)。考古学文化概念代表了这种文化概念的一种特殊变体。
分界的物质文化复合体被认为是过去特定人群的表现,他们共享
一套约定俗成和习得的行为规范。考古学文化进而变成了有机和
个体化的实体,史前学家用它来代替具体的个别参与者,而它们在
传统上就构成了历史学家所用语汇。就目前关于民族与文化之关
系以及考古学文化与过去人群之关系说法的情况来看,是基于目
的论的推理,即文化既是相关民族或"人群"的表现,同时也构成了
这些民族与"人群"。于是,

> 几乎先入为主地深信存在这样的文化,进而必然深
> 信存在某种特定的人群。存在这样的人群反过来又预设
> 了某种文化的存在。

汉德勒(Handler 1988：39)

而且,虽然"考古学文化"概念是文化-历史考古学的产物,但是其
许多有关文化与身份的设想仍然是过程考古学和某些后过程考古
学的基础(参见第二章和第六章)。实际上,大部分考古学研究仍
然是在业已确立的有边界的社会-文化实体的框架里进行的,这类
实体被认为与过去的社会或族群实体相关,不管这种关联性是否
被确认。

在考古学和人类学中,基于文化概念对族群与部落的定义在
传统上都借助一批文化、语言和物质特征来表现的。就如德瓦尔
(Devalle 1992：234)所言:"最终结果所提供的图像,就成了与一种
'博物馆文化'相伴,被从他们深厚历史渊源中连根拔起的人群,已

失去了动态和意义。"(也见 Morris 1988)这种方法的后果,并不限于学术研究和报告,而且还反映在政治领域,诸如行政实践、立法和遗产管理上。比如,魁北克文化遗产(*Patrimoine*)的保护就提供了将文化物化的典型例子,于是一堆静态的文化特征成了该民族拥有的物质表现(Handler 1988:140-158)。汉德勒指出,被认为是"真正的"魁北克文化的定义、遗产清单、所获之物以及占地的范围,都根植于一种民族主义的世界观。通过制定遗产清单来对魁北克人进行分类,该民族(或代表该民族的官方共同体)就想方设法获取文物和历史建筑,随后通过法律将它们圈禁保护起来,或/并放到博物馆里。就像皇家广场(the *Place Royale*)的例子,它是加拿大魁北克市内保留和重建有 17 和 18 世纪古建筑的一片地区,这一过程具有占据地盘与财物的效果,阻挠了社会和文化的发展进程,驱离了祖辈居住在此的居民。汉德勒(Handler 1988:151)哀叹道,皇家广场变成了"时间停滞的博物馆",以其风格特征的方式,为魁北克的建筑传统提供了一组静态的参照物。

　　相同的过程也见于考古遗存的处理,以及它们作为民族或族群的静态遗产被物化。例如,在津巴布韦,在一些地区如大津巴布韦遗址(Great Zimbabwe)(见 Ucko 1994),就采用了这种静态的历史复原法。在这个遗址中,在极为复杂的纪念性建筑史中,仅有某特定阶段的建筑被保存与重建。这种方法导致将这些纪念物具体化为该民族遗产的一部分,并分隔和否定了与该纪念物相伴的同时期的其他不同信仰和实践(Ucko 1994:271)[①]。这种例子不胜

----

　　① 而且,各种问题导致设法建立一种"文化室"(culture house),以期成为一种本土和动态的与过去相联的场所,以及当今社群文化积极活动的中心。尽管有这样的初衷,这类中心一直受到国家当局的控制和干预,以期有效地离间当地的群体。例如,穆莱瓦文化室(Murewa Culture House,津巴布韦的一个村落和区域)传统的精神媒介 *n'angas* 被查封,因为国家当局将其视为麻烦制造者。具有讽刺意味的是,这种紧张关系以及它们的解决办法一直被视为文化室作为社群社会生活不断发展集中表现的成功标志(Ucko 1994:255)。

枚举,从巨石阵(见 Bender 1993:269-270)到澳洲原住民的岩画
(见 Ucko 1983a:33-36),在那里,静态的复原法导致从特定历史
和物质文化中,将据称是"真实"的某特定时段具体化,并从发展的
社会生活中对它们进行推演。

看来,考古学常常被用来提供一批固定的参照点,而在过去它
们曾发挥着协调和能动的作用(Ucko 1995b:20)。文化-历史学
方法为文化的物化过程作出了贡献,以便将过去以一种同质性文
化分布的方式进行重建,而这种文化的历史就以一种固有的线性
陈述而展开;这是一种通过物化的事件如接触、迁徙和征服来加以
衡量的,而它们之间以相同的时间空白隔开。于是,考古学界分辨
过去文化实体的做法特别符合构建民族传统的需要,就如德瓦尔
(Devalle 1992:21)所言,这种构建"特别关注建立一种与过去合法
的连续性,而无视历史的不连续性和社会矛盾的发展"。

对民族主义意识形态与考古学之间关系的分析表明,分辨过
去的民族群体一直是在一种封闭的思想体系中进行的,限制了古
今之间的辩证互动。也就是说,文化和身份认同概念之间的高度
契合成为今天集体认同得到国际认可的强势话语的一部分,它还
告诉我们如何了解过去,并为我们对考古证据的描述、分类和阐释
提供模式。这种情况令人遗憾的启发就是,考古学家及其他社科
学者很可能建立起各种范式,"用来说明他们自己编造出来的那些
东西"(Bond and Gilliam 1994b:13)。

当然,这种说法意指对这种想法的认可,即考古知识的形成不
仅依个体参与者的政治利益和背景情况而定,而且也依对过去进
行描述和阐释所采用的各种范式的社会-历史渊源而定。我们所
采用的理论、概念和问题,影响着对特定"事实"的选择、描述和阐
释(比如材料由理论所承载),而这些理论、概念和问题在某种程度
上也是我们自身社会-历史背景的产物(Gathercole 1990:1-4;

Shanks and Tilley 1992［1987］：247 – 248；Shennan 1989b：
1 - 5)。但是,不管有人(如 Anthony 1995：83)怎么说,这种说法
未必会倒退到虚无的相对主义,这种相对主义声称证据完全由理
论决定,因此根本没有办法对彼此相左的理论做出主观判断。与
之相反,尽管证据多少都会受到理论和阐释的影响,但是它也对阐
释和所能建立的理论种类进行了限制,并有时还会迫使我们重新
考虑社会性质阐释的各种可能,乃至根深蒂固的设想(Fricker
1994；McGuire 1992：248；Wylie 1989：105 - 107；1993：25)。就
族属理论而言,族群是文化携带者的传统设想部分因民族志的证据
而受到挑战,也即文化和族属之间并不存在一一对应的关系,于是
人类学界在了解群体身份认同时出现了明显的转变。然而,证据的
持续累加与构建比较妥当的理论和阐释框架之间,并非如某些学者
所言,具有一种直接的关系(比如 Díaz-Andreu and Champion 1996a：
19；Trigger 1995：275)。相反,如我们在第三和第五章中所见,1960
到 1970 年代我们对族属了解的转变是族属相关的新证据与广泛的
社会政治变迁之间一种复杂的相互作用,包括去殖民化和族群政治
上动员起来的过程。有关特定社会现象的理论与这种现象的证据
之间存在辩证的相互关系;两者总是不断变化的,从未有过一方完
全由另一方决定的情况。

　　在考古学中,古代族群的重建与今天民族主义特定身份认同
话语之间高度紧密的关系,部分因迄今主导着这门学科的经验主
义框架而根深蒂固。材料的描述和分类一直被认为是某种前理论
的方法,所以有关文化和身份认同的概念和设想在考古学中大体
没有受到什么质疑。具有讽刺意味的是,正是由于漠视考古证据
由理论所承载的性质,才使得一套特定的想法被强加于过去,并妨
碍了描述和解释考古证据所用概念和阐释框架的争论。因此,承
认并不存在中立和真实的"假定"(given)并不会削弱考古学探索

的正当性。相反,这种省悟通过对产生特定概念和理论的社会-历史背景的讨论,以及根据民族志和考古学证据对这些概念的支撑程度,成为我们增强阐释能力的基本条件。

本书提出的重要看法之一,就是认为传统的族群定义将文化"类型"从不同时空背景的社会实践里抽离出来,为了分析而将它们置于单一的平台上。这种"方法论的对象化"(methodological objectification)过程,是用一种铁板一块的整体来取代通常是斑块状、不连贯、彼此重合、背景各异的族属实践(参照 Bourdieu 1990:84)。这种方法否定社会实践与族群意识存在任何积极的交集(engagement),并用来掩饰族群认同复制和改造过程所涉及的各种动因。于是,族属概念变成了一种原生论和实在论的历史遗赠。

相反,本书提出的方法关注族属的群体意识,以及文化差异在各种特定历史建构背景中复制和改造的短暂表现,这种背景会对人类的体验和社会活动施加各种影响(见 Devalle 1992:18 - 19)。在这样一种框架里,特定纪念建筑和物质文化的器物与某族群之间的对应关系已站不住脚,因为这些物质文化的意义是在不断变化的社会和历史背景中,由处于不同社会地位的不同人群持续加以复制和改造的。因此,纪念性建筑和物质文化的组合必须从文化认同异质性乃至经常对立的构建背景中来加以了解。并不存在单纯和一目了然的族群关系,因为从来就没有存在过这种单一的社会实体(参照 Barrett 1994:73, 171;Thomas 1996:62 - 63 有关一般性阐释)。即使在一个自我认同的族群内部,这样一种认同与用来象征身份认同的物质形式也以不同人群而以不同的方式存在与衔接。正如大贯惠美子(Ohnuki-Tierney 1995:245)根据稻米对日本人认同表现之象征的探究之后所得出的结论,

$\frac{140}{141}$

　　[日本人]的自我在与其他人的每次历史邂逅中不断在变。日本人与中国人关系的认同,肯定不同于与西方

人的关系。于是稻米一直代表着日本人的不同自我。而且，稻米的含义在其他方面也会随时间而发生剧变。

　　如果考古学家坚持认为，族群意义或聚合关系能从某纪念物或物质文化的某特定形制里"提炼"出来，那么他们就永远无法理解过去族属复制和维持所涉及的人类实践的诸多方面。更有甚者，考古学会继续将过去看作是凝固而遥远的单一实体，要么鼓励简单和专门地与特定族群和民族相联系，要么完全与今天的社群割裂开来（见 Ucko 1994）。承认过去并未逝去，考古遗存有可能参与潜在不同和多变的身份构建，这将有利于在考古学和现生社群之间建立一种动态和紧密的关系。实际上，在遗产管理和博物馆展示的背景里会凸显今天不同身份认同群体之间的争论与协调（见 Ucko 1994：249，255），但是，考古学作为一门学科也同样积极参与到这些过程之中，而非勉为其难地为今天族属的构建与合法性提供不二的信息来源（Mackie 1994：186）。

　　就任何有关文化、身份与过去的研究而言，本书呈现的理论途径的政治启示也是多重的。本方法可用来瓦解对过去铁板一块和实在论的解释，这种说法常被某些民族主义者用来支持其目的。比如高加索地区的民族主义群体试图利用考古学重建来提出独霸并常常是扩张主义的领土诉求，他们认为考古遗存证明了自己是一体和同质性的民族，并能够将他们的起源追溯到过去的某时间点。因此，与某些考古学家（如 Kohl and Tsetskhladze 1995：169）所言相左，即多重和不同身份认同与相伴历史能够并存的看法并不意味着"万事皆可"，因为这使得独霸的民族主义诉求根本上就站不住脚。如果特定的考古遗址和其他物质遗存涉及不同社会背景中多重、多变和不同的身份构建，那么就根本否定了对某片领土权利提出的任何民族主义独霸诉求的历史正当性（同样的说法见 Barth 1994：30；Bernbeck and Pollock 1996：141）。虽然民族主义者可能会无视考古学家们对历史陈述的告诫（Dietler 1994：597 - 598），但是我们仍然可以通过我们的著作，以及我们在博物馆和对考古遗址的展示中，努力改变对族属原生性和实在论的理解。

但是，同时需要承认的是，近来强调身份认同不连续、改造和多变的研究也会削弱少数族裔对土地和文化自决权诉求的基础（见 Mascia-Lees *et al*. 1989：24 - 25）[1]。"西方"的学术理论常常为支配模式提供概念框架，就像一些殖民政权采用的对部落和族群的分类中所见。而较为晚近，这些文化和认同的概念也已融入有关土地权和文化遗产权的国内法与国际法之中（见 Mackie 1994：189 - 190）。比如在澳大利亚，原住民对澳北区（Northern Territory）土地的成功诉求，就是通过建立在对一片土地的使用连续性上，而文化遗产的所有权也集中在连续性和认同的问题上，这在过去是这样，目前仍是如此（Murray 1993：109 - 112；Ucko 1983a，1983b）。于是，可以这样说，最近的理论导致了瓦解铁板一块与实在论的文化和身份概念，正如这些概念正在成为少数族裔政治动员的一种手段以及对土地（及文化遗产）诉求的基础。但是，这一情况更加复杂，因为在土地权的案子中，土著人群常常必须在彻底抛弃对其过去的文化-历史学描述，与再次协调他人对其特定文化-历史学历程的阐释之间做出选择（Ucko 1995b：10）。前一选项在某种情况下需要改变土著土地所有权的法律定义，而后一选项在许多情况下又无法满足法庭的要求，前提是要提供历史文件和考古证据，马什匹（Mashpee）土地诉求案便是一例（见 Campisi 1991；Clifford 1988：277 - 346）。而且，这类案子几乎总是由处于主导地位的社会来对少数族群的身份和历史进行严格的

---

[1] 有点令人惊讶的是，尽管存在这样的事实，即他们对土地和遗产的诉求日益在民族主义的框架里予以表达（见 Mackie 1994），但是少数祖裔和"第四"世界土著群体常常漠视有关民族主义和考古学的著作（可参见 Kohl and Fawcett 1995）。

审查,而非相反,最终导致族群之间权力关系长期紧张(见
Chapman *et al.* 1989:17‐18)。少数族群总是面对各种没完没了
的要求,要他们必须拥有一种同质性的传统文化和身份,并以连贯
和直线的方式追溯到过去。许多群体注定无法满足这种要求,因
为这种话语对文化和身份连续和分界的性质包含了过于苛刻的期
待,并不符合与族属构建相关的各种社会和历史过程(见 Campisi
1991;Jacobs 1988)。

142
143

人文学科对这种道德和政治上所承受负担最常见的反应之
一,就是主张"科学"和"道德"模式之间应该分开(如 D'Andrade
1995)。比如,有人提出,考古学家必须对民族主义或种族主义彼
此对立的某种解释根据道德和事实做出批评,于是

> 具有了良知,一个人可以承认一项可能具有颠覆性
> 的考古学重建是对考古证据最可行和最客观的阐释,然
> 后谴责国家政策为了别有用心的政治目的而对考古重建
> 进行歪曲和篡改。
>
> 科尔与福西特(Kohl and Fawcett 1995a:9)

可是,在考古学知识与政治或道德判断之间不可能维持这样一种
清楚的界线。一方面,考古学方法论和阐释框架所立足的对文化
和身份的设想原本就是某种历史背景里约定俗成的特定政治立
场。另一方面,"政治信仰是不可理喻的,它独立于世界真实状况
的合理经验诉求,并独立于源自这些证据的理论之外"(Fricker
1994:99)。政治和道德的交集必须基于对世界运转方式的了解
(Barth 1994:31;Friedman 1995:422),正如对知识形成背后的政
治和道德说教必须持批评眼光一样。

我写本书的动机之一就是想对物质文化的器物与族属之间的
关系进行一番重新的评估,这应该能为特定具体情况中的政治和

道德交集(engagement)提供一个坚实的基础。一般认为,族属是
社会互动中相对于特定"他者"的一种主观和因势而变的认同构建
(Megaw and Megaw 1996)。可是,族群的身份认同并非随意的构
建,个人和群体借此以最符合他们的任何方式来选择自己和别人
的身份。相反,特定的族群认同以及与其相伴的过去表现是在以
权力关系为特点的社会-历史特定背景中产生的。例如在澳大利
亚,国家权力一直在不同程度上被用来将澳洲原住民的身份认同与
它为原住民构建的身份认同保持一致(见 Jacobs 1988;Morris 1988;
Beckett 1988a),结果,"这些原住民发现,在别人将他们与'真正的原
住民'和自己与'真正的原住民'相比之间,处在被视为顽固不化(意
指无法改变)和被斥为冒牌货之间的尴尬境地"(Beckett 1988a:
194)。与此同时,人类学和考古学研究一直在积极参与传统原住民
文化图像的构建,告诉我们"真正原住民"的看法。

143
144

考古学家需要讨论有助于构建特定身份认同的特殊历史表
现,以及某种表现压倒另一种表现是如何根植于群体内外的权力
关系的(比如见 Dietler 1994)。与此同时,我们不能认为考古学家
(或其他社会科学家)具有某种超越社会与意识形态的特殊视角。
于是,我们也需要观察考古学采用的分类和阐释模式参与群体间
权力关系的构建方式,并如何为社会实践和策略以及当今世界政
治合法性的裁断提供基础,并对此负起责任。正如伯恩贝克和波
洛克(Bernbeck and Pollock 1996:141)所言,考古学家能够从事
"根据各相关党派(包括考古学家自己)在定义和塑造身份认同中
的所作所为来揭示他们的利益所在"。但是,这样的任务不应该纯
粹是批判性的;它同时还需要考古学家与其他群体之间的对话与
协商,以便建立一些共识,以增强我们对过去的阐释。最终,正是
这种互动和分析模式可以为我们提供古今族群身份认同构建的更
加充分的认识。

参 考 文 献

Anthony, D. W. (1995) 'Nazi and eco-feminist prehistories: ideology and empiricism in Indo-European archaeology.' In P. L. Kohl and C. Fawcett (eds) *Nationalism, Politics and the Practice of Archaeology*, pp. 82 - 96. London: Routledge.

Appadurai, A. (1986) 'Introduction: commodities and the politics of value.' In A. Appadurai (ed.) *The Social Life of Things*, pp. 3 - 63. Cambridge: Cambridge University Press.

Arens, W. (1976) 'Changing patterns of ethnic identity and prestige in East Africa.' In W. Arens (ed.) *A Century of Change in Eastern Africa*, pp. 65 - 75. Paris: Mouton.

Arnold, B. (1990) 'The past as propaganda: totalitarian archaeology in Nazi Germany.' *Antiquity* 64: 464 - 78.

Asad, T. (1980) 'Comment: indigenous anthropology in non-Western countries.' *Current Anthropology* 21(5): 661 - 2.

Babington, W. D. (1895) *Fallacies of Race Theories as Applied to National Characteristics*. London: Longmans, Green & Co.

Banton, M. (1977) *The Idea of Race*. London: Tavistock.

Barkan, E. (1988) 'Mobilizing scientists against Nazi racism.' In G. W. Stocking (ed.) *Bones, Bodies, Behaviour: essays in biological anthropology*, pp. 180 - 205. Madison: University of Wisconsin Press.

Barrett, J. C. (1989) 'Afterword: render unto Caesar . . . .' In J. C. Barrett and A. P. Fitzpatrick (eds) *Barbarians and Romans in North-West Europe*, pp. 235 - 41. Oxford: British Archaeological Research.

Barrett, J. C. (1994) *Fragments from Antiquity: an archaeology of social life in Britain, 2900 - 1200 BC*. Oxford: Blackwell.

Barrett, J. C. and A. P. Fitzpatrick (1989) 'Introduction.' In J. C. Barrett and A. P. Fitzpatrick (eds) *Barbarians and Romans in North-West Europe*, pp. 9 - 13. Oxford: British Archaeological Research.

Barth, F. (1969a) 'Introduction.' In F. Barth (ed.) *Ethnic Groups and*

Boundaries, pp. 9 – 38. Boston: Little Brown.

Barth, F. (1969b) 'Pathan identity and its maintenance. ' In F. Barth (ed.) *Ethnic Groups and Boundaries*, pp. 117 – 34. Boston: Little Brown.

Barth, F. (ed.) (1969c) *Ethnic Groups and Boundaries*. Boston: Little Brown.

Barth, F. (1989) 'The analysis of complex societies. ' *Ethnos* 54 (3 – 4): 120 – 42.

Barth, F. (1994) 'Enduring and emerging issues in the analysis of ethnicity. ' In H. Vermeulen and C. Covers (eds) *The Anthropology of Ethnicity: beyond 'Ethnic Groups and Boundaries'*, pp. 11 – 32. Amsterdam: Het Spinhuis.

Bash, H. H. (1979) *Sociology, Race and Ethnicity: a Critique of American Ideological Intrusions upon Sociological Theory*. London: Gordon &. Breach.

Beals, R. A. (1932) 'Aboriginal survivals in Mayo culture. ' *American Anthropologist* 34: 28 – 39.

Beals, R. A. (1953) 'Acculturation. ' In S. Tax (ed.) *Anthropology Today: selections*, pp. 375 – 95. Chicago: University of Chicago Press.

Beckett, J. R. (1988a) 'The past in the present; the present in the past: constructing a national Aboriginality. ' In J. R. Beckett (ed.) *Past and Present: the construction of Aboriginality*, pp. 191 – 217. Canberra: Aboriginal Studies Press.

Beckett, J. R. (ed.) (1988b) *Past and Present: the construction of Aboriginality*. Canberra: Aboriginal Studies Press.

Beddoe, J. W. (1885) *The Races of Britain*. Bristol: J. W. Arrowsmith.

Bell, D. (1975) 'Ethnicity and social change. ' In N. Glazer and D. P. Moynihan (eds) *Ethnicity: Theory and Experience*, pp. 141 – 74. Cambridge, Mass. : Harvard University Press.

Bender, B. (1993) 'Stonehenge—contested landscapes (medieval to present-day). ' In B. Bender (ed.) *Landscape, Politics and Perspectives*, pp. 245 – 79. Oxford: Berg.

Benthall, J. and J. Knight (1993) 'Ethnic alleys and avenues. ' *Anthropology Today* 9(5): 1 – 2.

Bentley, G. C. (1981) *Ethnicity and Nationality: a bibliographic guide*. Seattle: University of Washington Press.

Bentley, G. C. (1983) 'Theoretical perspectives on ethnicity and nationality. ' *Sage Race Relations Abstracts* 8(2): 1 – 53 and 8(3): 1 – 26.

Bentley, G. C. (1987) 'Ethnicity and practice. ' *Comparative Studies in Society and History* 29: 24 – 55.

Bentley, G. C. (1991) 'Response to Yelvington. ' *Comparative Studies in Society and History* 33: 169 – 75.

Bernbeck, R. and S. Pollock (1996) 'Ayodha, archaeology, and identity.' *Current Anthropology* 37: 138 – 42.

Biddiss, M. D. (1979) 'Introduction.' In M. D. Biddiss (ed.) *Images of Race*, pp. 11 – 35. New York: Holmes & Meier.

Binford, L. R. (1962) 'Archaeology as anthropology.' *American Antiquity* 28: 217 – 25.

Binford, L. R. (1965) 'Archaeological systematics and the study of culture process.' *American Antiquity* 31: 203 – 10.

Binford, L. R. (1972) *An Archaeological Perspective*. New York: Seminar Press.

Binford, L. R. (1973) 'Interassemblage variability — the Mousterian and the "functional" argument.' In C. Renfrew (ed.) *The Explanation of Culture Change: Models in Prehistory*, pp. 227 – 54. London: Duckworth.

Binford, L. R. (1983) *In Pursuit of the Past*. London: Thames & Hudson.

Binford, L. R. and S. R. Binford (1966) 'A preliminary analysis of functional variability in the Mousterian Levallois facies.' *American Anthropologist* 68 (2): 238 – 95.

Binford, S. R. and L. R. Binford (1968) *New Perspectives in Archaeology*. New York: Aldine.

Birchall, A. (1965) 'The Aylesford-Swarling culture: the problem of the Belgae reconsidered.' *Proceedings of the Prehistoric Society* 31: 241 – 367.

Blackmore, C., M. Braithwaite and I. Hodder (1979) 'Social and cultural patterning in the late Iron Age in southern Britain.' In B. C. Burnham and J. Kingsbury (eds) *Space, Hierarchy and Society: Interdisciplinary Studies in Social Area Analysis*, pp. 93 – 112. Oxford: British Archaeological Research.

Blagg, T. and M. Millett (1990) 'Introduction.' In T. Blagg and M. Millett (eds) *The Early Roman Empire in the West*, pp. 1 – 4. Oxford: Oxbow Books.

Blu, K. I. (1980) *The Lumbee Problem: the making of an American Indian people*. Cambridge: Cambridge University Press.

Boas, F. (1974 [1887]) 'The occurrence of similar inventions in areas widely apart' and 'Museums of ethnology and their classification' *Science* 9: 485 – 6, 587 – 9. (Reprinted as 'The principles of ethnological science.' In G. W. Stocking (ed.) (1974) *The Shaping of American Anthropology 1883 –1911. A Franz Boas Reader*, pp. 61 – 7. New York: Basic Books.)

Boas, F. (1974 [1905]) 'The mythologies of the Indians.' *International Quarterly* 12: 157 – 73. (Reprinted in G. W. Stocking (ed.) (1974) *The Shaping of American Anthropology 1883 – 1911. A Franz Boas Reader*, pp. 135 – 48. New York: Basic Books.) Bond, G. C. and A. Gilliam (eds) (1994a) *Social Construction of the Past: Representation as Power*. London: Routledge.

Bond, G. C. and A. Gilliam (1994b) 'Introduction. ' In G. C. Bond and A. Gilliam (eds) *Social Construction of the Past: Representation as Power*, pp. 1 – 22. London: Routledge.

Bordes, F. (1968) *The Old Stone Age*. London: Weidenfeld & Nicolson.

Bordes, F. (1973) 'On the chronology and contemporeneity of different palaeolithic cultures in France. ' In C. Renfrew (ed.) *The Explanation of Culture Change: Models in Prehistory*, pp. 217 – 26. London: Duckworth.

Bordes, F. and D. de Sonneville-Bordes (1970) 'The significance of variability in palaeolithic assemblages. ' *World Archaeology* 2: 61 – 73.

Bosanquet, R. C. (1921) 'Discussion of "The Dorian invasion reviewed in the light of new evidence". ' *Antiquaries Journal* 1: 219.

Bourdieu, P. (1977) *Outline of a Theory of Practice*. Cambridge: Cambridge University Press.

Bourdieu, P. (1990) *The Logic of Practice*. Cambridge: Polity Press.

Bourdieu, P. and L. J. D. Wacquant (1992) *An Invitation to Reflexive Sociology*. Cambridge: Polity Press.

Bowler, P. J. (1989) *The Invention of Progress: the Victorians and the past*. Oxford: Basil Blackwell.

Bowman, G. (1993) 'Nationalizing the sacred: shrines and shifting identities in the Isreali-Occupied Territories. ' *Man* 28(3): 431 – 60.

Bradley, R. (1984) *The Social Foundations of Prehistoric Britain: themes and variations in the archaeology of power*. London: Longman.

Branigan, K. (1981) 'Celtic farm to Roman villa. ' In D. Miles (ed.) *The Romano-British countryside*, pp. 81 – 96. Oxford: British Archaeological Research.

Bromley, Y. (1980) 'The object and subject matter of ethnography. ' In E. Gellner (ed.) *Soviet and Western Anthropology*, pp. 151 – 60. London: Duckworth.

Brook, S. (1983) 'Principles of identification and classification of peoples. ' In A. Kochin (ed.) *Ethnic Geography and Cartography*, pp. 39 – 64. Moscow: Social Sciences Today.

Brumfiel, E. (1994) 'Ethnic groups and political development in ancient Mexico. ' In E. M. Brumfiel and J. W. Fox (eds) *Factional Competition and Political Development in the New World*, pp. 89 – 102. Cambridge: Cambridge University Press.

Buchignani, N. (1982) *Anthropological Approaches to the Study of Ethnicity: occasional papers in ethnic and immigration studies.* Toronto: The Multicultural Society of Ontario.

Buchignani, N. (1987) 'Ethnic phenomena and contemporary social theory: their implications for archaeology. ' In R. Auger, M. F. Glass, S. MacEachern and P. H. McCartney (eds) *Ethnicity and Culture: Proceedings of the Eighteenth Annual Conference of the Archaeological Association of the University of Calgary*, pp. 15 – 24. Calgary: University of Calgary.

Burgess, M. E. (1978) 'The resurgence of ethnicity: myth or reality?' *Ethnic and Racial Studies* 1(3): 265 – 85.

Burkitt, M. C (1933) *The Old Stone Age: a Study of Palaeolithic Times.* Cambridge: Cambridge University Press.

Burley, D. V. , G. A. Horsfall and J. D. Brandon (1992) *Structural Considerations of Métis Ethnicity. An archaeological, architectural and historical study.* Vermillion: The University of South Dakota Press.

Burnham, B. C. and H. B. Johnson (1979) Introduction. ' In B. C. Burnham and H. B. Johnson (eds) *Invasion and Response: the case of Roman Britain*, pp. 1 – 8. Oxford: British Archaeological Research.

Butcher, S. (1990) 'The brooches. ' In D. S. Neal, A. Wardle and J. Hunn *Excavation of the Iron Age, Roman and Medieval Settlement at Gorhambury, St Albans*, pp. 115 – 20. London: Historic Buildings and Monuments Commission for England.

Cairnes, J. E. (1865) 'The negro suffrage. ' *Macmillan's Magazine* 12: 334 – 43. (Reprinted in M. D. Biddiss (ed.) (1979) *Images of Race*, pp. 73 – 88. New York: Holmes & Meier.)

Calhoun, C. (1993) 'Habitus, field and capital: the question of historical specificity. ' In C. Calhoun, E. LiPuma and M. Postone (eds) *Bourdieu: critical perspectives*, pp. 61 – 88. Cambridge: Polity Press.

Calhoun, C. (1994) 'Social theory and the politics of identity. ' In C. Calhoun (ed.) *Social Theory and the Politics of Identity*, pp. 9 – 36. Oxford: Blackwell.

Campisi, J. (1991) *The Mashpee Indians: tribe on trial.* New York: Syracuse University Press.

Casson, S. (1921) 'The Dorian invasion reviewed in the light of some new evidence. ' *The Antiquaries Journal* 1: 198 – 221.

Champion, T. C. (1975) 'Britain in the European Iron Age. ' Archaeologia Atlantica 1: 127 – 45.

Champion, T. C. (1984 [1979]) 'The Iron Age (c. 600 B. C. – A. D. 200). ' In

J. V. S. Megawand D. A. Simpson (eds) *Introduction to British Prehistory*, pp. 344 - 432. Leicester: Leicester University Press.

Chapman, M. , M. McDonald and E. Tonkin (1989) 'Introduction. ' In E. Tonkin, M. McDonald and M. Chapman (eds) *History and Ethnicity*, pp. 1 - 33. London: Routledge.

Childe, V. G. (1927 [1925]) *The Dawn of European Civilization*. London: Kegan Paul, Trubner & Co.

Childe, V. G. (1929) *The Danube in Prehistory*. Oxford: Clarendon.

Childe, V. G. (1933a) 'Is prehistory practical?' *Antiquity* 7: 410 - 18.

Childe, V. G. (1933b) 'Races, peoples and cultures in prehistoric Europe. ' *History* 18: 193 - 203.

Childe, V. G. (1935) 'Changing methods and aims in prehistory, Presidential Addressfor 1935. ' *Proceedings of the Prehistoric Society* 1: 1 - 15.

Childe, V. G. (1940) *Prehistoric Communities of the British Isles*. London: W. & R. Chambers.

Childe, V. G. (1956) *Piecing Together the Past: the interpretation of archaeological data*. London: Routledge & Kegan Paul.

Childe, V. G. (1969 [1950]) *Prehistoric Migrations in Europe*. Oosterhout: Anthropological Publications.

Clarke, D. (1978 [1968]) *Analytical Archaeology*. London: Methuen.

Clifford, J. (1988) *The Predicament of Culture. Cambridge*, Mass. : Harvard University Press.

Clifford, J. (1992) 'Travelling cultures. ' In L. Grossberg, C. Nelson and P. A. Treichler (eds) *Cultural Studies*, pp. 96 - 116. London: Routledge.

Cohen, A. (1969) *Custom and Politics in Urban Africa*. London: Routledge & Kegan Paul.

Cohen, A. (1974) 'Introduction: the lesson of ethnicity. ' In A. Cohen (ed.) *Urban Ethnicity*, pp. ix - xxiv. London: Tavistock Publications.

Cohen, R. (1978) 'Ethnicity: problem and focus in anthropology. ' *Annual Review of Anthropology* 7: 379 - 403.

Colson, E. (1968) 'Contemporary tribes and the development of nationalism. ' In J. Helm (ed.) *Essays on the Problem of Tribe*, pp. 201 - 6. Seattle: University of Washington Press.

Comaroff, J. and J. Comaroff (1992) *Ethnography and the Historical Imagination*. Boulder: Westview Press.

Conkey, M. W. (1978) 'Style and information in cultural evolution: toward a predictive model for the Palaeolithic. ' In C. L. Redman, J. Berman, E. Curtin, W. Langhorne, N. Versaggi and J. Wanser (eds) *Social*

Archaeology: beyond dating and subsistence, pp. 61 – 85. New York:
Academic Press.

Conkey, M. W. (1991) 'Experimenting with style in archaeology: some
historical and theoretical issues. ' In M. W. Conkey and C. A. Hastorf (eds)
The Uses of Style in Archaeology, pp. 5 – 17. Cambridge: Cambridge
University Press.

Connor, W. (1978) 'A nation is a nation, is a state, is an ethnic group, is a …. '
Ethnic and Racial Studies 1: 377 – 400.

Crawford, O. G. S. (1921) *Man and his Past. London:* Oxford University
Press.

Crawford, O. G. S. and R. E. M. Wheeler (1921) 'The Llynfawr and other
hoards of the Bronze Age. ' *Archaeologia* 71: 133 – 40.

Cunliffe, B. W (1978 [1974]) *The Iron Age Communities of the British Isles.*
London: Routledge &. Kegan Paul.

Cunliffe, B. W (1988) *Greeks, Romans and Barbarians: spheres of interaction.*
London: B. T. Batsford.

Cunliffe, B. W. (1990) *Iron Age Communities in Britain.* London: Routledge.

D'Andrade, R. (1995) 'Moral models in anthropology. ' *Current Anthropology*
36(3): 399 – 408.

Danforth, L. (1993) 'Competing claims to Macedonian identity: the Macedonian
question and the breakup of Yugoslavia. ' *Anthropology Today* 9(4): 3 – 10.

Daniel, G. (1978 [1950]) *One Hundred and Fifty Years of Archaeology.*
London: Duckworth.

Davis, W. (1990) 'Style and history in art history. ' In M. W. Conkey and C. A.
Hastorf (eds) *The Uses of Style in Archaeology*, pp. 18 – 31. Cambridge:
Cambridge University Press.

Deshen, S. (1974) 'Political ethnicity and cultural ethnicity in Israel during the
1960s. ' In A. Cohen (ed.) *Urban Ethnicity*, pp. 281 – 309. London:
Tavistock Publications.

Despres, L. A. (1975) 'Ethnicity and resource competition in Gutanese society. '
In L. A. Despres (ed.) *Ethnicity and Resource Competition in Plural
Societies*, pp. 87 – 117. Paris: Mouton Publishers.

Devalle, S. B. C. (1992) *Discourses of Ethnicity: culture and protest in Jharkh
and.* London: Sage Publications.

de Vos, G. (1982 [1975]) 'Ethnic pluralism: conflict and accommodation. ' In
G. de Vosand L. Romanucci-Ross (eds) *Ethnic Identity: cultural continuities
and change*, pp. 5 – 41. Chicago: University of Chicago Press.

de Vos, G. and L. Romanucci-Ross (1982a [1975]) 'Introduction 1982. ' In G.

de Vosand L. Romanucci-Ross (eds) *Ethnic Identity: cultural continuities and change*, pp. ix - xvii. Chicago: University of Chicago Press.

de Vos, G. and L. Romanucci-Ross (1982b [1975]) 'Ethnicity: vessel of meaning and emblem of contrast. ' In G. de Vos and L. Romanucci-Ross (eds) *Ethnic Identity: cultural continuities and change*, pp. 363 - 91. Chicago: University of Chicago Press.

Díaz-Andreu, M. (1996) 'Constructing identities through culture: the past in the forging of Europe. ' In P. Graves-Brown, S. Jones and C. Gamble (eds) *Cultural Identity and Archaeology: the construction of European communities*, pp. 48 - 61. London: Routledge.

Díaz-Andreu, M. and T. C. Champion (1996a) 'Nationalism and archaeology in Europe: an introduction. ' In M. Díaz-Andreu and T. C. Champion (eds) *Nationalism and Archaeology in Europe*, pp. 1 - 23. London: University College London Press.

Díaz-Andreu, M. and T. C. Champion (eds) (1996b) *Nationalism and Archaeology in Europe*. London: University College London Press.

Díaz-Polanco, H. (1987) 'Neoindigenismo and the ethnic question in Central America. ' *Latin American Perspectives* 14: 87 - 99.

Dietler, M. (1994) '" Our ancestors the Gauls ": archaeology, ethnic nationalism, and the manipulation of Celtic identity in modern Europe. ' · *American Anthropologist* 96: 584 - 605.

DiMaggio, P. (1979) 'Review essay: on Pierre Bourdieu. ' *American Journal of Sociology* 84(6): 1460 - 74.

Dohrenwend, B. P. and R. J. Smith (1962) 'Toward a theory of acculturation. ' *Southwestern Journal of Anthropology* 18: 30 - 9.

Dolukhanov, P. (1994) *Environment and Ethnicity in the Ancient Middle East*. Aldershot: Avebury Press.

Doornbos, M. (1972) 'Some conceptual problems concerning ethnicity in integration analysis. ' *Civilisations* 22: 263 - 83.

Doran, J. and F. Hodson (1975) *Mathematics and Computers in Archaeology*. Edinburgh: Edinburgh University Press.

Dorman, J. H. (1980) 'Ethnic groups and ethnicity: some theoretical considerations. ' *Journal of Ethnic Studies* 7(4): 23 - 36.

Douglass, W. A. (1988) 'A critique of recent trends in the analysis of ethno-nationalism. ' *Ethnic and Racial Studies* 11(2): 192 - 206.

Eidheim, H. (1969) 'When ethnic identity is a social stigma. ' In F. Barth (ed.) *Ethnic Groups and Boundaries*, pp. 39 - 57. Boston: Little Brown.

Elliot Smith, G. (1928) *In the Beginning: the origin of civilisation*. London:

Gerald Howe.

Elston, R. G. , D. Hardesty and C. Zeier (1982) *Archaeological Investigations on the Hopkins Land Exchange*, *Volume II*: *an analysis of archaeological and historical data collected from selected sites*. Nevada City: Tahoe National Forest.

Erich, R. W. (1954) *Relative Chronologies in Old World Archaeology*. Chicago: University of Chicago Press.

Erich, R. W. (1965) *Chronologies in Old World Archaeology*. Chicago: University of Chicago Press.

Eriksen, T. H. (1991) 'The cultural contexts of ethnic differences.' *Man* 26: 127 – 44.

Eriksen, T. H. (1992) *Us and Them in Modern Societies: ethnicity and nationalism in Mauritius*, *Trinidad and beyond*. London: Scandinavian University Press.

Eriksen, T. H. (1993a) *Ethnicity and Nationalism*. Anthropological perspectives. London: Pluto Press.

Eriksen, T. H. (1993b) 'Formal and informal nationalism.' *Ethnic and Racial Studies* 16(1): 1 – 25.

Etter, P. A. (1980) 'The west coast Chinese and opium smoking.' In R. Schuyler (ed.)*Archaeological Perspectives on Ethnicity in America*, pp. 97 – 101. Farmingdale: Baywood Press.

Evans-Pritchard, E. E. (1940) *The Nuer*. Oxford: Clarendon Press.

Fabian, J. (1983) *Time and the Other: how anthropology makes its object*. New York: Colombia University Press.

Fardon, R. (1987) '"African ethnogenesis": limits to the comparability of ethnic References 159 phenomena.' In L. Holy (ed.) *Comparative Anthropology*, pp. 168 – 87. Oxford: Basil Blackwell.

Farrar, F. W. (1867) 'Aptitudes of races.' Transactions of the Ethnological Society 5: 115 – 26. (Reprinted in M. D. Biddiss (ed.) (1979) *Images of Race*, pp. 141 – 56. New York: Holmes &. Meier.)

Flannery, K. (ed.) (1976) *The Early Mesoamerican Village*. London: Academic Press.

Fleure, H. J. (1922) *The Peoples of Europe*. Oxford: Oxford University Press.

Fleury-Ilett, B. (1996) 'The identity of France: archetypes in Iron Age studies.' In P. Graves-Brown, S. Jones and C. Gamble (eds) *Cultural Identity and Archaeology: the construction of European communities*, pp. 196 – 208. London: Routledge.

Ford, J. (1954a) 'The type concept revisited.' *American Anthropologist* 56:

42 - 54.

Ford, J. (1954b) 'Comment on A. C Spaulding, "Statistical techniques for the study of artefact types". ' *American Antiquity* 19: 390 - 1.

Fortes, M. (1969 [1945]) *The Dynamics of Clanship Among the Tallensi: being the first part of an analysis of the social structure of a trans-Volta tribe*. London: Oxford University Press.

Fortes, M. (1980) 'Introduction. ' *In* E. Gellner (ed.) *Soviet and Western Anthropology*, pp. xix - xxv. London: Duckworth.

Foster, R. J. (1991) 'Making national cultures in the global ecumene. ' *Annual Review of Anthropology* 20: 235 - 60.

Fox, C. (1923) *The Archaeology of the Cambridge Region*. Cambridge: Cambridge University Press.

Francis, E. K. (1947) 'The nature of the ethnic group. ' *American Journal of Sociology* 52: 393 - 400.

Freeman, T. A. (1877) 'Race and language. ' *Contemporary Review* 29: 711 - 41. (Reprinted in M. D. Biddiss (ed.) (1979) Images of Race, pp. 205 - 36. New York: Holmes & Meier.)

Fricker, M. (1994) 'Knowledge as construct: theorizing the role of gender in knowledge. ' In K. Lennon and M. Whitford (eds) *Knowing the Difference: feminist perspectives in epistemology*, pp. 95 - 109. London: Routledge.

Fried, M. H. (1968) 'On the concepts of "tribe" and "tribal society". ' In J. Helm (ed.) *Essays on the Problem of Tribe*, pp. 3 - 20. Seattle: University of Washington Press.

Fried, M. H. (1975) *The Notion of Tribe*. Menlo Park: Cummings.

Friedman, J. (1989) 'Culture, identity and world process. ' In D. Miller, M. Rowlands and C. Tilley (eds) *Domination and Resistance*, pp. 246 - 60. London: Unwin Hyman; Routledge, pbk 1995.

Friedman, J. (1992) 'The past in the future: history and the politics of identity. ' *American Anthropologist* 94(4): 837 - 59.

Friedman, J. (1995) 'Comment on "Objectivity and militancy: a debate". ' *Current Anthropology* 56(3): 421 - 3.

Galton, F. (1865) 'Hereditary talent and character. ' Macmillan's Magazine 12: 318 - 27. (Reprinted in M. D. Biddiss (ed.) (1979) *Images of Race*, pp. 55 - 71. New York: Holmes & Meier.)

Gamble, C. S. (1982) 'Interaction and alliance in palaeolithic society. ' *Man* 17: 92 - 107.

Garlake, P. (1982) 'Prehistory and ideology in Zimbabwe. ' *Africa* 52: 1 - 19.

Gathercole, P. (1990) 'Introduction. ' In P. Gathercole and D. Lowenthal (eds)

The Politics of the Past, pp. 1 - 4. London: Unwin & Hyman; Routledge, pbk 1994.

Gathercole, P. and D. Lowenthal (eds) (1990) *The Politics of the Past*. London: Unwin & Hyman; Routledge, pbk 1994.

Geertz, C. (1963) 'The integrative revolution: primordial sentiments and civil politics in the new states. ' In C. Geertz (ed.) *Old Societies and New States*, pp. 105 - 57. NewYork: The Free Press.

Gellner, E. (1983) *Nations and Nationalism*. Oxford: Basil Blackwell.

Giddens, A. (1984) *The Constitution of Society: outline of the theory of structuration*. Cambridge: Polity Press.

Gifford, J. C. (1960) 'The type variety method of ceramic classification as an indicator of cultural phenomena. ' *American Antiquity* 25: 341 - 7.

Gilroy, P. (1992) 'Cultural studies and ethnic absolutism. ' In L. Grossberg, C. Nelson and P. A. Treichler (eds) *Cultural Studies*, pp. 187 - 98. London: Routledge.

Glazer, N. and D. P. Moynihan (1975) 'Introduction. ' In N. Glazer and D. P. Moynihan (eds) *Ethnicity: theory and experience*, pp. 1 - 26. Cambridge, Mass. : Harvard University Press.

Glock, A. (1994) 'Archaeology as cultural survival: the future of the Palestinian past. ' *Journal of Palestine Studies* 23: 70 - 84.

Gluckman, M. (1971) 'Tribalism, ruralism and urbanism in south and central Africa. ' In V. Turner (ed.) *Colonialism in Africa 1870 - 1960*, pp. 127 - 66. Cambridge: Cambridge University Press.

Going, C. J. (1992) 'Economic "long waves" in the Roman period? A reconnaissance of the Romano-British ceramic evidence. ' *Oxford Archaeological Journal* 11: 93 - 118.

Gordon, M. M. (1964) *The Assimilation of American Life*. Oxford: Oxford University Press.

Gordon, M. M. (1975) 'Toward a general theory of racial and ethnic group relations. ' In N. Glazer and D. P. Moynihan (eds) *Ethnicity: theory and experience*, pp. 84 - 110. Cambridge, Mass. : Harvard University Press.

Gossett, T. F. (1975 [1963]) *Race: the history of an idea in America*. Dallas: Southern Methodist University Press.

Graves-Brown, P. , S. Jones and C. Gamble (eds) (1996) *Cultural Identity and Archaeology: the construction of European communities*. London: Routledge.

Greenwell, W. (1905) 'Early Iron Age burials in Yorkshire. ' *Archaeologia* 60: 251 - 324.

Gruber, J. (1973) 'Forerunners. ' In R. Narroll and F. Narroll (eds) *Main*

Currents in Cultural Anthropology, pp. 25 - 56. New York: Meredith Corporation.

Gruber, J. (1986) 'Archaeology, history and culture. ' In D. J. Meltzer, D. D. Fowler and J. A. Sabloff (eds) *American Archaeology Past and Future: a celebration of the Society for American Archaeology*, pp. 163 - 86. Washington: Smithsonian Press.

Gulliver, P. H. (1969) 'Introduction. ' In P. H. Gulliver (ed.) *Tradition and Transition in East Africa: studies of the tribal element in the modern era*, pp. 5 - 38. London: Routledge & Kegan Paul.

Haaland, G. (1969) 'Economic determinants in ethnic processes. ' In F. Barth (ed.) *Ethnic Groups and Boundaries*, pp. 58 - 73. London: George Allen & Unwin.

Haaland, R. (1977) 'Archaeological classification and ethnic groups: a case study from Sudanese Nubia. ' *Norwegian Archaeological Review* 10: 1 - 31.

Hachmann, R. (1976) 'The problem of the Belgae seen from the continent. ' *Bulletin of the Institute of Archaeology* 13: 117 - 37.

Hall, H. R. (1921) 'Discussion of "The Dorian invasion reviewed in the light of new evidence". ' *Antiquaries Journal* 1: 219 - 20.

Hall, M. (1994) 'Lifting the veil of popular history: archaeology and politics in urban Cape Town. ' In G. C. Bond and A. Gilliam (eds) *Social Construction of the Past: representation as power*, pp. 167 - 82. London: Routledge.

Hall, M. (1995) 'Great Zimbabwe and the lost city. ' In P. J. Ucko (ed.) *Theory inArchaeology: a world perspective*, pp. 28 - 45. London: Routledge.

Haller, J. S. Jr (1971) 'Race and the concept of progress in nineteenth century American ethnology. ' *American Anthropologist* 73: 710 - 24.

Handelman, D. (1977) 'The organization of ethnicity. ' *Ethnic Groups* 1: 187 - 200.

Handler, R. (1986) 'Authenticity. ' *Anthropology Today* 2(1): 2 - 4.

Handler, R. (1988) *Nationalism and the Politics of Culture in Quebec*. Madison: University of Wisconsin Press.

Handler, R. and J. Linnekin (1984) 'Tradition, genuine or spurious. ' *Journal of American Folklore* 97: 273 - 90.

Hannerz, U. (1974) 'Ethnicity and opportunity in urban America. ' In A. Cohen (ed.) *Urban Ethnicity*, pp. 37 - 76. London: Tavistock Publications.

Hannerz, U. (1989) 'Culture between center and periphery: toward a macroanthropology. ' *Ethnos* 54: 200 - 16.

Harding, S. (1986) 'Introduction: is there a feminist methodology?' In S. Harding (ed.) *Feminism and Methodology: issues in the social sciences*, pp. 1 - 14. Milton Keynes: Open University Press.

Härke, H. (1991) 'All quiet on the Western Front? Paradigms, methods and approaches in West German archaeology. ' In I. Hodder (ed.) *Archaeological Theory in Europe*, pp. 187 - 222. London: Routledge.

Härke, H. (1995) '"The Hun is a methodical chap. " Reflections on the German tradition of pre- and proto-history. ' In P. J. Ucko (ed.) *Theory in Archaeology: a world perspective*, pp. 46 - 60. London: Routledge.

Harries, P. (1989) 'Exclusion, classification and internal colonialism: the emergence of ethnicity among the Tsonga-speakers of South Africa. ' In L. Vail (ed.) *The Creation of Tribalism in Southern Africa*, pp. 82 - 117. London: James Curry.

Harris, M. (1968) *The Rise of Anthropological Theory*. London: Routledge & Kegan Paul.

Haselgrove, C. (1982) 'Wealth, prestige and power: the dynamics of late Iron Age political centralisation in south-east England. ' In S. J. Shennan and C. Renfrew (eds) *Ranking, Resource and Exchange*, pp. 79 - 88. Cambridge: Cambridge University Press.

Haselgrove, C. (1984) 'Romanization before the conquest: Gaulish precedents and British consequences. ' In T. F. C. Blagg and A. C. King (eds) *Military and Civilian in Roman Britain*, pp. 1 - 64. Oxford: British Archaeological Research.

Haselgrove, C. (1987) 'Culture process on the periphery: Belgic Gaul and Rome during the late Republic and early Empire. ' In M. Rowlands, M. Larsen and K. Kristiansen (eds) *Centre and Periphery in the Ancient World*, pp. 104 - 24. Cambridge: Cambridge University Press.

Haselgrove, C. (1989) 'The late Iron Age in southern Britain and beyond. ' In M. Todd (ed.) *Research in Roman Britain*, pp. 1 - 18. London: Britannia Monograph Series, no. 11.

Haselgrove, C. (1990) 'The Romanization of Belgic Gaul: some archaeological perspectives. ' In T. Blagg and M. Millett (eds) *The Early Roman Empire in the West*, pp. 45 - 71. Oxford: Oxbow Books.

Haverfield, F. (1911) 'An inaugural address delivered before the first annual general meeting of the Society. ' *Journal of Roman Studies* 1: xi - xx.

Haverfield, F. (1923 [1912]) *Romanization of Roman Britain*. Oxford: Clarendon Press.

Hawkes, C. F. C. (1931) 'Hill forts. ' *Antiquity* 5: 60 - 97.

Hawkes, C. F. C. (1940) *The Prehistoric Foundations of Europe: to the Mycean age*. London: Methuen.

Hawkes, C. F. C. (1959) 'The ABC of the British Iron Age.' *Antiquity* 33: 170 – 82.

Hawkes, C. F. C. (1968) 'New thoughts on the Belgae.' *Antiquity* 42: 6 – 16.

Hawkes, C. F. C. and G. C. Dunning (1930) 'The Belgae of Britain and Gaul.' *Archaeological Journal* 87: 150 – 335.

Hawkes, C. F. C. and M. R. Hull (1947) *Camulodunum: first report on the excavations at Colchester 1930 – 1939*. Oxford: The Society of Antiquaries.

Hechter, M. (1976) *Internal Colonialism. The Celtic fringe in British national development 1536 – 1966*. London: Routledge & Kegan Paul.

Hechter, M. (1986) 'Theories of ethnic relations.' In J. F. Stack (ed.) *The Primordial Challenge: ethnicity in the contemporary world*, pp. 13 – 24. London: Greenwood Press.

Heine-Geldern, R. (1964) 'One hundred years of ethnological theory in German peaking countries: some milestones.' *Current Anthropology* 5: 407 – 18.

Hides, S. (1996) 'The genealogy of material culture and cultural identity.' In P. Graves-Brown, S. Jones and C. Gamble (eds) *Cultural Identity and Archaeology: the construction of European communities*, pp. 25 – 47 London: Routledge.

Hill, J. D. (1995) 'The pre-Roman Iron Age in Britain and Ireland (ca. 800 B. C. to A. D. 100): an overview.' *Journal of World Prehistory* 9(1): 47 – 98.

Hingley, R. (1984) 'Towards a social analysis in archaeology: Celtic society in the Iron Age of the Upper Thames Valley.' In B. Cunliffe and D. Miles (eds) *Aspects of the Iron Age in Central Southern Britain*, pp. 72 – 88. Oxford: Oxford University Committee for Archaeology.

Hingley, R. (1988) 'The influence of Rome on indigenous social groups in the Upper Thames Valley.' In R. F. Jones, J. H. F. Bloemers and S. L. Dyson (eds) *First Millenium Papers: Western Europe in the first millenium AD*, pp. 73 – 98. Oxford: British Archaeological Research.

Hingley, R. (1989) *Rural Settlement in Roman Britain*. London: Seaby.

Hingley, R. (1991) 'Past, present and future—the study of Roman Britain.' *Scottish Archaeological Review* 8: 90 – 101.

Hingley, R. (1996) 'The "legacy" of Rome: the rise, decline, and fall of the theory of Romanization.' In J. Webster and N. Cooper (eds) *Roman Imperialism: post-colonial perspectives*, pp. 35 – 48. Leicester: School of Archaeological Studies, University of Leicester.

Hingley, R. (forthcoming) 'The imperial context of Romano-British studies and proposals for a new understanding of social change.' In P. Funari, M. Hall and S. Jones (eds) *Back from the Edge: Archaeology in History*. London:

Routledge.

Hinton, P. (1981) 'Where have all the new ethnicists gone wrong?' *Australian and New Zealand Journal of Sociology* 17(3): 14 – 19.

Hobsbawm, E. J. (1983) 'Introduction: inventing traditions.' In E. Hobsbawm and T. Ranger (eds) *The Invention of Tradition*, pp. 1 – 14. Cambridge: Cambridge University Press.

Hobsbawm, E. J. (1990) *Nations and Nationalism since 1780: programme, myth, reality*. Cambridge: Cambridge University Press.

Hobsbawm, E. J. and T. Ranger (eds) (1983) *The Invention of Tradition*. Cambridge: Cambridge University Press.

Hodder, I. (1977a) 'How are we to study distributions of Iron Age material?' In J. R. Collis (ed.) *The Iron Age in Britain: a review*, pp. 8 – 16. Sheffield: J. R. Collis.

Hodder, I. (1977b) 'Some new directions in the spatial analysis of archaeological data.' In D. L. Clarke (ed.) *Spatial Archaeology*, pp. 223 – 351. London: Academic Press.

Hodder, I. (1978a) 'Simple correlations between material culture and society: a review.' In I. Hodder (ed.) *The Spatial Organisation of Culture*, pp. 3 – 24. London: Duckworth.

Hodder, I. (1978b) 'The spatial structure of material "cultures": a review of some of the evidence.' In I. Hodder (ed.) *The Spatial Organisation of Culture*, pp. 93 – 111. London: Duckworth.

Hodder, I. (1979a) 'Economic and social stress and material culture patterning.' *American Antiquity* 44(3): 446 – 54.

Hodder, I. (1979b) 'Pre-Roman and Romano-British tribal economies.' In B. C. Burham and H. B. Johnson (eds) *Invasion and Response: the case of Roman Britain*, pp. 189 – 96. Oxford: British Archaeological Research.

Hodder, I. (1982a) *Symbols in Action*. Cambridge: Cambridge University Press.

Hodder, I. (1982b) 'Theoretical archaeology: a reactionary view.' In I. Hodder (ed.) *Symbolic and Structural Archaeology*, pp. 1 – 16. Cambridge: Cambridge University Press.

Hodder, I. (1986) *Reading the Past: current approaches to interpretation in archaeology*. Cambridge: Cambridge University Press.

Hodder, I. (1991a) 'Preface.' In I. Hodder (ed.) *Archaeological Theory in Europe*, pp. vii – xi. London: Routledge.

Hodder, I. (1991b) 'Archaeological theory in contemporary European societies: the emergence of competing traditions.' In I. Hodder (ed.) *Archaeological*

参 考 文 献 197

Theory in Europe, pp. 1 – 24. London: Routledge.

Hodder, I. (ed.) (1991c) *Archaeological Theory in Europe: the Last Three Decades*. London: Routledge.

Hodder, I. (1993) 'The narrative and rhetoric of material culture sequences.' *World Archaeology* 25(2): 268 – 81.

Hodder, I. and C. Orten (1976) *Spatial Analysis in Archaeology*. Cambridge: Cambridge University Press.

Hodgen, M. T. (1964) *Early Anthropology in the Sixteenth and Seventeenth Centuries*. Philadelphia: University of Pennsylvania Press.

Hodson, F. R. (1960) 'Reflections on the "ABC of the British Iron Age".' *Antiquity* 34: 318 – 19.

Hodson, F. R. (1962) 'Some pottery from Eastbourne, the "Marnians" and the pre-Roman Iron Age in southern England.' *Proceedings of the Prehistoric Society* 28: 140 – 55.

Hodson, F. R. (1964) 'Cultural grouping within the British pre-Roman Iron Age.' *Proceedings of the Prehistoric Society* 30: 99 – 110.

Hodson, F. R. (1980) 'Cultures as types? Some elements of classificatory theory.' *Bulletin of the Institute of Archaeology* 17: 1 – 10.

Honigmann, J. J. (1976) *The Development of Anthropological Ideas*. Illinois: The Dorsey Press.

Horowitz, D. L. (1975) 'Ethnic identity.' In N. Glazer and D. P. Moynihan (eds) *Ethnicity: theory and experience*, pp. 111 – 40. Cambridge, Mass.: Harvard University Press.

Horvath, S. M. Jr (1983) 'Ethnic groups as subjects of archaeological enquiry.' In A. E. Ward (ed.) *Forgotten Places and Things*, pp. 23 – 5. Albuquerque: Center for Anthropological Studies.

Hunt, C. H. and L. Walker (1974) *Ethnic Dynamics: patterns of intergroup relations in various societies*. Illinois: Dorsey Press.

Hunt, J. (1863) 'Introductory address in the study of anthropology.' *The Anthropological Review* 1: 1 – 20.

Hurst, P. Q. (1976) *Social Evolution and Social Categories*. London: George Allen & Unwin.

Hutchinsen, J. and A. D. Smith (eds) (1994) *Nationalism*. Oxford: Oxford University Press.

Huxley, J. S. and A. C. Haddon (1935) *We Europeans: a survey of 'racial' problems*. London: Jonathan Cape.

Huxley, T. (1870) 'The forefathers and forerunners of the English people.' Pall Mall Gazette, 10 January, 8 – 9. (Reprinted in M. D. Biddiss (ed.)

(1979) *Images of Race*, pp. 157 – 70. New York: Holmes &. Meier.)

Isaacs, H. (1974) 'Basic group identity: idols of the tribe. ' *Ethnicity* 1: 15 – 41.

Isajiw, W. W. (1974) 'Definitions of ethnicity. ' *Ethnicity* 1: 111 – 24.

Jackson, J. W. (1866) 'Race in legislation and political economy. ' Anthropological Review 4: 113 – 35. (Reprinted in M. D. Biddiss (ed.) (1979) *Images of Race*, pp. 133 – 40. New York: Holmes &. Meier.)

Jacobs, J. (1988) 'The construction of identity. ' In J. Beckett (ed.) *Past and Present: the construction of Aboriginality*, pp. 31 – 43. Canberra: Aboriginal Studies Press.

Jaspan, M. (1964) 'Comment on R. Narroll, "On ethnic unit classification". ' *Current Anthropology* 5(4): 298.

Jenkins, R. (1982) 'Pierre Bourdieu and the reproduction of determinism. ' [Critical Note] *Sociology* 16(4): 270 – 81.

Jochim, M. A. (1983) 'Palaeolithic cave art in ecological perspective. ' In G. N. Bailey (ed.) *Hunter-Gatherer Economy in Prehistoric Europe*, pp. 212 – 19. Cambridge: Cambridge University Press.

Jones, D. and J. Hill-Burnett (1982) 'The political context of ethnogenesis: an Australian example. ' In M. C. Howard (ed.) *Aboriginal Power in Australian Society*, pp. 214 – 46. St Lucia: University of Queensland Press.

Jones, S. (1994) 'Archaeology and ethnicity: constructing identities in the past and the present. ' Unpublished Ph. D. thesis, University of Southampton.

Jones, S. (1996) 'Discourses of identity in the interpretation of the past. ' In P. Graves-Brown, S. Jones and C. Gamble (eds) *Cultural Identity and Archaeology: the construction of European communities*, pp. 62 – 80. London: Routledge.

Jones, S. and P. Graves-Brown (1996) 'Introduction: archaeology and cultural identity in Europe. ' In P. Graves-Brown, S. Jones and C. Gamble (eds) *Cultural Identity and Archaeology: the Construction of European Communities*, pp. 1 – 24. London: Routledge.

Just, R. (1989) 'Triumph of the ethnos. ' In E. Tonkin, M. McDonald and M. Chapman (eds) *History and Ethnicity*, pp. 71 – 88. London: Routledge.

Kapferer, B. (1989) 'Nationalist ideology and a comparative anthropology. ' Ethnos 54: 161 – 99.

Keen, I. (1988) *Being Black: Aboriginal cultures in settled Australia*. Canberra: Aboriginal Studies Press.

Kellas, J. G. (1991) *The Politics of Nationalism and Ethnicity*. London: Macmillan.

Kennedy, K. A. R. (1973) 'Race and culture. ' In R. Narroll and F. Narroll (eds) *Main Currents in Cultural Anthropology*, pp. 25 - 56. New York: Meredith Corporation.

Keyes, C. F. (1976) 'Towards a new formulation of the concept of ethnic group. ' *Ethnicity* 3: 202 - 13.

Keyes, C. F. (1981) 'The dialectics of ethnic change. ' In C. F. Keyes (ed.) *Ethnic Change*, pp. 3 - 31. Seattle: University of Washington Press.

Khan, A. (1992) 'Ethnicity, culture and context. ' *Man* 27(4): 873 - 7.

Kidder, A. V. (1962 [1924]) *An Introduction to the Study of Southwestern Archaeology with a Preliminary Account of the Excavations at Pecos* (revised edition with an introduction by I. Rouse). London: Yale University Press.

Kim, Y. Y. (1986) 'Introduction: a communication approach to interethnic relations. ' In Y. Y. Kim (ed.) *Interethnic Communication: current research*, pp. 9 - 18. London: Sage.

Kimes, T. , C. Haselgrove and I. Hodder (1982) 'A method for the identification of the location of regional cultural boundaries. ' *Journal of Anthropological Archaeology* 1: 113 - 31.

Kinahan, J. (1995) 'Theory, practice and criticism in the history of Namibian archaeology. ' In P. J. Ucko (ed.) *Theory in Archaeology: a world perspective*, pp. 76 - 95. London: Routledge.

Kochin, A. (ed.) (1983) *Ethnic Geography and Cartography*. Moscow: Social Sciences Today.

Kohl, P. L. (1993a) 'Limits to a post-processual archaeology. ' In N. Yoffee and A. Sherratt (eds) *Archaeological Theory: Who Sets the Agenda?*, pp. 13 - 19. Cambridge: Cambridge University Press.

Kohl, P. L. (1993b) 'Nationalism, politics, and the practice of archaeology in Soviet Transcaucasia. ' *Journal of European Archaeology* 1(2): 181 - 8.

Kohl, P. L. and C. Fawcett (1995a) 'Introduction. Archaeology in the service of the state: theoretical considerations. ' In P. L. Kohl and C. Fawcett (eds) *Nationalism, Politics and the Practice of Archaeology*, pp. 3 - 18. London: Routledge.

Kohl, P. L. and C. Fawcett (eds) (1995b) *Nationalism, Politics and the Practice of Archaeology*. London: Routledge

Kohl, P. L. and G. R. Tsetskhladze (1995) 'Nationalism, politics and the practice of archaeology in the Caucasus. ' In P. L. Kohl and C. Fawcett (eds) *Nationalism, Politics and the Practice of Archaeology*, pp. 149 - 74. London: Routledge.

Kopytoff, I. (1986) 'The cultural biography of things: commoditization as process. ' In A. Appadurai (ed.) *The Social Life of Things: commodities in perspective*, pp. 64 – 91. Cambridge: Cambridge University Press.

Kossack, G. (1992) 'Prehistoric archaeology in Germany: its history and current situation. ' *Norwegian Archaeological Review* 25: 73 – 109.

Kossinna, G. (1911) *Die Herkunft der Germanen*. Leipzig: Kabitzsch.

Kossinna, G. (1921 [1914]) *Die Deutsche Vorgeschichte: eine Hervorragend Nationale Wissenschaft*. Mannus-Bibliothek 9.

Kristiansen, K. (1992) 'The strength of the past and its great might: an essay on the use of the past. ' *Journal of European Archaeology* 1: 3 – 33.

Kroeber, A. L. and C. Kluckhohn (1952) *Culture: a critical review of concepts and definitions*. New York: Vintage.

Kuper, A. (1988) *The Invention of Primitive Society: transformations of an illusion*. London: Routledge.

Kuper, L. (1975a) 'Introduction. ' In L. Kuper (ed.) Race, Science and Society, pp. 13 – 28. Paris: UNESCO Press.

Kuper, L. (1975b) (ed.) *Race, Science and Society*. Paris: UNESCO Press.

Larick, R. (1986) 'Age grading and ethnicity in the style of Loikop (Sanbura) spears. ' *World Archaeology* 18: 269 – 83.

Larick, R. (1991) 'Warriors and blacksmiths: mediating ethnicity in East African spears. ' *Journal of Anthropological Archaeology* 10: 299 – 331.

Layton, R. (ed.) (1989a) *Conflict in the Archaeology of Living Traditions*. London: Unwin Hyman; Routledge, pbk 1994.

Layton, R. (1989b) 'Introduction: conflict in the archaeology of living traditions. ' In R. Layton (ed.) *Conflict in the Archaeology of Living Traditions*, pp. 1 – 31. London: Unwin Hyman; Routledge, pbk 1994.

Leach, E. (1964 [1954]) *Political Systems of Highland Burma: a Study in Kachin Social Structure*. London: G. Bell & Sons.

Leiris, M. (1975 [1956]) 'Race and culture. ' In L. Kuper (ed.) *Race, Science and Society*, pp. 135 – 72. Paris: UNESCO Press.

Lévi-Strauss, C. (1975 [1955]) *Tristes Tropiques*. New York: Athenaeum.

Lévi-Strauss, C. (1975 [1956]) 'Race and history. ' In L. Kuper (ed.) *Race, Science and Society*, pp. 95 – 134. Paris: UNESCO Press.

Lewis, I. M. (1968) 'Tribal society. ' In D. L. Sills (ed.) *International Encyclopedia of the Social Sciences*, pp. 135 – 72. London: Macmillan Company and Free Press.

LiPuma, E. (1993) 'Culture and the concept of culture in a theory of practice. ' In C. Calhoun, E. LiPuma and M. Postone (eds) *Bourdieu: critical perspectives*, pp. 14 – 34. Cambridge: Polity Press.

Lloyd, P. C. (1974) 'Ethnicity and the structure of inequality in a Nigerian town in themid-1950s. ' In A. Cohen (ed.) *Urban Ethnicity*, pp. 223 – 50. London: Tavistock Publications.

Lockwood, D. (1970) 'Race and conflict in plural society. ' In S. Zaida (ed.) *Race and Racialism*, pp. 57 – 72. London: Tavistock.

Lowenthal, D. (1985) *The Past is a Foreign Country*. Cambridge: Cambridge University Press.

Lowie, R. H. (1937) *The History of Ethnological Theory*. New York: Holt, Rinehart &.Winston.

McBryde, L (1984) 'Kulin greenstone quarries: the social contexts of production and distribution for the Mt. William site. ' *World Archaeology* 16 (2): 267 – 85.

McCann, W. J. (1990) '"Volk and Germanentum": the presentation of the past in Nazi Germany. ' In P. Gathercole and D. Lowenthal (eds) *The Politics of the Past*, pp. 74 – 88. London: Unwin Hyman; Routledge, pbk 1994.

McGuire, R. H. (1982) 'The study of ethnicity in historical archaeology. ' *Journal of Anthropological Archaeology* 1: 159 – 78.

McGuire, R. H. (1983) 'Ethnic group, status and material culture at the Rancho Puntade Agua. ' In A. E. Ward (ed.) *Forgotten Places and Things: archaeological perspectives on American history*, pp. 193 – 203. Albuquerque: Center for Anthropological Studies.

McGuire, R. H. (1992) *A Marxist Archaeology*. London: Academic Press.

Mackay, C. (1866) 'The negro and the negrophilists. ' Blackwood's Edinburgh Magazine 99: 581 – 97. (Reprinted in M. D. Biddis (ed.) (1979) *Images of Race*, pp. 89 – 112. New York: Holmes &. Meier.)

McKay, J. (1982) 'An exploratory synthesis of primordial and mobilizationist approaches to ethnic phenomena. ' *Ethnic and Racial Studies* 5(4): 395 – 420.

MacKenzie, M. A. (1991) *Androgynous Objects: string bags and gender in central New Guinea*. Reading: Harwood Academic Publishers.

McKern, W. C. (1939) 'The midwestern taxanomic method as an aid to archaeological culture study. ' *American Antiquity* 4: 301 – 13.

Mackreth, D. (1981) 'The brooches. ' In C. Partridge, *Skeleton Green: a Late Iron Age and Romano-British site*, pp. 130 – 52. London: Society for the Promotion of Roman Studies.

Mackie, Q. (1994) 'Prehistory in a multicultural state: a commentary on the development of Canadian archaeology. ' In P. J. Ucko (ed.) *Theory in Archaeology: a world perspective*, pp. 178 – 96. London: Routledge.

Maddock, K. (1988) 'Myth, history and a sense of oneself. ' In J. Beckett (ed.) *Past and Present the construction of Aboriginality*, pp. 11 – 30. Canberra: Aboriginal Studies Press.

Malina, J. and Z. Vassiček (1990) *Archaeology Yesterday and Today: the development of archaeology in the sciences and humanities*. Cambridge: Cambridge University Press.

Malinowski, B. (1944) *A Scientific Theory of Culture and Other Essays*. Chapel Hill: University of North Carolina.

Mangi, J. (1989) 'The role of archaeology in nation building.' In R. Layton (ed.) *Conflict in the Archaeology of Living Traditions*, pp. 217 – 27. London: Unwin Hyman; Routledge, pbk 1994.

Maquet, C. (1964) 'Objectivity and anthropology.' *Current Anthropology* 5: 47 – 55.

Marcus, C. (1989) 'A prolegomena to contemporary cosmopolitan conversations on conference occasions such as the present one, entitled representations of otherness: cultural hermeneutics, east and west.' *Criticism, Heresy and Interpretation* 2: 23 – 35.

Mascia-Lees, F. E., P. Sharpe and C. Ballerino Cohen (1989) 'The postmodernist turn in anthropology: cautions from a feminist perspective.' *Signs* 15(1): 7 – 33.

Mattingly, D. J. (1996) 'From one colonialism to another: imperialism and the Magreb.' In J. Webster and N. Cooper (eds) *Roman Imperialism: post-colonial perspectives*, pp. 49 – 69. Leicester: School of Archaeological Studies, University of Leicester.

Meadows, K. I. (1994) 'You are what you eat: diet, identity and Romanisation.' In S. Cottam, D. Dungworth, S. Scott and J. Taylor (eds) *Proceedings of the Fourth Annual Theoretical Roman Archaeology Conference*, pp. 133 – 40. Oxford: Oxford Books.

Meadwell, H. (1989) 'Cultural and instrumental approaches to ethnic nationalism.' *Ethnic and Racial Studies* 12(3): 309 – 27.

Megaw, J. V. S. and M. R. Megaw (1996) 'Ancient Celts and modern ethnicity.' *Antiquity* 70: 175 – 81.

Messing, S. D., (1964) 'Comment on R. Narroll "On ethnic unit classification".' *Current Anthropology* 5(4): 300.

Michalska, A. (1991) 'Rights of peoples to self-determination in international law.' In N. W. Twining (ed.) *Issues of Self-Determination*, pp. 71 – 90. Aberdeen: Aberdeen University Press.

Miller, D. (1985) *Artefacts as Categories: a study in ceramic variability in central India*. Cambridge: Cambridge University Press.

Millett, M. (1983) 'A comparative study of some contemporaneous pottery assemblages. ' Unpublished D. Phil, thesis, University of Oxford.

Millett, M. (1990a) *The Romanization of Britain: an essay in archaeological interpretation*. Cambridge: Cambridge University Press.

Millett, M. (1990b) 'Romanization: historical issues and archaeological interpretation. ' In T. F. C. Blagg and M. Millett (eds) *The Early Roman Empire in the West*, pp. 35 - 41. Oxford: Oxbow Books.

Mitchell, J. C. (1974) 'Perceptions of ethnicity and ethnic behaviour: an empirical exploration. ' In A. Cohen (ed.) *Urban Ethnicity*, pp. 1 - 35. London: Tavistock Publications.

Moberg, C. - A. (1985) 'Comments on Saamis, Finns and Scandinavians in history and prehistory. ' *Norwegian Archaeological Review* 18: 1 - 28.

Moerman, M. (1965) 'Who are the Lue?' *American Anthropologist* 67: 1215 - 30.

Moerman, M. (1968) 'Uses and abuses of ethnic identity. ' In J. Helm (ed.) *Essays on the Problem of Tribe*, pp. 153 - 69. Seattle: University of Washington Press.

Montagu, Ashley M. F. (1945) *Man's Most Dangerous Myth*. New York: Colombia University Press.

Moody, R. (ed.) (1984) *The Indigenous Voice: visions and realities*, vol. 1. London: Zed Books.

Moore, H. L. (1988) *Feminism and Anthropology*. Cambridge: Polity Press.

Morgan, L. H. (1974 [1877]) *Ancient Society, or Researches in the Lines of Human Progress from Savagery through Barbarism to Civilization*. Gloucester, Mass. : Peter Smith.

Morris, B. (1988) 'The politics of identity: from Aborigines to the first Australian. ' In J. Beckett (ed.) *Past and Present: the construction of Aboriginality*, pp. 63 - 85. Canberra: Aboriginal Studies Press.

Moser, S. (1995) 'The "Aboriginalization" of Australian archaeology: the contribution of the Australian Institute of Aboriginal Studies to the indigenous transformation of the discipline. ' In P. J. Ucko (ed.) *Theory in Archaeology: a world perspective*, pp. 150 - 77. London: Routledge.

Muga, D. (1984) 'Academic sub-cultural theory and the problematic of ethnicity: a tentative critique. ' *Journal of Ethnic Studies* 12: 1 - 51.

Müller, M. (1877) *Lectures on the Science of Language*. London: Longman, Green & Co.

Murray, T. (1993) 'Communication and the importance of disciplinary communities: who owns the past?' In N. Yoffee and A. Sherratt (eds)

Archaeological Theory: who sets the Agenda? pp. 105 – 16. Cambridge: Cambridge University Press.

Narroll, R. (1964) 'On ethnic unit classification. ' *Current Anthropology* 5: 283 – 91 and 306 – 12.

Narroll, R. (1968) 'Who the Lue are. ' In J. Helm (ed.) *Essays on the Problem of Tribe*, pp. 72 – 9. Seattle: University of Washington Press.

Neal, D. S. , A. Wardle and J. Hunn (1990) *Excavation of the Iron Age, Roman and Medieval Settlement at Gorhambury*, *St Albans*. London: Historic Buildings and Monuments Commission.

Nettheim, G. (1992) 'International law and indigenous political rights. ' In H. Reynolds and R. Nile (eds) *Indigenous Rights in the Pacific and North America: race and nation in the late twentieth century*, pp. 13 – 27. London: Sir Robert Menzies Centre for Australian Studies, University of London.

Norton, R. (1993) 'Culture and identity in the South Pacific: a comparative analysis. ' *Man* 28(4): 741 – 59.

Novak, M. (1974) 'The new ethnicity. ' *Center Magazine* 7: 18 – 25.

O'Meara, J. T. (1995) 'Comment on "Objectivity and Militancy: a Debate". ' *Current Anthropology* 36(3): 427 – 8.

Odner, K. (1985) 'Saamis (Lapps), Finns and Scandinavians in history and prehistory. ' *Norwegian Archaeological Review* 18: 1 – 12.

Odum, H. H. (1967) 'Generalizations on race in nineteenth-century physical anthropology. ' *I. S. I. S.* 58: 5 – 18.

Ohnuki-Tierney, E. (1995) 'Structure, event and historical metaphor: rice and identities in Japanese history. ' *Journal of the Royal Anthropological Institute* 1(2): 227 – 53.

Olivier, L. and A. Coudart (1995) 'French tradition and the central place of history in the human sciences: preamble to a dialogue between Robinson Crusoe and his Man Friday. ' In P. J. Ucko (ed.) *Theory in Archaeology: a world perspective*, pp. 363 – 81. London: Routledge.

Olsen, B. (1985) 'Comments on Saamis, Finns and Scandinavians in history and prehistory. ' *Norwegian Archaeological Review* 18: 13 – 18.

Olsen, B. (1986) 'Norwegian archaeology and the people without (pre-) history: or how to create a myth of a uniform past. ' *Archaeological Review from Cambridge* 5: 25 – 42.

Olsen, B. and Z. Kobylinski (1991) 'Ethnicity in anthropological and archaeological research: a Norwegian—Polish perspective. ' *Archaeologia Polona* 29: 5 – 27.

Ortner, S. B. (1984) 'Theory in anthropology since the sixties. ' *Comparative*

Studies in Society and History 26: 126 – 66.

Otite, O. (1975) 'Resource competition and inter-ethnic relations in Nigeria. ' In L. A. Despres (ed.) *Ethnicity and Resource Competition in Plural Societies*, pp. 119 – 30. Paris: Mouton Publishers.

Paddayya, K. (1995) 'Theoretical perspectives in Indian archaeology: an historical overview. ' In P. J. Ucko (ed.) *Theory in Archaeology: a World Perspective*, pp. 110 – 49. London: Routledge.

Parkin, F. (1978) 'Social stratification. ' In T. Borrowmore and R. Nisket (eds) *A History of Sociological Thought*, pp. 599 – 632. London: Heinemann.

Parminter, Y. (1990) 'The pottery. ' In D. S. Neal, A. Wardle and J. Hunn, *Excavation of the Iron Age, Roman and Medieval Settlement at Gorhambury, St Albans*, pp. 175 – 85. London: Historic Buildings and Monuments Commission for England.

Partridge, C. (1981) *Skeleton Green: a late Iron Age and Romano-British site*. London: Society for the Promotion of Roman Studies.

Patterson, O. (1975) 'Context and choice in ethnic allegiance: a theoretical framework and Caribbean case study. ' In N. Glazer and D. P. Moynihan (eds) *Ethnicity: theory and experience*, pp. 305 – 49. Cambridge, Mass. : Harvard University Press.

Peacock, D. P. S. (1969) 'A contribution to the study of Glastonbury ware from southwestern England. ' *Antiquaries Journal* 49: 41 – 61.

Peacock, D. P. S. (1979) 'Glastonbury ware: an alternative view (being a reply to Blackmore *et al*.). ' In B. C. Burnham and J. Kingsbury (eds) *Space, Hierarchy and Society: Interdisciplinary Studies in Social Area Analysis*, pp. 113 – 15. Oxford: British Archaeological Research.

Perlstein Pollard, H. (1994) 'Ethnicity and political control in a complex society: the Tarascan state of prehispanic Mexico. ' In E. M. Brumfiel and J. W. Fox (eds) *Factional Competition and Political Development in the New World*, pp. 79 – 88. Cambridge: Cambridge University Press.

Perry, W. J. (1924) *The Growth of Civilization*. London: Methuen &. Co.

Piggott, S. (1965) *Ancient Europe: from the beginnings of agriculture to Classical antiquity*. Edinburgh: Edinburgh University Press.

Pinsky, V. and A. Wylie (eds) (1989) *Critical Traditions in Contemporary Archaeology: Essays in the Philosophy, History and Socio-politics of Archaeology*. Cambridge: Cambridge University Press.

Plog, S. (1978) 'Social interaction and stylistic similarity: a re-analysis. ' In M. B. Schiffer (ed.) *Advances in Archaeological Method and Theory*, vol. 1, pp. 143 – 82. New York: Academic Press.

Plog, S. (1983) 'Analysis of style in artefacts.' *Annual Review of Anthropology* 12: 125 – 42.

Poliakov, L. (1974 [1971]) *The Aryan Myth: a history of racist and nationalist ideas in Europe*. London: Sussex University Press.

Politis, G. (1995) 'The socio-politics of the development of archaeology in Hispanic Latin America.' In P. J. Ucko (ed.) *Theory in Archaeology: a world perspective*, pp. 197 – 235. London: Routledge.

Postone, M. , E. LiPuma and C. Calhoun (1993) 'Introduction: Bourdieu and social theory.' In C. Calhoun, E. LiPuma and M. Postone (eds) *Bourdieu: Critical Perspectives*, pp. 1 – 13. Cambridge: Polity Press.

Praetzellis, A. , M. Praetzellis and M. Brown III (1987) 'Artefacts as symbols of identity: an example from Sacramento's Gold Rush Era Chinese community.' In A. Saski (ed.)*Living in Cities: current research in historical archaeology*, pp. 38 – 47. Pleasant Hill: Society for Historical Archaeology.

Prichard, J. C. (1973 [1813]) *Researches into the Physical History of Man*. Chicago: University of Chicago Press.

Radcliffe-Brown, A. R. (1952) *Structure and Function in Primitive Society: essays andaddresses*. London: Cohen & West.

Ranger, T. (1983) 'The invention of tradition in colonial Africa.' In E. Hobsbawm and T. Ranger (eds) *The Invention of Tradition*, pp. 211 – 62. Cambridge: Cambridge University Press.

Rao, N. (1994) 'Interpreting silences: symbol and history in the case of Ram Janmabhoomi/Babri Masjid.' In G. C. Bond and A. Gilliam (eds) *Social Construction of the Past: Representation as Power*, pp. 154 – 64. London: Routledge.

Redfield, R. , L. Linton and M. J. Herskovits (1936) 'Memorandum for the study of acculturation.' *American Anthropologist* 38: 149 – 52.

Renfrew, C. (1972) *The Emergence of Civilization: the Cyclades and the Aegean in the third millenium* B. C. London: Methuen and Co.

Renfrew, C. (1973) *Before Civilization: the radiocarbon revolution and prehistoric Europe*. London: Jonathan Cape.

Renfrew, C. (1977) 'Space, time and polity.' In J. Friedman and M. J. Rowlands (eds) *The Evolution of Social Systems*, pp. 89 – 112. London: Duckworth.

Renfrew, C. (1979) *Problems in European Prehistory*. Edinburgh: Edinburgh University Press.

Renfrew, C. (1987) *Archaeology and Language: the puzzle of Indo-European origins*. London: Penguin Books.

Renfrew, C. (1995) 'The identity of Europe in prehistoric archaeology.' *Journal of European Archaeology* 2: 153 - 73.

Renfrew, C. (1996) 'Prehistory and the identity of Europe, or don't lets be beastly to the Hungarians.' In P. Graves-Brown, S. Jones and C. Gamble (eds) *Cultural Identity and Archaeology: the construction of European communities*, pp. 125 - 37. London: Routledge.

Renfrew, C. and P Bahn (1991) *Archaeology: Theories, Methods and Practice*. London: Thames & Hudson.

Reynolds, V. (1980) 'Sociobiology and the idea of primordial discrimination.' *Ethnic and Racial Studies* 3(3): 303 - 15.

Reynolds, V. , V. S. E. Falger and I. Vine (eds) (1987) *The Sociobiology of Ethnocentrism: Evolutionary Dimensions of Xenophobia, Discrimination, Racism and Nationalism*. London: Croom Helm.

Rodwell, K. A. (1988) *The Prehistoric and Roman Settlement at Kelvedon, Essex*. London: Chelmsford Archaeological Trust and the Council for British Archaeology.

Rodwell, R. (1976) 'Coinage, oppida and the rise of Belgic power in south-eastern Britain.' In B. W. Cunliffe and T. Rowley (eds) *The Beginnings of Urbanisation in Barbarian Europe*, pp. 181 - 367. Oxford: British Archaeological Research.

Roe, D. (1970) *Prehistory: an introduction*. London: Macmillan.

Roosens, E. E. (1989) *Creating Ethnicity: the process of ethnogenesis*. London: Sage.

Rosaldo, R. (1993 [1989]) *Culture and Truth: the remaking of social analysis*. London: Routledge.

Ross, J. A. (1980) 'The mobilization of collective identity: an analytical overview.' In A. B. Cottrel and J. A. Ross (eds) *The Mobilisation of Collective Identity*, pp. 1 - 30. Lanham: University Press of America.

Rowlands, M. J. (1982) 'Processual archaeology as historical social science.' In C. Renfrew, M. J. Rowlands and B. A. Seagraves (eds) *Theory and Explanation in Archaeology*, pp. 155 - 74. London: Academic Press.

Rowlands, M. J. (1994) 'The politics of identity in archaeology.' In G. C. Bond and A. Gilliam (eds) *Social Construction of the Past: representation as power*, pp. 129 - 43. London: Routledge.

Sackett, J. R. (1977) 'The meaning of style in archaeology: a general model.' *American Antiquity* 42(3): 369 - 80.

Sackett, J. R. (1982) 'Approaches to style in lithic archaeology.' *Journal of*

Anthropological Archaeology 1: 59 - 112.

Sackett, J. R. (1985) 'Style and ethnicity in the Kalahari: a reply to Weissner.' *American Antiquity* 50: 154 - 60.

Sackett, J. R. (1986) 'Style, function, and assemblage variability: a reply to Binford.' *American Antiquity* 51(3): 628 - 34.

Sackett, J. R. (1991) 'Style and ethnicity in archaeology: the case for isochresticism.' In M. W. Conkey and C. A. Hastorf (eds) *The Uses of Style in Archaeology*, pp. 32 - 43. Cambridge: Cambridge University Press.

Sahlins, M. (1977) *The Use and Abuse of Biology*. London: Tavistock Publications.

Sahlins, M. (1981) *Historical Metaphors and Mythical Realities: structure in the early history of the Sandwich Islands Kingdom*. Ann Arbor: University of Michigan Press.

Salamone, F. A. and C. H. Swanson (1979) 'Identity and ethnicity: ethnic groups and interactions in a multi-ethnic society.' *Ethnic Groups* 2: 167 - 83.

Sawday, J. (1995) 'Site of debate.' *The Times Higher Education Supplement*, 13January, 16 - 17.

Schildkrout, E. (1974) 'Ethnicity and generational differences among immigrants in Ghana.' In A. Cohen (ed.) *Urban Ethnicity*, pp. 187 - 222. London: Tavistock Publications.

Scott, G. M. (1990) 'A resynthesis of the primordial and circumstantial approaches to ethnic group solidarity: towards an explanatory model.' *Ethnic and Racial Studies* 13: 147 - 71.

Seymour-Smith, C. (1986) *Macmillan Dictionary of Anthropology*. London: Macmillan.

Shanks, M. and C. Tilley (1987) *Social Theory and Archaeology*. Oxford: Polity Press.

Shanks, M. and C. Tilley (1992 [1987]) *Re-constructing Archaeology: theory and practice*. London: Routledge.

Sharp, J. and P. McAllister (1993) 'Ethnicity, identity and nationalism: international insights and the South African debate.' *Anthropology Today* 9: 18 - 20.

Shennan, S. J. (1978) 'Archaeological cultures: an empirical investigation.' In I. Hodder (ed.) *The Spatial Organisation of Culture*, pp. 113 - 39. London: Duckworth.

Shennan, S. J. (1988) *Quantifying Archaeology*. Edinburgh: Edinburgh University Press.

Shennan, S. J. (ed.) (1989a) *Archaeological Approaches to Cultural Identity*.

London: Unwin & Hyman; Routledge, pbk 1994.

Shennan, S. J. (1989b) 'Introduction.' In S. J. Shennan (ed.) *Archaeological Approaches to Cultural Identity*, pp. 1 – 32. London: Unwin & Hyman; Routledge, pbk 1994.

Shennan, S. J. (1991) 'Some current issues in the archaeological identification of past peoples.' *Archaeologia Polona* 29: 29 – 37.

Sherratt, A. (1982) 'Mobile resources: settlement and exchange in early agricultural Europe.' In C. Renfrew and S. J. Shennan (eds) *Ranking, Resource and Exchange: aspects of the archaeology of early European society*, pp. 13 – 26. Cambridge: Cambridge University Press.

Shibutani, T. and K. M. Kwan (1965) *Ethnic Stratification: a comparative approach*. New York: Macmillan.

Shils, E. A. (1957) *Center and Periphery: essays in macrosociology. Selected papers of Edward Shils*, vol. II, 111 – 26. Chicago: Chicago University Press.

Singer, M. (1968) 'The concept of culture.' In D. L. Sills (ed.) *International Encyclopedia of the Social Sciences*, pp. 527 – 43. London: Macmillan and Free Press.

Sklenár, K. (1983) *Archaeology in Central Europe: the first five hundred years*. Leicester: Leicester University Press.

Slofstra, J. (1983) 'An anthropological approach to the study of Romanization processes.' In R. Brandt and J. Slofstra (eds) *Roman and Native in the Low Countries*, pp. 71 – 103. Oxford: British Archaeological Research.

Smith, A. D. (1981) *The Ethnic Revival*. Cambridge: Cambridge University Press.

Smith, A. D. (1984) 'Ethnic myths and ethnic revivals.' *Archives Européenes de Sociologie*, 24(3): 283 – 303.

Southall, A. (1976) 'Nuer and Dinka are people: ecology, economy and logical possibility.' *Man* 11: 463 – 91.

Spaulding, A. (1953) 'Statistical techniques for the discovery of artefact types.' *American Antiquity* 18: 305 – 13.

Spaulding, A. (1954) 'Reply to Ford.' *American Antiquity* 19: 391 – 3.

Spencer, J. (1990) 'Writing within: anthropology, nationalism, and culture in SriLanka.' *Current Anthropology* 31: 283 – 300.

Spratling, M. G. (1972) 'Southern British decorated bronzes of the late pre-Roman Iron Age.' Unpublished Ph. D. thesis, University of London.

Stack, J. F. (1986) 'Ethnic mobilization in world politics: the primordial perspective.' In J. F. Stack (ed.) *The Primordial Challenge: ethnicity in the contemporary world* , pp. 1 - 11. London: Greenwood Press.

Staski, E. (1987) 'Border city, border culture: assimilation and change in late 19th century El Paso. ' In A. Saski (ed.) *Living in Cities: current research in historical archaeology* , pp. 48 - 55. Pleasant Hill: Society for Historical Archaeology.

Stead, I. M. and V. Rigby (1989) *Verulamium: the King Harry Lane site.* London: Historic Buildings and Monuments Commission.

Stepan, N. (1982) *The Idea of Race in Science: Great Britain 1800 - 1960.* London: Macmillan.

Stocking, G. W. (1968) *Race, Culture and Evolution: essays in the history of anthropology.* London: Collier-Macmillan.

Stocking, G. W. (1973) 'From chronology to ethnology: James Cowles Prichard and British Anthropology 1800 - 1850. ' In J. C. Prichard ((1973) [1813]) *Researches into the Physical History of Man* , *ix-cx.* Chicago: University of Chicago Press.

Stocking, G. W (1974) 'Introduction: the basic assumptions of Boasian anthropology. ' In G. W. Stocking (ed.) *The Shaping of American Anthropology 1883 -1911: a Franz Boas reader* , pp. 1 - 20. New York: Basic Books.

Stocking, G. W. (1987) *Victorian Anthropology.* New York: The Free Press.

Stocking, G. W (1988) 'Bones, bodies, behaviour. ' In G. W. Stocking (ed.) *Bones, Bodies, Behaviour: essays on biological anthropology* , pp. 3 - 17. Madison: University of Wisconsin Press.

Stone, P. G. and R. MacKenzie (eds) (1990) *The Excluded Past: Archaeology in Education.* London: Unwin Hyman; Routledge, pbk 1994.

Tajfel, H. (1982) 'Introduction. ' In H. Tajfel (ed.) *Social Identity and Intergroup Relations* , pp. 1 - 11. New York: Academic Press.

Tallgren, A. M. (1937) 'The method of prehistoric archaeology. ' *Antiquity* 11: 152 - 64.

Targett, S. (1995) 'Nationalism's healthy state. ' *Times Higher Education Supplement* , 27 March, 9.

Taylor, L. (1987) 'The same but different: social reproduction and innovation in the art of the Kunwinjku of western Arnhem Land. ' Unpublished Ph. D. thesis, Australian National University.

Taylor, W. W. Jr (1948) *A Study of Archaeology.* Menasha: American Anthropological Association.

Thomas, N. (1991) *Entangled Objects: exchange, material culture, and colonialism in the Pacific.* Cambridge, Mass. : Harvard University Press.

Thomas, J. (1996) *Time, Culture and Identity: an interpretive archaeology*. London: Routledge.

Thurnwald, R. (1932) 'The psychology of acculturation.' *American Anthropologist* 34: 557 - 69.

Tilley, C. (1982) 'Social formation, social structures and social change.' In I. Hodder (ed.) *Symbolic and Structural Archaeology*, pp. 26 - 38. Cambridge: Cambridge University Press.

Tilley, C. (1991) *Material Culture and Text: the art of ambiguity*. London: Routledge.

Tonkin, E., M. McDonald and M. Chapman (eds) (1989) *History and Ethnicity*. London: Routledge.

Tonkinson, M. E. (1990) 'Is it in the blood? Australian Aboriginal identity.' In J. Linnekin and L. Poyer (eds) *Cultural Identity and Ethnicity in the Pacific*, pp. 191 - 309. Honolulu: University of Hawaii Press.

Torrence, R. (1989) 'Tools as optimal solutions.' In R. Torrence (ed.) *Time, Energy and Stone Tools*, pp. 1 - 6. Cambridge: Cambridge University Press.

Trigger, E. G. (1977) 'Comments on archaeological classification and ethnic groups.' *Norwegian Archaeological Review* 10: 20 - 3.

Trigger, B. G. (1978) *Time and Traditions: essays in archaeological interpretation*. Edinburgh: Edinburgh University Press.

Trigger, B. G. (1980) *Gordon Childe: Revolutions in Archaeology*. London: Thames & Hudson.

Trigger, B. G. (1984) 'Alternative archaeologies: nationalist, colonialist, imperialist.' *Man* 19: 355 - 70.

Trigger, B. G. (1989) *A History of Archaeological Thought*. Cambridge: Cambridge University Press.

Trigger, B. G. (1995) 'Romanticism, nationalism and archaeology.' In P. L Kohl and C. Fawcett (eds) *Nationalism, Politics and the Practice of Archaeology*, pp. 263 - 79. London: Routledge.

Turner, T. (1991) 'Representing, resisting, rethinking: historical transformations of Kayapo culture and anthropological consciousness.' In G. W. Stocking (ed.) *Colonial Situations: Essays on the Contextualization of Ethnographic Knowledge*, pp. 285 - 313. Madison: University of Wisconsin Press.

Tylor, E. B. (1873 [1871]) *Primitive Culture*, vols 1 and 2. London: John Murray.

Ucko, P. J. (1969) 'Ethnography and archaeological interpretation of funerary remains.' *World Archaeology* 1(2): 262 - 80.

Ucko, P. J. (1983a) 'The politics of the indigenous minority. ' *Journal of Biosocial Science Supplement* 8: 25 - 40.

Ucko, P. J. (1983b) ' Australian academic archaeology. Aboriginal transformations of its aims and practices. ' *Australian Archaeology* 16: 11 - 26.

Ucko, P. J. (1987) *Academic Freedom and Apartheid: the story of the World Archaeological Congress.* London: Duckworth.

Ucko, P. J. (1989) 'Foreword. ' In S. J. Shennan (ed.) *Archaeological Approaches to Cultural Identity*, pp. ix - xx. London: Unwin & Hyman; Routledge, pbk 1994.

Ucko, P. J. (1994) 'Museums and sites: cultures of the past within education— Zimbabwe some ten years on. ' In P. G. Stone and B. L. Molyneux (eds) *The Presented Past: heritage, museums, education*, pp. 237 - 82. London: Routledge.

Ucko, P. J. (ed.) (1995a) *Theory in Archaeology: a world perspective.* London: Routledge.

Ucko, P. J. (1995b) 'Introduction: archaeological interpretation in a world context. ' In P. J. Ucko (ed.) *Theory in Archaeology: a World Perspective*, pp. 1 - 27. London: Routledge.

UNESCO (1950) 'Statement on race. ' Reprinted in L. Kuper (ed.) (1975) *Race, Science and Society*, pp. 343 - 7. Paris: UNESCO Press.

Vail, L. (1988) 'Introduction: ethnicity in southern African prehistory. ' In L. Vail (ed.) *The Creation of Tribalism in Southern Africa*, pp. 1 - 19. London: James Curry.

van den Berghe, P. L. (1978) ' Race and ethnicity: a sociobiological perspective. ' *Ethnic and Racial Studies* 1: 401 - 11.

Veit, U. (1989) 'Ethnic concepts in German prehistory: a case study on the relationship between cultural identity and objectivity. ' In S. J. Shennan (ed.) *Archaeological Approaches to Cultural Identity*, pp. 35 - 56. London: Unwin & Hyman; Routledge, pbk 1994.

Vermeulen, H. and C. Govers (1994) 'Introduction. ' In H. Vermeulen and C. Covers (eds) *The Anthropology of Ethnicity: beyond 'Ethnic Groups and Boundaries'*, pp. 1 - 9. Amsterdam: Het Spinhuis.

Vincent, J. (1974) 'The structuring of ethnicity. ' *Human Organisation* 33(4): 375 - 9.

Wade, P. (1992) '"Race", nature and culture. ' *Man* 28: 17 - 34.

Wallerstein, I. (1960) ' Ethnicity and national integration in West Africa. ' *Cahiers d'Etudes Africaines* 1(3): 129 - 39.

Wallman, S. (1977) 'Ethnicity research in Britain.' *Current Anthropology* 18 (3): 531 – 2.

Washburn, D. K. (1989) 'The property of symmetry and the concept of ethnic style.' In S. J. Shennan (ed.) *Archaeological Approaches to Cultural Identity*, pp. 157 – 73. London: Unwin & Hyman; Routledge, pbk 1994.

Webster, J. (1996) 'Roman imperialism and the "post-imperial age".' In J. Webster and N. Cooper (eds) *Roman Imperialism: post-colonial perspectives*, pp. 1 – 17. Leicester: School of Archaeological Studies, University of Leicester.

Whallon, J. Jr (1968) 'Investigations of late prehistoric social organization in New York State.' In S. R. Binford and L. R. Binford (eds) *New Perspectives in Archeology*, pp. 223 – 44. Chicago: Aldine.

Whitehouse, R. and J. B. Wilkins (1989) 'Greeks and natives in south-east Italy: approaches to the archaeological evidence.' In T. C. Champion (ed.) *Centre and Periphery: Comparative Studies in Archaeology*, pp. 102 – 26. London: Unwin & Hyman.

Wiessner, P. (1983) 'Style and ethnicity in the Kalahari San projectile point.' *American Antiquity* 48: 253 – 76.

Wiessner, P. (1984) 'Reconsidering the behavioural basis for style: a case study among the Kalahari San.' *Journal of Anthropological Archaeology* 3: 190 – 234.

Wiessner, P. (1985) 'Style or isochrestic variation? A reply to Sackett.' *American Antiquity* 50: 160 – 5.

Wiessner, P. (1989) 'Style and changing relations between the individual and society.' In I. Hodder (ed.) *The Meanings of Things*, pp. 56 – 63. London: Unwin & Hyman.

Willey, G. R. and P. Phillips (1958) *Method and Theory in American Archaeology*. Chicago: University of Chicago Press.

Willey, G. R. and J. A. Sabloff (1974) *A History of American Archaeology*. London: Thames & Hudson.

Williams, B. (1989) 'A class act: anthropology and the race to nation across ethnic terrain.' *Annual Review of Anthropology* 18: 401 – 44.

Williams, R. (1983 [1976]) *Keywords: a vocabulary of culture and society*. London: Fontana.

Willis, S. (1993) 'Aspects of Pottery Assemblages of the Late Iron Age/First Century A. D. in the East and North-east of England.' Unpublished Ph. D. thesis, University of Durham.

Willis, S. (1994) 'Roman imports into late Iron Age British societies: towards a critique of existing models. ' In S. Cottam, D. Dungworth, S. Scott and J. Taylor (eds) *Proceedings of the Fourth Annual Theoretical Roman Archaeology Conference*, pp. 141 - 50. Oxford: Oxford Books.

Wilson, R. (ed.) (1970) *Rationality*. Oxford: Basil Blackwell.

Wiwjorra, I. (1996) 'German archaeology and its relation to nationalism and racism. ' In M. Díaz-Andreu and T. C. Champion (eds) *Nationalism and Archaeology in Europe*, pp. 164 - 88. London: University College London Press.

Wobst, M. (1977) 'Stylistic behaviour and information exchange. ' In C. E. Cleland (ed.) *For the Director: research essays in honour of the late James B. Griffin*, pp. 317 - 42. Ann Arbor: University of Michigan.

Wobst, M. (1989) 'Commentary: a socio-politics of socio-politics in archaeology. ' In V. Pinsky and A. Wylie (eds) *Critical Traditions in Contemporary Archaeology: Essays in the Philosophy, History and Socio-politics of Archaeology*, pp. 136 - 40. Cambridge: Cambridge University Press.

Wolf, E. R. (1982) *Europe and the People Without History*. Berkeley: University of California Press.

Woodman, P. (1995) 'Who possesses Tara? Politics in archaeology in Ireland. ' In P. J. Ucko (ed.) *Theory in Archaeology: a world perspective*, pp. 278 - 97. London: Routledge.

Woolf, G. (1992) 'The unity and diversity of Romanization. ' *Journal of Roman Archaeology* 5: 349 - 52.

Wylie, A. (1989) 'Matters of fact and matters of interest. ' In S. J. Shennan (ed.) *Archaeological Approaches to Cultural Identity*, pp. 94 - 109. London: Unwin & Hyman; Routledge, pbk 1994.

Wylie, A. (1993) 'A proliferation of new archaeologies: "beyond objectivism and relativism". ' In N. Yoffee and A. Sherratt (eds) *Archaeological Theory: Who Sets the Agenda?*, pp. 20 - 6. Cambridge: Cambridge University Press.

Yelvington, K. A. (1991) 'Ethnicity as practice? A comment on Bentley. ' *Comparative Studies in Society and History* 33: 158 - 68.

Yinger, M. J. (1983) 'Ethnicity and social change: the interaction of structural, cultural and personality factors. ' *Ethnic and Racial Studies* 6(4): 395 - 409.

Yoffee, N. and A. Sherratt (1993) 'Introduction: the sources of archaeological theory. ' In N. Yoffee and A. Sherratt (eds) *Archaeological Theory: Who Sets the Agenda?*, pp. 1 - 9. Cambridge: Cambridge University Press.

Young, R. J. C. (1995) *Colonial Desire: hybridity in theory, culture and race*. London: Routledge.

Zerubavel, Y. (1994) 'The death of memory and the memory of death: Masada and the Holocaust as historical metaphors.' *Representations* 45: 72 - 100.

Zwernemann, J. (1983) *Culture History and African Anthropology: a Century of Research in Germany and Austria*. Uppsala: Acta University Uppsala.

索　引

译 后 记

在我国考古研究的范式中，考古学文化仍然是一个关键分析单位，它被用来分辨史前期和古史阶段物质遗存的时空分布。考古学文化区系类型就是这一范式的典型代表。与此同时，考古学文化也基本上被视为某族群的物质遗存。这种范式就是用分类和类型学来处理大量的材料，用考古学文化来组织这些材料，并将其看作是民族学文化一样的研究单位，以便能与史前和历史时期的族群单位相对应，从而构建一种类似编年史学的区域文化发展年表。从积极方面而言，这种范式能将海量的出土文物从时空上安排得井然有序，但是其最大的问题在于会将类型学建构的图像与具体的经验事实混为一谈；也即将今天根据器物整理和分辨的分析单位等同于史前人类的社会或生活单位。其危险在于将历史事实大体等同于一种类型学构建，因为这很容易将用类型学方法排除大量差异而抽取的共性，看作是远古族群和文化的共性。

本书作者希安·琼斯在英国南安普敦大学考古系获得博士学位，并在帕克斯犹太裔与非犹太裔关系研究中心从事三年的博士后研究。她曾任曼彻斯特大学的考古学教授和考古学系主任，现供职于苏格兰斯特林大学历史与政治系的环境、遗产与政策中心，任该中心的环境史与遗产教授。琼斯教授的研究采取多学科交叉研究，涉及领域涵盖社会人类学（理论与方法）、文化地理学、社会学和物质文化研究、考古学、民族志、口述史、文献档案以及地理信息与方法，研究跨度从新石器时代一直延续到今天。《族属的考古》一书是在琼斯教授博士论文的基础上完成的,这本著作以现代人文科学的族属理论,全面梳理了文化与族群的概念与关系,对考古学分辨过去族群的方法作了全面的评估,为考古学和其他人文学科的学者提供了极具价值的见地。

科林·伦福儒和保罗·巴恩在《考古学:理论、方法与实践》一书中指出,用考古学文化来重建古代的人群和族属有点危险。现在人们已经认识到,采用少数几种代表性器物的分布来确定文化单位的界线是极其困难的,不同的器物类型在时空分布上往往界线模糊、混杂并呈渐变趋势。因此,定义某分界和单一的同质性文化单位并指认其为某族群的遗存,在某种程度上只是学者主观的判断而已。而用静态分类所构建的文化单位难以探究社会与文化变迁的原因,并会囿于传播论的单一思维来重建文化历史。虽然在当下的欧美考古学界,考古学文化只是一种材料处理和分析的方法,不再是考古学研究的关键概念。但是在我国,考古学文化仍然是史前研究的关键概念和核心单位。因此,了解这个概念的发展以及国际学界对认识论和方法论的反思,对我们提高自身的研究能力无疑助益良多。

从考古学史而言,这门学科就是在欧洲民族主义大背景下诞生的。布鲁斯·特里格指出,考古学最主要的优势,就是能够为直接与过去相联系的意识提供物质材料。欧洲考古学的初衷就是要将历史从所知的文献记载追溯到更加遥远的过去。19世纪初,英国摧毁了丹麦的海军,使得丹麦的民族主义情绪高涨,激起丹麦人对他们伟大过去记忆的渴求。为了策划丹麦国家博物馆中的文物陈列,汤姆森发明了三期论的相对断代方法,从而成为科学考古学诞生的标志。19世纪末,欧洲对民族身份日益增长的兴趣,使得考古学越来越多地采用考古学文化这一概念。因此,将特定器物或纪念物赋予某种民族身份,自考古学诞生以来一直是这门学科探究的核心。

考古学文化作为这门学科方法论的核心概念是在德国最初创立的。德国语言学家和史前学家古斯塔夫·科西纳采用器物类型来分辨文化,将清晰可辨的文化区看作是过去部落和族群分布的反映。他还建立了一种所谓的直接谱系学法(direct genealogical technique),以便将见之于史的人群追溯到其史前的源头。科西纳在其1911年出版的著作《日耳曼人的起源》一书中,定义了考古学文化的概念,即分布在一定区域和一定时间里与各遗址相伴的物质文化特征。在一本通俗著作中,他声称德国考古学是"一门最具民族性的学科"。科西纳利用考古学来为纳粹德国的种族主义和民族主义服务,以支持雅利安人是杰出人种的神话。战后,科西纳的种族主义观点受到批判,他所倡导的谱系学方法也大体上被摒弃。但是德国考古学家仍沿袭了基本的族群范式,将物质文化用考古学文化来进行人群的分类。

考古学文化概念因英国考古学家柴尔德的努力而在20世纪20年代发扬光大,影响遍及全球。他的《欧洲文明的曙光》被认为是文化历史考古学的开山之作,书中他首次利用文化概念整合考古材料,对欧洲史前史作出了全面的历史综述。他对考古学作出的最伟大的创造性贡献,就是用器物类型来建立物质文化的时空关系,并分辨考古记录中特定族群的历史。通过这本书,考古学文化成为所有欧洲考古学家的一个研究工具,并被格林·丹尼尔誉为"史前考古学的一个新起点"。柴尔德在其1929年的《史前期的多瑙河》一书的序言中,将考古学文化定义为"总是反复共生的某些遗存的类型——陶器、工具、装饰品、葬俗、房屋式样"。1930年代,柴尔德对考古学文化的性质进行了优化,并将其对应于人群的做法作出了明确的定义:"文化是一种社会遗产;它对应于享有共同传统、共同社会机构以及共同生活方式的一个社群。这群人可以顺理成章地被称为某人群(people)……于是,考古学家能够将一种文化对应于那个人群。如果用族群来形容这群人,那么我们可以这样说,史前考古学完全可望建立起一部欧洲的民族史。"不过,柴尔德虽然强调在考古学文化的描述中所有物质遗存都很重要,但在实际操作中,大多数文化都是根据少数几种典型器物来定义的。我国的考古研究基本承袭了柴尔德的方法,以建立区域考古学的文化年表和关系为鹄的,这便有了中国特色的"文化区系类型"的提出,甚至还被有的学者认为是中国考古学研究的终极目标。

1960年代欧美兴起的新考古学对文化历史考古学偏好描述和经验主义的范式发起了挑战。新考古学主要关注对经济和生计策略、交换系统和社会结构的分析,设法运用人类学、文化生态学和新进化论等理论,对社会变迁提出普遍性的阐释。新考古学并不关心文化与族群的关系,拒绝承认文化能够简单地等同族群,并将这种研究看作是一种过时范式的产物。

20世纪末,后过程考古学关注政治、社会和个人,开始重拾对族属和多元文化的兴趣。世界考古学大会(World Archaeological Congress)成为探讨族属、民族主义和第三世界考古学伸张自身诉求的主要论坛,聚集了一大批代表不同背景、兴趣和理论视角的学者。世界各国的考古学与当今族群身份认同的交织也非常复杂,考古证据常被原住民用来提出土地和文化遗产归属的诉求,牵涉面广,常常明显带有政治性质。然而,由此产生的潜在问题该如何解决,也成为考古学学科内的争论之源。面对相互矛盾的历史解释,考古学家往往需要充当纷繁和对立的历史阐释仲裁者。于是,考古学家不但面临分辨古代族属的难题,而且身不由己地卷入为当今民族身份和利益诉求提供历史证据的困境之中。由此可见,今天考古学并非仅仅重建历史。这门学科所探索的物质文化与古代民族,对今天多民族国家的历史重建和政治利益显然具有潜在的重大意义。

早在考古学文化概念形成之前,欧美的人文与社会科学中就有对文化概念的探讨。18 世纪下半叶,英国人类学家爱德华·泰勒将文化定义为"包括知识、信仰、艺术、道德、法律、习俗和其他作为社会成员中个人所获得的能力与习惯的一种复杂综合体"。法国社会学家涂尔干也认为,文化是一批共同和独特规范的集合体。特里格指出,将时空分布有限而形式上相似的考古材料组合起来标以各种文化或文明,对于许多考古学家来说是独立产生的。这一发展最初大体发生在北欧和中欧,在那里一直有持续的兴趣用考古材料来追溯族群的身份,但是当时这种取向并未成为考古学的范式。

倡导考古学文化概念的科西纳和柴尔德与一些早期考古学家如蒙特柳斯和莫尔蒂耶出身地质学背景不同,他们有很深厚的语言学功底。而语言的谱系研究往往和族群密不可分,因此他们两位将考古遗存看作是语言一样的文化表现,用物质文化异同来进行族属分析是很自然的推演。将考古学文化对应特定的族群是基于文化的一种标准化观念,好比同一族群的成员讲的是同一种方言。该范式基于这样的预设:在某特定人群中,文化实践和信仰惯于遵从统一的观念准则或行为规范。于是,文化是由一套共享的思想与信仰所组成,并通过社会化的过程世代传承,结果就形成了传承与累进的文化传统。柴尔德指出:"代复一代,人们遵循社会的规训,他们成千上万次生产并复制社会认可的标准类型。一种考古学类型指的就是它。"克里斯多弗·霍克斯精到地概括了文化概念的原理:"将考古学所能理解的人类活动与一系列规范相对应,这些规范能够在文化的名称下整合起来。"他还指出:"在标准的幅度内,分类的界线无论怎样精细地对应差异,类型的概念必须是一致的。而从一种规范到另一种规范的变化必须遵循类型的变化，以及能够推断规范产品标准幅度的变化。"

考古学文化概念的应用有三项特点：一是考古学文化是分界或地理上不连续的实体，也即文化区，因此，不同的考古学文化彼此独立或分离，能够从时空上加以分辨；二是考古学文化内部是同质性的实体，同一族群会在物质文化上表现出同一性或相似性，因此可以从文化特征定义各种考古学文化；三是物质文化的同质性被认为是历史传承或传播接触的产物，而物质文化的差异和不连续则是由于社群之间疏远之故。于是，这种时空距离就能通过考古学文化的相似程度来进行"衡量"。考古类型学的原理是"相似即相近"，即不同的文化组合要么反映了社会和地理上的距离，要么是不同人群或不同时代的产物，而相似的器物和器物组合是某同一群人在某特定时期的产物。在历史学和类型学的断代中，这些观念都被认为是理所当然的。

虽然考古学文化是用物质遗存定义的静态实体，可以罗列具体特点和比较它们的亲疏，但是它们也被看作是流淌的实体，即所谓的"文化的液态观"。文化特征被认为从其起源地——某处文化中心——像涟漪一般扩散开去。用朱利安·斯图尔特的话来说，考古学的"目的是要表现不同文化源流的发展、互动和融合"。就文化历史考古学的理论和实践而言，就是力图构建一个个彼此分离和同质性的考古学文化单位，并用传播迁移论来追溯它们的源流。分辨考古学文化的要义在于确定"典型遗址"，这类典型遗址被认为含有某特定"考古学文化"的主要特征。在分析中，学者们主要关注某特定区域内"典型遗址"与其他遗址之间的共性和连续性，而不太留意它们之间的差异与断裂。在历史重建上，基本是关注各个文化在时空上的分布和它们之间的相互关系。

分辨族属的人类学研究有两个问题。一是主位抑或客位视角的问题。主位视角从被研究人群主观的自我认定来定义族群。而客位视角则根据研究者的观察来定义族群。长期以来,客位视角一直饱受批评,认为无论主位和客位视角都难免掺杂主观因素。二是采用普遍性还是特殊性视角来分辨族属的问题。换言之,我们分辨和定义族属究竟是采用普遍共有的标准还是特殊或具体的标准。这两种标准各有其优点,但也有缺陷。即普遍性标准会因过于宽泛而难以解决具体问题,而特殊性标准因过于狭窄而只能用于描述。

近几十年来,将族属定义为一种自我界定系统的主位方法十分流行,将族属看作是一种非吾族类的认同意识,一种"他们"和"我们"之间的对立。但仍有学者坚持一种客观的族属界定标准。这些学者认为,尽管自我认定十分重要,但是某族群的本质是由真实的文化和语言要素所组成,自我认同也包含了长年累月形成的许多共同"客观"特征,如语言、信仰和价值观等。

分析族属的形成有两种不同的视角。一种叫作"原生论",意在分析亲缘关系内在的特质。这种"原生论"采取主位途径,将族群的认同意识归咎于与生俱来的依附感,由血缘、语言、宗教、地域和文化等纽带所造就和维系。这种原生依附感并非个人自愿,而是外来强加的。这种强大的依附感源自所有人都有一种归属和自尊的要求,是一种人性之本。因此,族群的身份认同具有强大的生命力,可以长久不衰。原生论也得到了心理学和生物学研究的支持,认为群体内成员有一种友善的共同情感,而对异族则有一种敌意。这种族群间的竞争具有一种生物学的基础,并是种族主义、民族主义、部落性和民族中心论的由来。

原生论关注民族依附感的感情功效以及文化的象征作用,从这种视角来看待考古学文化,两者有十分契合之处,即原生论有助于解释物质文化的独特性、稳定性和持续性。但是,原生论也有一些缺陷。一是将族群认同变成了一种神秘的心理倾向,具有朦胧和返祖的特点;二是无法解释个人层面上认同的游移性,即个人的族群认同会在不同情况下因势而变;三是从人性解释族属,使它变成了一种抽象的自然现象;四是漠视族属的社会和历史基础,将血缘关系看作是民族性的根本。

另一种视角叫"工具论",将族属看作是随社会制度和社会行为而变的一种动态群体认同,并采取客位视角。这种途径关注族属在协调社会关系和协商获取资源中的作用,强调族群是保护经济和政治利益的一种集体性组织策略,视追求经济和政治利益是族属形成的基础。工具论将族属看作是一种可变物,其主要特点是因势而变。这种视角补充了原生论的局限,为了解族群的形成和族群政治化过程作出了贡献。

但是,工具论也有其缺陷。一是将族属的本质看作是利益群体的文化与政治策略;二是过于强调族属的经济和政治关系,漠视其文化方面;三是忽略了族属自我认同的心理学基础;四是将族属的利益驱动看得过分简单,因为同一族群的成员在利益和认同方面未必完全一致;五是以利益和政治定义族群,会与其他的利益群体相混淆。

法国著名社会学家皮埃尔·布迪厄提出的习性概念,克服了族属研究中主位与客位、原生论与工具论的两难。他认为,习性是由某些观念和实践的持久积淀所构成(比如劳动的性别分工、伦理、品位等等),它从小就成为一个人自我意识的一部分,并能在不同背景中变换。习性包含了一种社会化的过程,其中新经验会按照老经验产生的结构来构建,而早期经验仍占有特别的比重。以这种方式体现的力量,导致了某种积淀(认知和行为方式的结构)会潜意识地影响实践。布迪厄的习性概念提供了一种手段,能将族属的原生论和工具论整合到人类能动性的一种连贯理论之中。

因为认识到族属从某种程度上源自共同的习性,因此可以这样说,常与族群认同和族群象征相伴的强烈的心理依附感是由这样一种关键作用产生的,即习性塑造了个人的社会自我意识和行为方式。

从人类学的族属理论来看待考古学文化会导致三个重要方面的反思:一是某考古学文化是否真的能对应特定的族群;二是考古材料分布的性质与考古学文化作为分析单位的地位;三是分界及同质性的族群和文化实体是否真的存在。

对第一方面的反思是认识到,考古学文化采用类型学"相似即相近"的单一参照框架是不够的。除了规范性原理之外,还要考虑考古材料的分布和异同还可能反映了不同活动或行为。因此,考古材料的异同不能简单地用来分辨族群。这一反思突出表现在博尔德与宾福德对莫斯特文化的争论上。博尔德根据类型学分辨的四类莫斯特文化群体,在宾福德看来只不过是同一人群从事不同活动留下的不同工具套而已。

对第二方面的反思是质疑考古学文化是否真的存在。戴维·克拉克认为,实际上并不存在铁板一块的考古学文化,因为"没有一种考古学文化的文化组合能够包括所有的文化器物"。柴尔德很早也意识到了这个问题,觉得每个考古组合不可能包含某特定文化的所有类型,因此他强调用反复共生的类型来定义一个文化。在具体操作上,柴尔德将并不重复出现的类型从典型器物的级别上降格,以此来清除凌乱的数据和材料,以求保证文化典型特征的同一性。结果,这种方法出现了两套系统,在阐释的理论层面上主张以严格的同一性归组,而在操作层面上则凭直觉根据大体的相似性归组。有学者批评,考古学文化的确立是根据漠视一些差异而将某些现象归到一起。还有学者指出,考古学文化并非界线分明的实体,而是处于一种渐变状态。在许多情况下,这种文化实体纯粹是考古学家自己想象的东西。

对族群是否存在明显的分界也有同样的质疑。自 1960 年代以来,学界逐渐接受族群是动态和因势而变的看法。物质文化可以被积极操纵来维持群体关系,而族群认同和物质文化在经济和政治压力下也分别会发生强弱和不同的变化。希安·琼斯指出,物质文化是多义的,它的意义因时而变,取决于它特定的社会历史、特定社会参与者的立场,以及它所直接使用的社会背景。而且,物质文化不只是涵义累加的仓储,带有它在不同社会背景里的生产与用途和因势而异的参与者的印迹。她指出,考古学家不应认为,物质文化的异同可以提供一种族群亲疏关系的直接证据。

用考古学文化对应具体的族群或他们的文化表现,是立足于文化规范理论的想法。像民族学研究一样,考古学根据少数典型特征来分辨族群的界线是极其困难的。因为不同器物类型的分布界线存在模糊、混杂、重合、交融以及式样渐变的情况,因此考古学家根据从出土材料做出的解释,如人群迁移和历史传承等判断,很可能是采样和类型学分析造成的偏颇。而且,仅根据少数典型器物类型来定义考古学文化,并只重有无的质量标准,而非详细的数量统计,使得文化差异的判断其实只是一种人为的错觉。当用来定义考古学文化的选择样本范围较小的时候,类型和文化性质看上去会十分真实和自然,但是当样本覆盖面扩大时,它们会开始重叠和模糊,归于同一文化的各种组合和亚型会变得面目全非。

考古学文化概念是 19 世纪末随着对民族身份日益增长的兴趣而产生的,并在德国种族主义和民族主义的社会环境中成型,最后由柴尔德在《欧洲文明的曙光》一书中奠定了作为文化历史考古学的范式。随后,柴尔德自己也对考古学文化是否能够等同于过去族群表示怀疑。随着 1960 年代新考古学的兴起,这一范式的概念和类型学方法持续受到质疑,转而从文化功能的动态视角来研究文化的运转系统。于是,考古学文化概念退出了范式的核心地位。虽然在操作中这一术语仍然会被作为某种时空分析单位来应用和某种人群的物质表现来指称，然而分辨和确立考古学文化不再被看作学科的终极目的，而是处理材料的一种手段以及需要做出解释的现象。本书是在 20 世纪末族属与民族主义再次成为考古学热门话题的背景中撰写的，目的是希望考古学家采取一种逻辑步骤来反省考古学是如何解释群体身份认同的，对文化与族属的关系做一番彻底的清理，并为解决当今族群的争议作出贡献。

根据人类学的观察和学界的反思，没有单一类型的社会单位可以对应于一种考古学文化。用文化来定义社群，犹如用语言来建立族群认同一样，是一种高度主观的构建。无论语言和器物类型，与族群或人们共同体的分类并没有一对一的相伴关系。具体研究也显示，陶器的分布在不同社会中有着不同的原因和机制，并不一定和族群的范畴相合。比如，美国亚利桑那霍比印第安人的陶器形制随居住点地形的不同而异，并不与聚落、血缘群或宗族关系相对应。墨西哥塔拉斯坎陶器的形制分布则和陶工的交往有关，并不反映群体之间的界线。于是，考古学界不再认为事情有那么简单，可以根据标志性特征或相同器物组合把一批遗址归入到不同的考古学文化之中，然后认定，每个"文化"代表了某一社会群体或人们共同体。

现在我们意识到，物质文化的多样性是由各种原因造成的。除了族群差异之外，它们还可能反映了时空、生态环境、可获资源、当地手工业生产和装饰传统、贸易方式、地位竞争、性别身份、群体间通婚以及宗教信仰的不同。因此考古学文化概念的运用，如果只注意器物类型和文化的差别，并试图以此来重建历史，解释纷繁的历史现象，几乎成为难以企及的目标。根据特征罗列描述而不知其所以然的文化定义和解释，无疑是考古学者本人的一厢情愿和一己之见，即便是考古学界的共识也未必就是真理。目前，文化单位只不过是考古研究的一种分析工具，它已经被文化系统和聚落考古学等新概念所取代或涵盖，表明半个多世纪来的考古学发展已经从物质文化表面的分析转向更深层次的人类行为和社会结构的探讨。虽然这一术语仍不时见于一些西方的研究报告中，但是它的学术价值和实用意义已经大为淡化。因为学术界意识到，用器物类型这种人为确定的单一标准难以衡量和研究由多元变量和复杂因素造成的文化与社会现象。

从社会角度来审视考古学文化概念，有两个主要的缺陷。其一，考古学文化概念比较适合于研究小规模的、相似的、较为定居的史前社会，比如中石器和新石器时代早中期的文化，由于这些社群规模较小和相对独立，所以文化特征具有鲜明的个性和稳定性。对于流动性很大的狩猎采集群，比如我国北方地区的细石器文化和极地的爱斯基摩人，由于高度的流动性和不同群体之间存在频繁接触，使得广阔地理范围内分布的文化遗存看上去十分相似，却难以确定和研究群体意义上的考古学文化。其二，考古学文化概念不大适合研究内部分化明显的复杂社会。一方面，社会内部的分化会造成文化差异和多样性，比如玛雅帝国贵族和平民所表现的物质文化可以被看作是两种"亚文化"或两类族群。另一方面随着社会的复杂化，比如从新石器时代晚期开始，不同社群在对外交往上日趋频繁，特别当贸易和交流成为不同社会阶层之间政治和经济活动的重要特点时，不同社会群体之间的界线和差异从文化特征上观察时就会变得十分模糊，比如，族群众多和国家林立的苏美尔从物质文化上观察是同一类考古学文化。特里格指出，商文明、商时期、商民族、商代、商国和商文化是范畴不同的概念，它们之间不能互换。商代国家也要比考古学定义的商文化范围小得多。虽然文化历史考古学的范式已经过时，考古学开始探究更加复杂的问题。但是，文化概念仍有其自身的价值，如普罗塞尔和伊恩·霍德所言,描述某地区考古研究的各个方面,将遗址与器物归入能够比较和断代的文化单位的范畴。对文化特征发展、传播和流动的描述,就能建立起一个时空体系,并成为一个新地区进行研究的基石。加里·韦伯斯特指出,文化历史考古学真正想做并仍然在做的事情,是想将主位与客位联系起来,将学者的考古学文化的构建与古代遗存的创造者联系起来。这是困难的,也许是做不到的。它被公认具有双重的难度——即双重解释学的问题,即考古学家必须在他们的物质分析框架和对象人群框架之间进行转译。

　　读了希安·琼斯的著作,对于长期以来困扰我国学者的有关考古学文化与族群对应关系的问题,提供了比较全面的剖析,并为我国考古学的认识论和方法论带来某种启示,这就是需要对我们习用的学术概念和范式保持反思和探索精神,不应在实践中将传统范式看作深信不疑的公式而进行照章办事的操作,并密切关注国外同行的学术进展。我们只有对习用方法的不足保持理性的头脑,对国际学界的进展抱着一种取长补短的态度,我们的研究水平才能精进,我们对过去的认识才能不断提高。

陈　淳

2016 年 10 月

图书在版编目（CIP）数据

族属的考古：构建古今的身份／（英）希安·琼斯
著；陈淳，沈辛成译.—上海：上海古籍出版社，
2017.4
（外国考古学研究译丛）
ISBN 978-7-5325-8356-0

Ⅰ.①族… Ⅱ.①希… ②陈… ③沈… Ⅲ.①家族—
考古—研究 Ⅳ.①K810.2

中国版本图书馆 CIP 数据核字（2017）第 038429 号

外国考古学研究译丛
族属的考古：构建古今的身份
［英］希安·琼斯 著
陈淳 沈辛成 译
上海世纪出版股份有限公司
上 海 古 籍 出 版 社 出版
（上海瑞金二路 272 号 邮政编码 200020）
（1）网址：www.guji.com.cn
（2）E-mail：guji1@guji.com.cn
（3）易文网网址：www.ewen.co
上海世纪出版股份有限公司发行中心发行经销
常熟文化印刷有限公司印刷
开本 635×965 1/16 印张 16.25 插页 2 字数 197,000
2017 年 4 月第 1 版 2017 年 4 月第 1 次印刷
印数：1—2,100
ISBN 978-7-5325-8356-0
K·2291 定价：68.00 元
如有质量问题，请与承印公司联系